DAS GREENPEACE-BUCH DER KORALLENRIFFE

DAS GREENPEACE-BUCH DER
KORALLENRIFFE

Sue Wells
Nick Hanna

Verlag C. H. Beck München

Titel der englischen Originalausgabe: The Greenpeace Book of Coral Reefs
Blandford, London 1992
© Cameron Books, Moffat, Dumfriesshire, Schottland
und Greenpeace Communications, London, UK
Text- und Bildredaktion: Jill Hollis – Graphische Gestaltung: Ian Cameron
Fachliche Beratung: Jeanne Kirby und Sebia Hawkins, Greenpeace Pacific Campaign, London
Aus dem Englischen übersetzt von Wolfgang Hensel, Bornheim-Rösberg
Deutsche Bearbeitung: Beatrix Stoepel, Greenpeace e. V., Hamburg

Das Buch enthält 225 farbige Abbildungen im Text

Die Deutsche Bibliothek – CIP-Einheitsaufnahme

Das *Greenpeace-Buch der Korallenriffe* / Sue Wells ; Nick Hanna.
[Aus dem Engl. übers. von Wolfgang Hensel. Dt. Bearb.: Beatrix
Stoepel]. – Dt. Erstausg. – München : Beck, 1992
  Einheitssacht.: The Greenpeace book of coral reefs <dt.>
  ISBN 3-406- 36797-6
  NE: Wells, Sue; Hanna, Nick; Hensel Wolfgang [Übers.]; Stoepel,
    Beatrix [Bearb.]; EST

Deutsche Erstausgabe
ISBN 3 406 36797 6

© Für die deutsche Ausgabe: C. H. Beck'sche Verlagsbuchhandlung (Oscar Beck), München 1992
Satz: Kösel, Kempten – Bildreproduktion: Brian Gregory Associates, St. Albans
Druck und Bindung: Royal Smeets Offset, Weert, Niederlande
Gedruckt auf chlorfrei gebleichtem Papier der Firma Hannover Papier, Deutschland

INHALT

Einleitung
Seite 6

Das Leben der Riffe
Seite 8

Menschen und Riffe
Seite 36

Gefahren und Chancen
Seite 50

Entwicklung und Verschmutzung
Seite 68

Tradition und Kommerz
Seite 93

Tourismus in Riffen
Seite 127

Hoffnung für die Zukunft
Seite 144

Was können Sie tun?
Seite 156

Register
Seite 159

EINLEITUNG

Ein prächtig gedeihendes Korallenriff bietet einen der überwältigendsten Anblicke auf unserem Planeten. An Farbenpracht und Üppigkeit dürften Korallenriffe jeden anderen natürlichen Lebensraum in den Schatten stellen, an Zahl und großer Vielfalt der Pflanzen und Tiere, die in ihnen leben, kommen sie gleich nach den Regenwäldern. Paradoxerweise sind diese «Regenwälder des Meeres» nur in seichten tropischen Gewässern zu finden, in denen die für ihr Wachstum wichtigen Nährstoffe fast völlig fehlen. Doch gerade deshalb hat sich in den Riffen eine so reich strukturierte Lebensgemeinschaft entwickelt, die ihre Nährstoffressourcen in Kreisläufen wiederverwertet.

Die kleinen Korallentiere, die Riffe wachsen lassen, haben die größten Strukturen geschaffen, die jemals vom Leben auf der Erde hervorgebracht wurden – groß genug, um die ambitioniertesten Bauten, die Menschen konstruiert haben, zwergenhaft erscheinen zu lassen. Aber diese außergewöhnliche Fähigkeit bietet keinen Schutz gegen die Verletzungen, die Riffen als unmittelbare Folge menschlichen Handelns zugefügt werden. Sie werden mit Abwässern und giftigen Chemikalien überflutet, sie ersticken am Schlick von Baustellen, durch Erosion abgetragene Erde legt sich über sie, und die Anker von Booten und Kreuzfahrtschiffen zerschmettern sie. In den 80er Jahren wurde festgestellt, daß in 93 der 109 Länder, in denen sich Riffe befinden, diese geschädigt waren.

Seit Beginn der Menschheit hat der natürliche Reichtum der Korallenriffe die Küstenbewohner in den Tropen mit Nahrung versorgt. Die Riffe boten nicht nur eine große Fülle an Nahrungsmitteln, sondern auch Baumaterial, Arzneien und Schmuck. Die möglichen Erträge, die eine umsichtig betriebene Fischereiwirtschaft weltweit in den Riffen erzielen kann, sind außerordentlich groß.

Riffe haben eine unschätzbare Bedeutung als natürliche Wellenbrecher, die das Land und Küstenorte vor der Gewalt des Meeres schützen, und sie bieten natürliche Häfen. Sie sind ein wichtiger Schutzwall, wenn der Meeresspiegel steigt – wären sie nicht mehr vorhanden, müßten Milliarden für einen künstlichen Ersatz aufgewendet werden. Die Existenz von Koralleninseln und manchen Sandstränden, die so beliebt bei Tropentouristen sind, hängt von der Gesundheit der Riffe ab, die auch selbst eine starke Anziehungskraft auf Touristen ausüben.

Riffe waren immer von Naturkatastrophen bedroht, besonders von gewaltigen Hurrikanen. Normalerweise haben sie eine bemerkenswerte Fähigkeit, sich zu regenerieren, aber die beständigen Attacken menschlichen Ursprungs vermindern nun ihr Vermögen, sich von natürlichen Schäden zu erholen. Auch wenn gegenwärtig nur Vermutungen möglich sind: Die Menschheit könnte die größte Gefahr für die Riffe entfesselt haben, wenn die erhöhte Produktion von Treibhausgasen weltweit die Temperaturen auch im Meer steigen läßt.

Immerhin aber verstärkten sich im letzten Jahrzehnt die Bemühungen, die für die Riffe bedrohlichen Probleme zu verstehen und Lösungen zu suchen, mit denen ihre Zukunft gesichert werden kann. Manche dieser Lösungen sind seit langem bekannt, sind in der traditionellen Weisheit und im Erfahrungswissen der menschlichen Gemeinschaften enthalten, deren Existenz seit Jahrhunderten untrennbar mit den Riffen verbunden war. Andere Ansätze beinhalten die ideenreiche Partnerschaft zwischen Ortsgemeinschaften, Naturschützern und Regierung, wobei sich zuweilen moderne Managementtechniken und alte Bräuche mischen. Vor allem aber – und das ist besonders wichtig – gehen sie von ganzheitlichen Überlegungen aus, die das Land, das Meer und all die zu ihnen gehörenden Lebensräume einschließen.

Wer das Glück hat, ein Korallenriff zu besuchen, wird das niemals vergessen, er sollte aber auch ein Auge für die Empfindlichkeit dieser farbenprächtigen und üppigen Unterwasserwildnis haben. Jenen, die weit entfernt von Riffen leben und vermutlich niemals eines sehen werden, will das Buch ihre Faszination nahebringen und vor allem deutlich machen, daß es Zeit ist, etwas zum Schutz der Riffe zu tun. Sie mögen unter den Wellen unsichtbar sein, aus den Gedanken sollten sie niemals verschwinden.

Korallenriff mit verschiedenen Kolonien der Korallengattung Acropora in Sipadan, Malaysia. In Südostasien gedeihen einige der üppigsten Korallenriffe der Welt.

DAS LEBEN DER RIFFE

Geheimnisvoll, verwirrend, strotzend von Leben jeglicher Art: So bietet sich ein Korallenriff dem Taucher dar, der es zum ersten Mal mit Schnorchel oder Tauchgerät erkundet – ein Feuerwerk voll Üppigkeit und Farbe. Doch hinter dem scheinbaren Chaos stehen komplexe Prozesse und Verhaltensmuster. Sie erlauben es einer Riesenzahl von Tieren und Pflanzen, sich diesen Lebensraum zu teilen und ein Ökosystem von verblüffender Vielfalt zu bilden.

Die Morgendämmerung währt nur kurz in den Tropen. Rasch wird das Riff vom Licht erfaßt, und seine nächtlichen Bewohner ziehen sich augenblicklich in ihre vertrauten Schlupfwinkel zurück. Doch schon bald ist der Ort erneut von hektischem Treiben erfüllt: Andere Lebewesen tauchen auf und nehmen die verwaisten Futterplätze in Beschlag. Mit dem ersten Licht machen sich die tagaktiven Räuber auf die Suche nach frühmorgendlicher Beute: Haie, Barakudas und andere Bewohner des offenen Meeres jagen entlang den Riffwänden. In der frühen Morgensonne scheinen sich die Fische zu vervielfältigen. Sie sammeln sich in schützenden Schwärmen oder schießen bei der Nahrungssuche aus der Deckung einer Koralle zur nächsten.

Jedes Lebewesen, von der kleinsten Garnele bis zum größten Zackenbarsch, nutzt das Riff zu seinem Vorteil, jeweils in seiner speziellen ökologischen Nische, an die es angepaßt ist. Grell leuchtende Schmetterlings- oder Falterfische schweben anmutig vor dem schützenden Riff entlang und knabbern von Zeit zu Zeit an den Korallen. Mit ihren langgezogenen Mäulern können sie das lebende Gewebe der Korallen von dem Skelett abziehen und sich so von den Korallen ernähren. Dunkle Flecken auf ihren Schwanzflossen täuschen Augen vor und verwirren räuberische Fische, die den Fisch am falschen Ende angreifen. Mit ihren flachen, dünnen Körpern können sie sich noch im schmalsten Spalt verstecken. Schmetterlingsfische schwimmen meist paarweise – eine farbige Palette vor tiefblauem Hintergrund.

Ebenfalls tagaktiv sind die aufgeputzten Papageifische. Ihre grellen Farben und ihr

Rechte Seite: Riffbarsche (Chromis) suchen gerne Schutz in den verzweigten Korallenstöcken der Gattung Acropora.

Links unten: Ein Schmetterlingsfisch (Chelmon rostratus) im Großen Barriere Riff. Rechts: Der Schmetterlingsfisch Forcipiger longirostris, eine andere Schmetterlingsfischart der Philippinen, stellt seinen verwirrenden Augenfleck zur Schau.

schnabelähnliches Maul, mit dem sie den feinen Algenbelag zwischen den Korallen abschaben, gaben ihnen den Namen.

In den gleichen Gebieten wie die Papageifische suchen auch die Riffbarsche nach Futter, die im Riff ein Territorium besetzen und verteidigen. Einige Arten kultivieren ihre eigenen «Algengärten» im Riff, indem sie aggressiv andere Pflanzenfresser vertreiben. Manche Riffbarsche entfernen sogar die größeren Algen, von denen sie sich nicht ernähren können, und legen einen «Rasen» aus kleinen, feinverzweigten Algen an. Die Riffbarsche erhalten sich so eine ständige Nahrungsquelle. Doktorfische oder Seebader, weltweit die häufigsten pfanzenfressenden Riffbewohner, halten Konkurrenten mit ihrer von messerscharfen Stacheln umsäumten Schwanzflosse in Schach.

Während weidende Fische die Algen auf dem Riff unter Kontrolle halten, ernähren sich andere Arten von Plankton: kleinste, mit dem bloßen Auge oft nicht sichtbare Pflanzen und Tiere, darunter auch Larven von Korallen und anderen Riffbewohnern. Riesige Schulen von Füsilierfischen, die sich ihren Feinden durch blitzschnelle Fluchtmanöver entziehen, streifen auf der Suche nach Plankton durch das Riff. In Riffdurchlässen zwischen Lagune und offener See schweben Riesenmantas mühelos im Gezeitenstrom und sieben mit weit geöffnetem Maul das Plankton aus.

Auch die glitzernden, zu den Riffbarschen zählenden Chromis-Arten leben von Plankton. Sie sind allerdings nicht so wagemutig wie ihre größeren Verwandten und verschwinden beim ersten Anzeichen von Gefahr blitzartig zwischen den schützenden, verzweigten Ästen der Korallen. Drücker- und Kugelfische haben sich hingegen auf Seeigel als Beute spezialisiert, und die großen Karettschildkröten grasen die Schwämme des Riffs ab. Sobald sich ihnen ein Mensch nähert, tauchen die scheuen Kolosse hinab in düstere Tiefen.

Im seichten, sonnendurchfluteten Wasser der Lagunen zwischen Riff und Küste vermehren sich Seegurken, weiden Schnecken langsam kriechend die Algen vom Seegrund ab. Der sandige Lagunenboden bietet mit den nur vereinzelt herumliegenden Korallenbruchstücken weit weniger Versteckmöglichkeiten als das eigentliche Riff. Die hier lebenden Tiere mußten also andere Strategien entwickeln, um ihren Feinden zu entgehen. Plattfische wie die Flundern leben hier, die sich so tief im Sand eingraben, daß nur die Augen hervorschauen, und der Sandziegelfisch, der sich ein Grabensystem wie einen Kaninchenbau anlegt und die Eingänge zum Schutz vor Freßfeinden mit Korallenteilchen verdeckt. Als emsiger Ingenieur schaufelt sich auch der kleine Kieferfisch mit seinem Maul aus Sand und Korallenbruchstücken einen schützenden Bau.

Manche Riffbewohner gehen ihren Tagesgeschäften nach, ohne sich allzusehr vor dem Gefressenwerden zu fürchten. Der Kugelfisch zum Beispiel saugt bei Gefahr Wasser in seinen Hinterleib und schwillt auf mehr als die doppelte Größe an. Damit übertrifft er das Fassungsvermögen der meisten Raubfische. Stachelige Kugel- und Igelfische verlassen sich auf einen ähnlichen Trick und stülpen zusätzlich noch als beeindruckendes Abschreckungsmittel scharfe Stacheln nach außen. Viele Fische schrecken ihre Feinde durch grelle Farben ab, die Giftigkeit signalisieren sollen. Andere verschmelzen durch Tarnfarben mit ihrer Umgebung und werden nicht entdeckt.

Im Riff gibt es noch weit komplexere Beziehungen zwischen den verschiedenen Bewohnern als nur Fressen und Gefressenwerden. Häufig bilden zwei Arten Partnerschaften zu beiderseitigem Vorteil, sogenannte Symbiosen. Anemonenfische, die zu den Riffbarschen zählen, leben zwischen den nesselnden Tentakeln von Seeanemonen, vor denen sie sich selbst durch eine Schleimschicht schützen. Während der Laichzeit verteidigt das Männchen das Eiergelege in der Nähe der Anemone. Taucher sind immer wieder über die grimmige Entschlossenheit erstaunt, mit der Eindringlinge aus dem Revier vertrieben werden.

Eine andere faszinierende Symbiose hat sich zwischen Putzerfischen und ihren «Kunden» entwickelt. Mehr als 50 Fischarten leben davon, größere Fische von Parasiten zu befreien, manchmal dringen sie sogar bis ins Maul und die Kiemen vor. Die kleinen Putzer bieten ihren Service gewöhnlich an ganz bestimmten Orten an, die ihre Kunden speziell zur Reinigung aufsuchen. An solchen «Putzstationen» entstehen oft regelrechte Warteschlangen. Das Putzen ist mehr als nur «Körperpflege»: Werden alle Putzerfische aus einem Riff entfernt, nehmen die Fischbestände ab und Fischkrankheiten zu.

Einsiedlerkrebse, die zum Schutz ihres weichen Hinterleibes in leeren Häusern von Schnecken und Muscheln leben, setzen sich zuweilen zur Tarnung eine Seeanemone oder einen Schwamm auf ihr Gehäuse. Noch ist unklar, ob der Passagier von den kostenlosen Transporten durch den Krebs besondere Vorteile hat.

Die entscheidende Symbiose, die das Riff prägt, ist die zwischen den riffbildenden Korallen und kleinen Algen, sogenannten Zooxanthellen *(Symbiodinium microadriaticum)*. Sie leben im Gewebe ihrer Wirte und versorgen sie mit Nährstoffen, die sie durch Photosynthese gewinnen. Dabei nutzen sie die Energie des Sonnenlichts, um aus Kohlendioxid und Wasser Kohlenhydrate zu synthetisieren. Auch einige Schwämme und Riesenmuscheln leben mit den Zooxanthellen in Symbiose, wobei die Muscheln am Tage ihre prachtvoll gefärbten «Mäntel» –

Um ihre Feinde abzuschrecken, schwellen die gelbgefleckten Igelfische (Chilomycterus spilostylus) aus dem Roten Meer zu beeindruckender Größe an.

Artenreichtum

*In den nesselnden Tentakeln der Anemone ist der Anemonenfisch (Amphiprion percleraion) sicher vor seinen Feinden.
Rechts: Ein Papageifisch (Scarus microrhinus) hüllt sich während der Nacht in einen schleimigen Kokon – so bleibt sein Geruch jedem Räuber verborgen.*

Linke Seite unten: Zwei Beispiele für eine Symbiose. Links befreien Putzergarnelen (Lysmata amboinensis) eine Riffmuräne (Gymnothorax javanicus) von lästigen Parasiten. Rechts versorgt ein Putzerfisch einen Pantherbarsch (Plectropomus leopardus). Putzerfische ernähren sich hauptsächlich von toten Gewebeteilchen und kleinen Parasiten, die sie von größeren Fischen abfressen.

das sind Teile des Weichkörpers der Tiere – ausbreiten, um möglichst viel Sonnenlicht einzufangen.

Wenn abends das Licht des tropischen Himmels verblaßt und sich die Dämmerung über das Riff senkt, werden Räuber wie der Zackenbarsch aktiv. Sie passen sich durch geschickte Farbveränderungen vollständig ihrer jeweiligen Umgebung an und lauern, stets zu einem Überfall aus dem Hinterhalt bereit, unter Überhängen oder in Höhlen: Blitzschnell greifen sie aus ihrem Versteck an, verschlingen die Beute, kehren zurück und verharren bewegungslos bis zum nächsten Überraschungsangriff. Mit Einbruch der Nacht ziehen sich die Schmetterlingsfische, Papageifische, Lippfische, Engelsfische und andere Tagaktive in ihre bevorzugten Verstecke zurück. Sie schmiegen sich in die Verzweigungen der Weichkorallen, quetschen sich in kleinste Ritzen, um der Entdeckung zu entgehen. Engelsfische und Doktorfische schwimmen in tiefe Riffspalten, die Lippfische vergraben sich im Sand. Manche Papageifisch- und Lippfischarten bilden einen schleimigen Kokon um sich herum, der sie wie ein schützender Umschlag umhüllt.

So schließen sie ihren Körpergeruch ein und bleiben von den Räubern unbemerkt.

Nachts in tiefer Dunkelheit, von unzähligen unsichtbaren Augen beobachtet, vor einem Riff durchs Wasser zu gleiten, ist ein unheimliches Erlebnis. Im Licht der Taschenlampe offenbart sich dem Taucher jedoch die gleiche Hektik wie am Tage, wenn auch mit anderen Darstellern in den Hauptrollen. Soldatenfische, Eichhörnchenfische und Kardinalfische mit ihren charakteristischen, für die Nachtsicht gut geeigneten, großen Augen verlassen ihre Verstecke und fressen das Plankton, das mit einsetzender Nacht im Wasser aufsteigt. Vielleicht der sonderbarste aller Nachtfische ist der Laternenfisch: Mit seinen biolumineszenten Flecken unter den Augen erhellt er das Dunkel mit blaugrünem Licht und lockt auf diese Weise Plankton an.

Viele Tiere, Räuber ebenso wie Beute, wechseln ihre Farbe bei Einbruch der Nacht. Einige tagsüber prachtvoll gefärbte Fische, wie die rötlichen Eichhörnchenfische und der Soldatenfisch, werden schwarz und beinahe unsichtbar. Tagsüber verharren sie regungslos unter Korallenvorsprüngen, um erst zur nächtlichen Nahrungssuche herauszukommen. Stachelmakrelen, Schnapper, Meerbrassen und Grunzer verlassen im Schutz der Nacht ihre Tagesverstecke im Riff, um zu nahegelegenen Seegraswiesen zu schwimmen. Auch die meisten Schneckenarten, die sogenannten Gastropoden, sind nachtaktiv und bleiben tagsüber im Riff verborgen. Riesen- und Marmorierte Kreiselschnecken, Fechterschnecken und Finger- oder Spinnenschnecken weiden langsam kriechend die Seegräser ab. Tritonshörner, Sturmhauben und Porzellanschnecken hingegen sind Fleischfresser. Eine Reihe von Nacktschnecken wagt sich nachts zu Schwämmen, Korallen und Seeanemonen, die ihnen als Nahrung dienen. Ihre grellen Farben signalisieren, daß sie hochgiftig sind.

Das Korallenriff gleicht nachts – mehr noch als am Tage – einem riesigen Garten. Die Korallen entfalten ihre Tentakel und fangen zum Plankton gehörende Kleinsttiere. Seeigel, am Tage gewöhnlich bewegungslos, wandern jetzt wie eine mit wogenden Stacheln bewehrte Armada langsam den Riffhang hinauf und weiden Algen ab. Zartgliedrige Haarsterne, erdgeschichtlich alte,

Mit leuchtenden Flecken unter den Augen erhellt der Laternenfisch (Photobletheron palpebratus) das Dunkel der Tiefsee. Das Licht produzieren Leuchtbakterien.

Rechte Seite oben: Die zarten Haarsterne (Crinoidea) wurden einst zu den Pflanzen gezählt. Sie leben überall dort im Riff, wo frische Strömung ihnen viel Plankton, kleinste Tiere und Pflanzen zuträgt. Gerne sitzen sie deshalb im oberen Riffbereich. Rechte Seite unten: «Vorsicht: Giftig!» signalisieren Meeresschnecken jedem Räuber mit ihren prächtigen, auffallenden Farben. Die Büschel auf ihrem Rücken sind Kiemen.

Kaum wird es dunkel, machen sich die Eichhörnchenfische (Myripristis hexagona) auf die Jagd. Den Tag verbringen sie regungslos, verborgen im Riff.

mit Seesternen und Seeigeln verwandte Tiere, machen sich auf den Weg aus ihren Verstecken hinauf auf das Riff, um mit ihren fedrigen Wedeln in der Strömung nach Nahrung zu angeln.

Noch spektakulärer sind ihre Verwandten, die Korbsterne, die mit ihren zierlichen, vielfach verzweigten Armen Plankton aus dem Wasser fischen. Grüne Seeschildkröten, die größten Riffbewohner, sind gleichfalls typische Nachttiere. Während der Laichsaison hieven sie sich mühsam den Strand hinauf und graben stundenlang Löcher für die Eiablage in den Sand.

Das nächtliche Treiben im Riff dauert bis zum Morgengrauen an. Dann kehrt sich der gesamte Prozeß ins Gegenteil um: Die Nachtaktiven suchen ihre Schlupfwinkel auf, die Haarsterne rollen sich ein, die Korallen ziehen ihre Tentakel zurück. Die Tagesschicht nimmt Besitz vom Riff, der Zyklus beginnt aufs Neue.

DIE KORALLEN

Der Begriff «Koralle» umfaßt eine Vielzahl der unterschiedlichsten Tiere einer ganzen Gruppe, die wissenschaftlich Coelenteraten heißt. Der Name leitet sich aus den griechischen Wörtern *koilos* (Höhle) und *enteron* (Darm) ab und verdeutlicht, daß die große Körperhöhle im Inneren der Tiere die Funktion eines Darms hat, nämlich der Verdauung von Nahrung dient.

Grob lassen sich Korallen in zwei Gruppen unterteilen: Die hermatypischen Korallen bauen Riffe auf, die ahermatypischen Korallen nicht. Der Unterschied ist dadurch gegeben, daß nur die erste Gruppe Zooxanthellen in ihren Geweben beherbergt.

Korallen sind kleine Polypen und sehen wie winzige Seeanemonen aus. Jeder Polyp gleicht einem kurzen, hohlen Rohr mit einer von Tentakeln umsäumten Mundöffnung am oberen Ende; am unteren Ende sitzt er auf einem Kalkskelett. Sie können zwischen nur einem Millimeter und mehreren Zentimetern dick sein. Die Tentakel sind mit kleinen «Nesselkapseln» oder Nematozyten, besetzt. Wenn sie von treibendem Plankton berührt werden, schnellt ein mit einem «Stilett» bewehrter Schlauch aus ihnen hervor, bohrt sich in den Körper des Beutetieres und lähmt es durch ein Gift.

Die weitaus meisten Nährstoffe aber schöpfen die Polypen aus einer ganz anderen Quelle: von den winzigen Zooxanthellen, die im Korallengewebe leben und mit bloßem Auge nicht sichtbar sind. Der Korallenpolyp versorgt die Zooxanthellen mit Kohlendioxid, Nitrat und Phosphat, den Abfallprodukten seines Stoffwechsels, und die kleinen Algen wandeln die Stoffe zusammen mit Kohlendioxid aus dem Meerwasser unter Ausnutzung der Sonnenenergie in Kohlenhydrat und Sauerstoff um. Überschüssige Kohlenhydrate nimmt der Polyp auf. Aus dem Kohlenstoff wird zusammen mit Kalzium-Ionen aus dem Meerwasser Kalziumkarbonat oder schlicht Kalk gebildet, ein Prozeß, der als Kalzifizierung bezeichnet wird. Dabei entsteht ein steinähnliches Skelett, in dem der Polyp lebt.

Hermatypische Korallen gewinnen die meisten Nährstoffe aus den eingeschlossenen Algen. Die Partnerschaft ist quasi der Schlüssel zu den fantastischen Strukturen, die das Korallenriff charakterisieren. Diese Symbiose erklärt auch, warum Korallenriffe nur an ganz bestimmten Stellen wachsen: in seichtem, klarem Wasser und selten tiefer als 40 Meter unter dem Wasserspiegel. Wo die Zooxanthellen kein Sonnenlicht erreicht, können sie den Korallen nicht den Riffbau ermöglichen.

VERWIRRENDE VIELFALT DER KORALLENFORMEN

«Korallen bilden eine verwirrende Gemeinschaft von Individuen, und die Unsicherheit, was als eigene Art gelten könnte, gehört zum ersten Problem, dem sich jeder Korallenforscher stellen muß...», schrieb Frederic Wood-Jones ziemlich verzweifelt im Jahre 1907. Wie andere Wissenschaftler, die sich zu früheren Zeiten mit Riffen befaßten, stellten ihn die Schwierigkeiten, unterschiedliche Korallen zu kategorisieren, vor immer neue Rätsel. Heute weiß man zwar weit mehr über Korallen, doch ihre Zuordnung bereitet auch modernen Meeresbiologen immer noch Probleme.

Die meisten riffbildenden oder hermatypischen Korallen gehören zu den Steinkorallen (*Sceleractinia*), die ein steinernes Kalkskelett besitzen. Doch es gibt auch zahlreiche ahermatypische Korallen, die keine Riffe bilden. Sie leben nur von Plankton und können auch in dunklen Höhlen, unter Überhängen

Ährenfische (Pranesus) streifen gewöhnlich im großen Schwarm durchs Riff. Doch der Fisch im Bild scheint gelähmt vom Gift der Nesselkapseln dieser Tubastrea Polypen. Mit stilettbewehrten Zellen auf ihren Tentakeln fangen sich Korallenpolypen kleine Tiere als Nahrung.

Rechte Seite: Ein Korallenriff auf den Bahamas. Die Koralle Dendrogyra cylindrus bildet eindrucksvolle Säulen.

Unten: Weichkorallen (Dendronephthya) in der Südchinesischen See.

Edelkorallen

Die meisten kommerziell wertvollen Edelkorallen stammen aus dem Mittelmeer oder aus den tiefen Meeresrücken des Pazifischen Ozeans. Schon seit frühgeschichtlichen Zeiten wurden die begehrten Edelkorallen zu meisterlichen Statuetten und Geschmeiden geschnitzt. Die mediterrane Rote Edelkoralle *Corallium rubrum* wurde jahrhundertelang abgebaut; in Torre del Greco südlich von Neapel hat sich ein Zentrum eines florierenden Schnitzhandwerkes etabliert.

Nachdem die traditionellen Fundorte vor der Küste Spaniens, Italiens, Griechenlands und Nordafrikas durch zunehmenden Raubbau ausgebeutet waren, wandte sich der Handel den reichen pazifischen Vorkommen zu. Im Mittelmeer wird unterdessen versucht, die Bestände durch ein auf nachhaltigen Schutz bedachtes Management zu erhalten, doch dem wirkt eine von Konkurrenzdenken geprägte, auf Familienstrukturen zurückgehende Industrielobby entgegen.

Besonders zerstörerisch wirkt sich der Einsatz von großen, schleppnetzartigen Geräten, den sogenannten Dredschen, beim Abbau aus. Der «Italienische Stab» zum Beispiel, ein bis zu sechs Meter langer, tonnenschwerer Zylinder mit Netzen, die über Ketten mit einer Stange verbunden sind, oder das St. Andreas Kreuz haben vielerorts die traditionelle Methode abgelöst. Der Taucher suchte die einzelnen Korallenkolonien je nach Größe und Qualität aus und erntete selektiv. Beim Fischen mit Dredschen wird hingegen beinahe alles Leben auf dem Meeresboden ausradiert, und weit mehr Korallen bleiben beschädigt zurück als tatsächlich geerntet werden können.

1986 protestierte *Greenpeace* gegen den Gebrauch des Italienischen Stabes in spanischen Gewässern. Der Zusammenstoß zwischen dem *Greenpeace*-Schiff *Sirius* und einem spanischen Fischerboot sorgte für soviel Publicity, daß der Italienische Stab fortan in Spanien und einigen anderen Ländern verboten wurde.

und in tiefem, kaltem Wasser existieren, wo riffbildende Korallen nicht überleben können. Obwohl viele dieser Korallen auch in den Riffen leben, scheiden sie doch zu wenig Kalk aus, um zu den großen, riffbildenden Strukturen beizutragen.

Weichkorallen, denen ein festes Skelett fehlt, sind häufige Riffbewohner. Zum Beutefang strecken sie ihre intensiv gefärbten Tentakel aus. Schwarze Korallen und die langen Peitschenkorallen bilden buschige Wälder in den Riffen. Beide gehören zur Gruppe der *Antipatharia* und sind als Halbedelkorallen im Handel. Denn sie besitzen verhornte, biegsame Skelette, die gern poliert und als Schmuck verkauft werden.

Die für den Schmuckhandel so begehrten rosa, rot oder golden gefärbten Edelkorallen kommen in tieferem und kühlerem Wasser vor und leben nicht in tropischen Korallenriffen. Sie sind mit anderen Hohltieren, den sogenannten Hornkorallen, näher verwandt als mit den Steinkorallen, und ihr inneres Kalkskelett läßt sich bis zu Edelsteinqualität polieren.

Die Fortpflanzung der Korallen

Korallen pflanzen sich auf zweierlei Weise fort. Ungeschlechtlich durch Knospung, das heißt durch Teilung des Elternpolyps. Dabei entsteht ein genetisch völlig identischer Tochterpolyp. Er bleibt mit dem Elternpolyp meist über lebendes Gewebe verbunden. So wächst durch fortdauernde Teilung allmählich eine Kolonie. Nur ihre Außenseite ist belebt, ihr Zentrum besteht aus den angesammelten, toten Skeletten früherer Polypen. Unter geeigneten Bedingungen können sich neue Kolonien aus abgebrochenen Teilen anderer Kolonien entwickeln – ein Weg, wie sich Korallenriffe nach Sturm- oder Hurrikanschäden regenerieren.

Korallen können sich durch Laichen auch geschlechtlich fortpflanzen: Das Ei wird von einem Spermium im Wasser befruchtet und reift zu einer Larve, der sogenannten Planulalarve heran. Erst 1982 wurde entdeckt, daß Korallen oft synchron – alle zusammen in einer einzigen Nacht – ablaichen. Im Großen Barriere Riff schwimmen dann Millionen von Eiern und Spermien im Wasser von mehr als 130 gleichzeitig laichenden Arten – ein synchronisiertes Verhalten, für das es

Einige Schwarze Korallen sind lang und peitschenförmig, andere eher buschig. Diese Korallen bilden keine Riffe und leben unter 20 Metern Tiefe.

Rechte Seite: Links Sternkorallen der Gattung Montastrea mit ihren einzeln nebeneinander wachsenden Polypen. Rechts eine Hirnkoralle, deren Polypen miteinander verschmolzen bleiben und komplexe Wellenmuster bilden.

Viele Korallen im Großen Barriere Riff entlassen ihre Samen und Eier gleichzeitig in einer einzigen Nacht ins Wasser.

keine Parallele in der Tierwelt gibt. Das Ereignis ist weitgehend vorhersagbar: Es findet nach Einbruch der Dunkelheit in der Woche statt, die auf den Vollmond im März folgt – zur Zeit der Tagundnachtgleiche. Auch in anderen Riffen laichen Korallen in einer relativ kurzen Zeitspanne, wenn auch weniger gut synchronisiert und bislang wissenschaftlich nicht erforscht.

Niemand weiß genau, warum und wie dieses außergewöhnliche Phänomen zustandekommt. Temperatur, Gezeiten, Tageslänge und die Mondphase scheinen bei der Auslösung zusammenzuspielen. Es könnte sein, daß die große Menge von Spermien und Eiern, die so plötzlich vorhanden ist, das Nahrungsbedürfnis der Freßfeinde bei weitem übersteigt, so daß ein sehr viel höherer Anteil der befruchteten Eier gute Überlebenschancen hat. Zugleich erleichtert der geringere Gezeitenhub während der Tagundnachtgleiche die Befruchtung der Eier, da Spermien und Eier von der Strömung weniger rasch auseinandergetrieben werden.

Die Korallenlarven, die zum Licht aufsteigen und sich mit dem Plankton vermischen, werden bis zu einem Millimeter lang und sind je nach Art ganz unterschiedlicher Gestalt. Sie tragen bereits Zooxanthellen in ihrem Gewebe, übertragen vom elterlichen Polyp. Sofern sie überleben, treiben sie einige Tage oder Wochen umher. Schließlich schwimmt die Larve wieder nach unten und läßt sich auf einer harten, felsigen Oberfläche nieder, etwa einer toten Koralle oder einem Stück nackten Felsens. Dort verwandelt sie sich in einen Polyp, beginnt mit der Ausscheidung eines Kalkskeletts und vermehrt sich durch Knospung, um eine neue Kolonie zu gründen.

Wie Riffe wachsen

Betrachtet man eine Korallenoberfläche näher, wird man ebensoviele Muster entdecken wie es Korallenarten gibt. Diese komplexen, verschlungenen Strukturen entstehen durch die Unzahl tassenartiger Vertiefungen aus Kalk, die jeder einzelne Polyp aufbaut und in denen er lebt. Die unterschiedlichen Formen kommen durch die verschiedenen Teilungsweisen der einzelnen Korallenarten zustande. Bei vielen Steinkorallen, wie etwa bei den massiven *Porites*-Arten, den Arten der Gattung *Montastrea* und den verzweigten *Acropora*-Arten, nimmt der Polyp nach und nach eine ovale Form an, bildet eine zweite Mundöffnung und teilt sich schließlich in zwei getrennte Polypen. Bei anderen Arten trennen sich die Polypen nie vollständig voneinander. So entstehen lange Polypenreihen, die sich, wie etwa bei den Hirnkorallen, zu Wellenmustern zusammenfügen.

Die verwirrende Vielfalt von Formen und Größen der Korallenkolonien hängt aber nicht nur von der Art, sondern auch davon ab, wo die Koralle wächst. Bei starker Brandung an der Meerseite der Riffe wachsen Korallen eher zu stabilen Polstern und mehr abgeflachten Formen heran. In der geschützten und ruhigeren Umgebung von Rifflagunen entwickeln sich dagegen zierlich verzweigte Formen.

Die Lichtstärke beeinflußt ebenfalls die Form der Kolonien. Einige Arten können sich so gut daran anpassen, daß sie je nach Standort zu ganz verschiedenen Formen her-

anwachsen. Die verzweigten *Acropora*-Arten sind besonders flexibel: Wachsen sie in flachem Wasser nahe an der Oberfläche, bilden sie Dickichte aus buschigen Formen, während sie sich in geschütztem Tiefwasser flach ausbreiten und die Form mächtiger Tische annehmen. Indem die Korallen hier breit ausladende Formen entwickeln, nehmen die Zooxanthellen mehr lebensnotwendiges Licht auf, das in größeren Tiefen nicht mehr so reichlich vorhanden ist. So können sich manche Korallen an ganz unterschiedliche Bedingungen im Riff anpassen, während andere auf ganz bestimmte Licht- und Strömungsstärken oder Wasserqualitäten angewiesen sind.

Aus der Ansammlung von vielen Korallenkolonien und der Überlagerung toter Skelette durch lebende Korallen entsteht schließlich ein Riff. Auf den harten Skeletten, die absterbende Organismen hinterlassen, siedeln neue Korallen und andere Lebewesen. Die toten Korallenskelette verwittern nach und nach zu Sedimenten und Korallensand, der sich mit der Zeit zu einem Korallenfelsen verdichtet.

Eine Riffbildung kann Jahrhunderte dauern, denn viele Korallen wachsen äußerst langsam. Massive Korallen – Korallen, die sich nicht verzweigen – wachsen nur 5 bis 25 Millimeter im Jahr und erreichen ein hohes Alter, manche mehrere 100 Jahre. In den 70er Jahren entdeckten Wissenschaftler beim Röntgen von Korallenschnitten Jahresringe, ähnlich wie in Baumstämmen. Dadurch konnten sie das Alter einiger Korallen im Großen Barriere Riff bestimmen: 800 bis 1000 Jahre. Eine drei Meter hohe Koralle in Florida begann ihr Wachstum etwa zur gleichen Zeit, als die Pilgerväter im Jahr 1620 in

Oben: Manche Korallen wachsen zu regelrechten «Tischen» heran wie hier in Papua Neuguinea. Andere, so die Gattung Acropora im Großen Barriere Riff (rechte Seite großes Bild), bilden stark verzweigte Formen. Auch Algen tragen zum Riffwachstum bei: Die widerstandsfähige Pfennigalge Halimeda (unten) ebenso wie die kalkbildenden Rotalgen (rechte Seite oben).

Amerika landeten. Verzweigte Korallenarten wachsen viel schneller, besonders die Hirschgeweihkorallen *(Acropora cervicornis)* in der Karibik: 10 bis 20 Zentimeter pro Jahr, etwa zehnmal rascher als massive Korallen. Ihre Zweige sind jedoch sehr zerbrechlich und werden leicht von Wellen und den in den Tropen häufigen und heftigen Stürmen zerstört.

Zur Struktur eines Riffes tragen außer den Korallen weitere Organismen bei. Rote, kalkhaltige Algen (Kalkrotalgen) bilden dicke Überzüge und können so zur Verfestigung des Gefüges beitragen. Sie kommen regelmäßig auf Atollriffen, einer speziellen Riffform (siehe S. 26) im Pazifik, vor und bilden in der Brandungszone feste Rücken. Ein solches Riff trotzt dann auch starken Brechern. Große Teile des Sedimentes stammen aus Abbauprodukten der Pfennigalge *Halimeda*, deren winzige, tellerförmige Blättchen Kalziumkarbonat enthalten.

Das Leben der Riffe

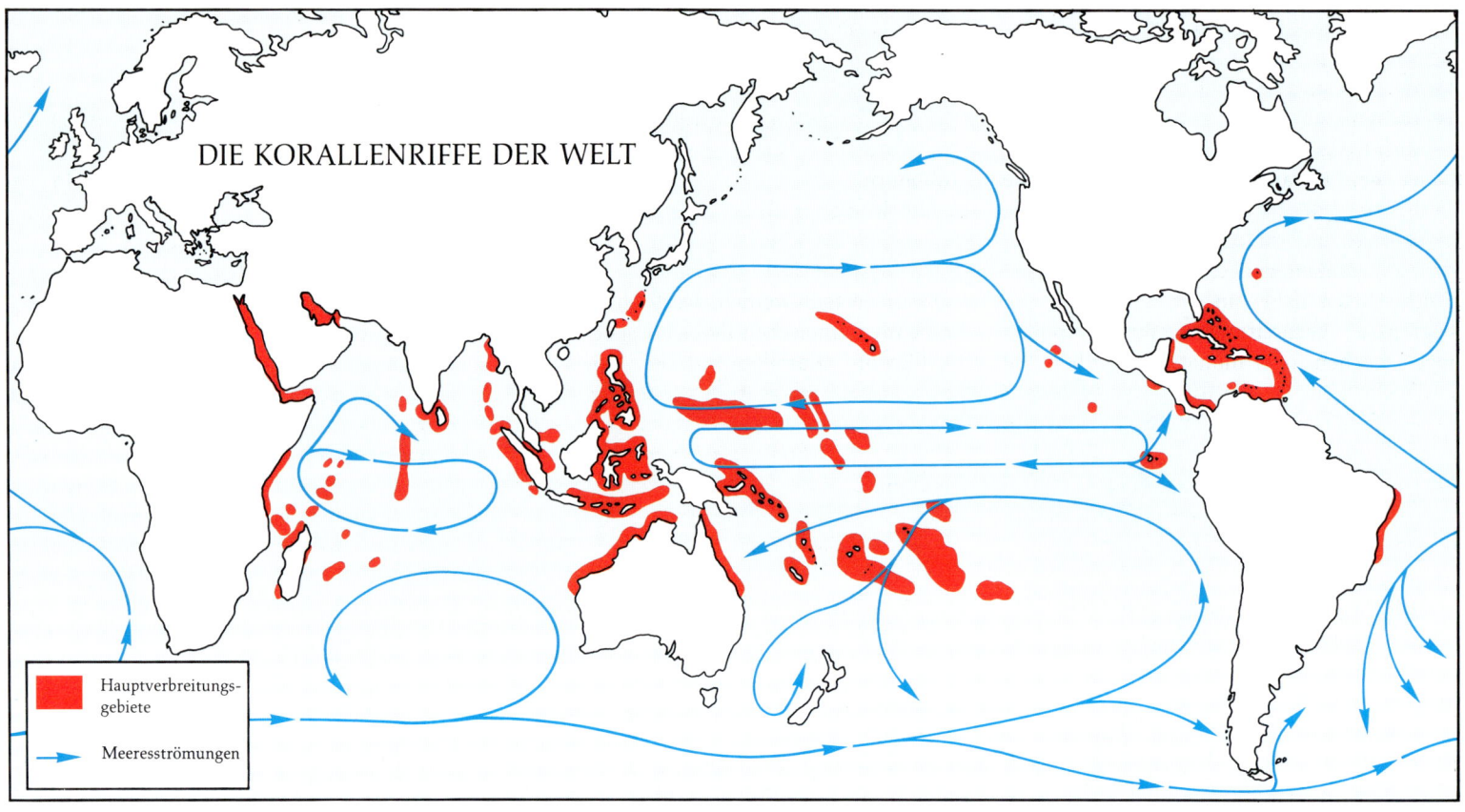

DIE KORALLENRIFFE DER WELT

Hauptverbreitungsgebiete

Meeresströmungen

Große, widerstandsfähige Schwämme beeinflussen insbesondere in tieferem Wasser die Riffstruktur. In einigen Riffen verstärken und vermehren Weichtiere – Riesenmuscheln, Austern und Wurmschnecken, deren Gehäuse wie kleine von Würmern aufgeworfene Erdhäufchen aussehen – den Kalziumkarbonatgehalt des Riffs. Riffe in den Lagunen von Takapoto, einem der Atolle Französisch-Polynesiens im Pazifik, bestehen schätzungsweise aus 70 Millionen Muscheln – Pilgermuscheln, Perlmuscheln und andere Arten –, mit denen die Korallen überschwemmt sind.

Riffe wachsen erwartungsgemäß nicht so schnell wie die einzelnen Korallenkolonien, denn Korallen werden stets durch Stürme und Wellen zerstört oder durch Freßfeinde abgetragen. Stirbt eine Koralle, überwuchern Algen rasch ihr Skelett, und unzählige Tiere dringen in sie ein: Tote Zweige der Hirschgeweihkoralle verschwinden auf diese Weise binnen eines Jahres völlig. Als erste sind die Würmer zur Stelle, bohren Löcher in das Skelett und machen dadurch den Weg für nachfolgende Tiere frei. Verblüffenderweise sind es oft die harmlos aussehenden Schwämme, die den größten Schaden anrichten: Einige Arten setzen ätzende Chemikalien frei, die nichts als winzige Splitter von dem Skelett der abgestorbenen Koralle übrig lassen. Diese Bruchstücke sinken ab und tragen ihren Teil zum Riff bei, in manchen Fällen mehr als 40 Prozent.

Weidende Tiere hemmen natürlich das Riffwachstum. Doktorfische, Papageifische und Seeigel fressen Algen, die auf lebenden und toten Korallen leben. Papageifische schaben mit den Algen auch einen Teil des Skelettes ab und scheiden es mit ihrem Kot als feines Sediment wieder aus. Seeigel entfernen auf der Suche nach fadenförmigen Algen große Mengen toter Korallen. Alle diese Aktivitäten verlangsamen das Wachstum eines Korallenriffs, daher ist die tatsächliche Wachstumsrate eines Riffs äußerst schwer zu bestimmen. Eine Möglichkeit besteht darin, die Menge gebildeten Kalziumkarbonats zu bestimmen. Biologen schätzen, daß ein Riff zwischen einem und 15 Millimetern pro Jahr wächst. Je nach Rifftyp und Region fällt diese Rate unterschiedlich aus, doch gelten sieben bis zehn Millimeter pro Jahr als Durchschnittswert.

Wo Riffe wachsen

Korallenriffe wachsen nur in den warmen, seichten Meeren der Tropen. Die Wassertemperatur ist ein sehr wichtiger Faktor – das Optimum liegt bei 26 bis 27 Grad Celsius. Die meisten Riffe sind zwischen den beiden Wendekreisen entstanden: die größte Anzahl in der Karibik, um die Inseln des Indischen Ozeans, im Roten Meer und im Persisch-Arabischen Golf, um die Inselwelt Südostasiens und im Südpazifik. Auch dort, wo warme Meeresströmungen tropischen Ursprungs fließen, gibt es Riffe, so beispielsweise in Florida und auf den Bermudas, die der Golfstrom umspült. Im indo-pazifischen Raum erlauben warme Meeresströmungen Riffwachstum bis nach Japan im Norden und bis zum südlichen Teil des Großen Barriere Riffes. Kalte Strömungen hingegen verhindern das Riffwachstum, weswegen sie vor der afrikanischen Westküste und entlang großen Teilen der Westküste Amerikas fehlen.

Manchen Korallen gelingt es jedoch, wenn auch langsamer und weniger üppig, bei höheren oder auch niedrigeren Temperaturen zu wachsen. Im Persisch-Arabischen Golf können die Riffe die enormen Temperaturschwankungen von 13 Grad Celsius in kalten Wintern bis zu 38 Grad Celsius im Sommer verkraften.

Auch Meeresströmungen und die Lebensdauer der Korallenlarven bestimmen die Verbreitung der Korallenriffe. Manche Larven entwickeln sich innerhalb weniger Stunden und sinken danach wieder zu Boden: Solche Arten haben in der Regel eine eng begrenzte Verbreitung. Andere treiben tage-, wochen- oder monatelang umher: Sie besiedeln nahezu alle Riffe in den Ozeanen. Einige Korallen finden sich von der Ostküste Afrikas bis zum Indischen und Pazifischen Ozean. Manchmal lassen sich Korallenlarven auf Treibgut wie Bimsstein, Kokosnüssen oder Stämmen nieder, bilden kleine Kolonien und werden so auf «Flößen» von Meeresströmungen zu anderen Riffen verdriftet. Am Ende des letzten Jahrhunderts wurden auf den Kokosinseln im Indischen Ozean Korallen auf kleinen Bimssteinstücken entdeckt, die vom Krakatauausbruch des Jahres 1883 in Indonesien stammten. Auch auf Hawaii, wie in jüngster Zeit erkundet, haften Korallen auf kleinen Bimssteinen, die höchstwahrscheinlich durch den Ausbruch des Vulkans Barcena auf der Insel San Benedicto vor der Ostküste Mexikos im Jahr 1952 auf die Pazifikinsel verfrachtet wurden.

Sowohl im Atlantischen wie im Pazifischen Ozean sind keine stärkeren warmen Meeresströmungen zu finden, die nach Osten fließen. Der Humboldtstrom an der Westküste Südamerikas und der Benguelastrom an der westafrikanischen Küste sind kalt. In diesen Weltregionen sind daher auch in tropischen Breiten keine Riffe entstanden. Im Pazifik allerdings verstärken sich alle zehn bis 15 Jahre ostwärts gerichtete Meeresströme, weil sich in diesen Zeitabständen die Großwetterlage ändert: Das Phänomen wird als El Niño bezeichnet. In El Niño-Perioden können die Korallenlarven sehr viel weiter nach Osten verdriftet werden – wie auch die frühen Polynesier die Strömungen nutzten, um über den Pazifik weit nach Osten zu wandern.

Im Indischen Ozean kehren die Monsune alljährlich die Strömungsrichtungen um. Da die Korallenlarven dadurch rings um den Ozean verteilt werden, wachsen in seinem gesamten tropischen Bereich üppige Riffe.

Obwohl Korallen auf Riffdächern im Flachwasser gelegentlich Süßwasser tolerieren können, werden sie durch andauernde schwere Regenfälle oder vom Land eingespültes Süßwasser langfristig geschädigt. Auch dadurch wird ihre Verbreitung beeinflußt, und sie kommen daher nur selten an Flußmündungen vor. Sie fehlen somit an der Amazonasküste und den Mündungen von Mississippi, Ganges und Indus.

Dunkelheit, große Wassertiefen, trübe Wasserverhältnisse und starke Brandung hemmen das Korallenwachstum, daher entwickeln sich unter diesen Bedingungen nur selten echte Riffe. Manchmal wachsen jedoch riffähnliche Korallengemeinschaften empor, obwohl sie sich nicht selbst aufbauen können. Einige vulkanische Inseln wie Niihau auf Hawaii sinken für eine echte Riffbildung zu schnell ab, doch auf den Kalk- und Basalthängen der Insel, die bereits unter den Wasserspiegel gesunken sind, entwickeln sich üppige Gemeinschaften nicht-riffbildender Korallen. Auch in den tiefen und manchmal trüben Gewässern des Golfs von Mexiko wachsen florierende Korallengemeinschaften auf Kalkfelsen, die sich aus dem sandigen Meeresboden erheben. Wie bei echten Korallenriffen ist hier der Arten- und Fischreichtum besonders groß; der Middleground von Florida etwa ist ein wichtiges Fischereigebiet für Schnapper und Zackenbarsche.

Riffzonen

Die verschiedenen Bereiche eines Riffs werden von unterschiedlichen Lebensgemeinschaften besiedelt, die die jeweils anderen Umweltbedingungen gut widerspiegeln. Lagunen – Wasserflächen, die vom offenen Meer durch das Riff abgetrennt werden – sind ein wichtiger Bestandteil der meisten Riffökosysteme. Ihre Größe und Tiefe variieren oft stark, aber in der Regel ist der Grund sandig und die Gezeiten sorgen, außer in geschlossenen Atollen, für einen guten Wasseraustausch.

Lagunen bieten vielen Pflanzen und Tieren, die, wie etwa Seegräser und Seegurken, in sandigen Lebensräumen gedeihen, gute Lebensbedingungen. Korallen fehlen manchmal ganz, häufig siedeln sie jedoch verstreut auf dem Lagunenboden und konzentrieren sich zum Riff hin. Verzweigte Korallen können im geschützten Wasser tieferer Lagunen besonders gut wachsen, so daß sie manchmal ganze Wälder bilden.

Auf der Lagunenseite des Riffs, dem sogenannten Rückriff, wachsen die Korallen in der nur schwachen Wasserströmung oft besonders üppig. Das Riffdach zwischen Lagune und Riffhang – der steil abfallenden Vorderseite des Riffs – neigt sich meist zum Hang hin ab und ist aus Felsen, Sand, Schlamm, Seegras, Algen und verstreuten Korallen aufgebaut. Bei Niedrigwasser bleibt es oft kaum einen Meter unter dem Wasserspiegel und fällt gelegentlich ganz trocken. Nur die widerstandsfähigsten Korallen können hier überleben.

Der helle Wassersaum vor der Malediven-Insel deutet auf das Riff und seine Lagune hin. Das Wasser ist dort viel flacher als im umgebenden Ozean.

Auf der zum Meer gelegenen Seite des Riffs nehmen die Korallen auf dem Riffdach zur Riffkrone hin – dem höchsten Teil des Riffs, an dem sich die Wellen brechen – an Artenvielfalt und Häufigkeit allmählich zu. Die Kronen von Riffen, die auf der Windseite liegen und starken Brandungen ausgesetzt sind, sind häufig von Kalkalgen besetzt, die dann den höchsten und robustesten Teil des Riffs bilden. Von der Riffkrone senkt sich das Vorriff zum Riffhang ins tiefere Wasser; manchmal gliedert es sich in ein oberes und unteres Vorriff, die je nach Lichtverhältnis und Wellenkraft unterschiedliche Arten von Korallen beherbergen. Das obere Vorriff ist meist am üppigsten besiedelt, da es die optimale Tiefe für das Korallenwachstum hat, reichlich Licht empfängt und von den Wellen ständig mit Nahrung und Sauerstoff versorgt wird. Die Vielfalt der Korallenarten verringert sich zum Vorriff hin, bis schließlich flache, überzugartige Korallen wie *Turbinaria*, *Leptoseris* und *Porites* dominieren, die auch niedrige Lichtintensitäten vertragen können. Ist das Wasser schließlich für das Korallenwachstum zu tief, fällt der Riffhang steil in die Dunkelheit der Tiefsee ab.

Mit den Riffen im Verbund: Seegraswiesen und Mangrovenwälder

Die klare Sicht vor Riffen, die Taucher so begeistert, beruht darauf, daß nur sehr wenig organisches Material im Wasser schwebt. Große Areale der tropischen Ozeane sind ausgesprochen arm an Nährstoffen. Paradoxerweise sind gerade sie die Heimat der Korallenriffe, die zu den reichhaltigsten Ökosystemen der Welt gehören. Um dennoch zu überleben, haben sie sich zu einer reich strukturierten Lebensgemeinschaft entwickelt, die ihre Nährstoffressourcen über viele Kreisläufe kontrolliert und wiederverwertet. Vielverzweigte Nahrungsketten verbinden alle Rifforganismen untereinander und manchmal auch mit benachbarten Lebensräumen. Riffe wachsen oft in der Nähe von Seegraswiesen oder Mangrovensümpfen, und zwischen den unterschiedlichen Lebensräumen entwickeln sich komplexe Wechselbeziehungen.

Korallen brauchen für ihr Wachstum, wie andere Tiere auch, Nährstoffe: Stickstoff,

Oben: Diese gewaltige Korallenkolonie in Kiribati bildet ihr eigenes kleines Riffsystem. Links: Wenn sie in flachem Wasser zu oft trockenfallen, wachsen Korallenkolonien zuweilen in die Breite statt in die Höhe; der Kern stirbt ab, so daß ein «Mikro-Atoll» entsteht.

Phosphat und Spurenelemente. Stickstoff wird dem Meerwasser durch mikroskopisch kleine blaugrüne Algen, durch andere Algen und durch Bakterien in Riffsedimenten und Seegraswiesen entzogen. Die Blaualgen und Algenfragmente werden von Meeresströmungen über das Riff gespült und von Tieren gefressen. Bakterien, die dem Riffwasser die gelösten Phosphate entziehen können, werden von den wirbellosen Tieren im Riff aufgenommen.

Eine wesentliche Rolle spielen die Fische in diesem Nährstoffkreislauf, die einige der aufgenommenen Stoffe über ihre Ausscheidungen erneut dem Riff zuführen.

Mangroven mit ihren mehr als 50 Arten sind von besonderer Bedeutung für die Küstenökosysteme der Tropen. Sie säumen bis zu 25 Prozent aller tropischen Küsten, besonders dort, wo sich Süßwasser mit dem Meereswasser mischt: an Flußmündungen und an Küstenregionen, wo ihnen abfließendes Regenwasser viel Schlamm zuträgt. Mangrovenwälder sind düstere, sumpfige Orte und regelmäßig die ersten Opfer von Erschließungsmaßnahmen. Der Mensch erachtet sie als wertlos und sieht in ihnen oft nichts weiter als eine Brutstätte für Moskitos. Mangroven erfüllen jedoch eine äußerst wichtige Funktion: Sie bieten zahlreichen Tieren, von Wirbellosen über Fische bis hin zu Vögeln, Nahrung und Lebensraum, und sie sind ein idealer Laich- und Brutplatz. Viele Fische, die später im Riff leben, finden beim Heranwachsen zwischen den Mangrovenwurzeln Schutz vor den Räubern im Riff. Solche Kinderstuben sind offenbar von großer Bedeutung: In einigen Gebieten wachsen in Riffen, die in der Nähe von Mangroven oder Seegraswiesen emporragen, bis zu 20mal mehr Jungfische heran als in isolierten Riffen.

Von Seegräsern, den einzigen blütenbildenden Meerespflanzen, gibt es nur etwa 50 Arten, aber sie sind über alle Ozeane verbreitet. In den seichten, sandigen Bereichen, die in der Nähe des inneren Riffdachs zu finden sind, wachsen sie zu dichten Wiesen heran, doch wenn das Wasser klar genug ist, bedecken sie den Boden auch noch bis zu einer Tiefe von 20 Metern. Seegraswiesen reduzieren die Strömungsgeschwindigkeit und erleichtern es dadurch Korallenlarven, sich anzusiedeln. Außerdem dienen auch sie zahlreichen Arten aus dem Riff, Fischen ebenso wie etwa Langusten, als eine ideale Kinderstube.

Auf den Blättern setzen viele Tiere ihre Eier ab, Algen und Wirbellose siedeln sich auf ihnen an. Einige Seeigel, Doktorfische und Papageifische ernähren sich von den Seegräsern und weiden bevorzugt die Bereiche ab, die dem schutzspendenden Riff am nächsten sind. Sie fressen dabei regelrechte Sandflecken in die Wiesen um die Riffe herum. Auch Schildkröten und Seekühe ernähren sich in erster Linie von den Seegräsern. Abgestorbenes Seegras schließlich wird von Krebsen und Seegurken zersetzt.

Oben: Manche Korallenarten (hier: Turbinaria), die in tieferen Regionen leben, bilden große Platten, um möglichst viel Licht aufzunehmen. Mitte: Mangroven mit ihren charakteristischen Luftwurzeln in der Honda Bay auf den Philippinen.

Links: Seegraswiesen (Thalassia testudinum) im Hol Chan Marine Reserve von Belize in der Karibik.

So wie Mangroven und Seegraswiesen den Riffbewohnern nützen, schützen Korallenriffe sie umgekehrt vor Wellen, liefern Sedimente für die Schlammböden der Mangrovenwälder und den sandigen Grund, in dem die Seegräser wurzeln. Seegraswiesen und Mangroven halten wiederum die vom Land eingeschwemmten Sedimente fest – abfließendes, erdhaltiges Regenwasser und in Flüssen gelöster Schlick – und schützen das Riff vor deren möglicherweise schädlichem Einfluß. Mangroven und Seegraswiesen beherbergen – von Bakterien über Weichtiere bis zu Fischen – viele Lebewesen, von denen sich andere Riffbewohner ernähren können. Selbst die Reste toter Pflanzen und Tiere, die von Mangroven und Seegraswiesen zu den Riffen geschwemmt werden, dienen als Nährstoffquelle.

Atolle und Cays

Natürlich können Riffe auch fernab von anderen Lebensgemeinschaften existieren, zum Beispiel die üppigen Atolle mitten im Pazifik. Haben sie sich jedoch nahe beieinander entwickelt, dann sind die komplexen Wechselbeziehungen zwischen den jeweiligen Lebensgemeinschaften entscheidend für den Fortbestand aller beteiligten Ökosysteme; wird eines davon geschädigt, hat das schwerwiegende Folgen für die anderen.

Sandige Buchten und die kleinen, sandigen Inselchen, die häufig als der Prototyp der «einsamen Insel» gelten – «Cay» oder «Key» heißen sie in der Karibik, «Motus» auf pazifischen Atollen –, sind ein integraler Bestandteil eines Riffökosystems. Sie entstehen aus Sand und zerfallenen Bruchstücken der Korallenskelette und anderer Rifftiere, die von Wellen und Strömung auf das Riffdach gespült werden. Wenn sich immer mehr Sand und Bruchstücke ansammeln, werden die tiefer liegenden Schichten allmählich zu einer soliden Masse, dem Strandfels, verbacken. Anfangs sind Buchten und Cays anfällig gegenüber der Abtragung durch Wind und Wellen, sie ändern noch häufig ihre Form oder werden manchmal sogar völlig wieder abgespült.

Manche Koralleninselchen bleiben reine Sandbänke, auf anderen beginnen Pflanzen zu wachsen, die allerdings selten über zwei bis drei Meter hinausgelangen. Diese Pflan-

zen müssen in aller Regel Salzwasser vertragen können und Samen besitzen, die lange Zeit und über weite Strecken hinweg im Meerwasser treiben können – Kokospalmen gehören dazu.

Unbewohnte Korallen-Cays und Atollinselchen sind für Meeresschildkröten und viele Seevögel – Pelikane, Fregattvögel, Tölpel, Möwen, Limikolen und Seeschwalben – wichtige Nistplätze. Auf ungestörten Cays, auf denen die Seevögel nicht von Raubtieren bedroht sind, können solche Kolonien riesige Ausmaße annehmen: Auf dem Rose Atoll in Amerikanisch-Samoa sammeln sich über 310 000 Seevögel 20 verschiedener Arten zum Brüten. Auf Bird Island, einem Korallen-Cay auf den Seychellen, brüten während einer Saison mehr als zwei Millionen Rußseeschwalben.

Koralleninselchen gehören auch zu den letzten verbliebenen Rückzugsgebieten des Palmendiebs (Birgus latro). Dieser Krabbe wurde überall anderswo wegen ihres schmackhaften Fleisches nachgestellt, ihre Populationen wurden stark dezimiert. Sie kann bis zu einem Meter groß werden und ist das größte wirbellose Landtier.

Die turbulente Geschichte der Riffe

Fossile Riffe liegen heute zuweilen weit im Innern des Festlandes, mitten in Australien, oder weit entfernt vom tropischen Meer in dem kalten, windumtosten Lake District im Norden Englands. Sie zeugen von den ungeheuren Naturgewalten, durch die unsere heutigen Ozeane und Kontinente geschaffen wurden. Die ersten riffartigen Strukturen entstanden lange bevor die ersten Tiere sich entwickelten, vor etwa zwei Milliarden Jahren, als sich das Leben noch auf einfache Pflanzen und Bakterien beschränkte. Sie wurden von Blaualgen aufgebaut, indem sich in den von ihnen gebildeten Polstern, den

Stromatolithen, Kalksedimente ansammelten. Fossile Stromatolithen finden sich heute weltweit noch an verschiedensten Stellen, und eine Kolonie lebender Stromatolithen hält sich als gefährdeter Restbestand bis heute in der Shark Bay in Westaustralien.

Die Lebensgemeinschaften aus Algen, Schwämmen und frühen Formen von Korallen, die bereits den modernen Riffen ähnelten, begannen vor 450 bis 500 Millionen Jahren, die warmen, seichten Gewässer zu beherrschen. Vor 350 Millionen Jahren bedeckten solche riffähnlichen Strukturen riesige Flächen, vor 245 Millionen Jahren wurden sie jedoch von einer großen Welle eines Massensterbens erfaßt. Die heutigen Formen riffbildender Korallen tauchten erst zehn Millionen Jahre später auf. Zuerst entstanden sie in der Region des heutigen Südeuropa und Mittelmeers, entlang den Küsten des westlichen Tethys-Meeres. Vor 150 Millionen Jahren hatten sich die Korallen weit verbreitet und viele verschiedene Arten ent-

Die unbewohnten Korallen-Cays (oben) bilden sich durch die Ablagerung von Sediment auf einem Riff. Sie bieten Seevögeln – auf der Seite links ein Rotfußtölpel (Sula sula) – oft ungestörte Brutplätze.

Fossile Korallen der Gattung Isastrea aus dem Mittleren Jura. Sie wurden in Gloucestershire, Westengland, gefunden.

wickelt. Eine zweite, eher noch größere Welle des Massensterbens trat vor 65 Millionen Jahren ein. Etwa ein Drittel aller Tiergruppen verschwand, darunter die Dinosaurier und viele Korallen. Noch einmal entwickelten sich neue Korallenarten, und vor 50 bis 20 Millionen Jahren dürfte die Verteilung der Riffe weitgehend der heutigen entsprochen haben.

Leben und Sterben der Korallenriffe war in erster Linie von den Schwankungen der Meereshöhe abhängig. Während der Eiszeiten vor 1,8 Millionen Jahren gefror das Meereswasser in den sich ausdehnenden polaren Eiskappen. Der Meeresspiegel sank und legte die meisten Korallenriffe trocken. Mit der Klimaerwärmung während der letzten 20 000 Jahre stieg der Meeresspiegel wieder um 100 Meter an. Vor etwa 10 000 bis 15 000 Jahren stieg er alljährlich 10 bis 20 Millimeter, so daß eine große Zahl an Atollriffen versank. Ebenso ging es vielen Saumriffen (siehe rechts), doch konnten sich neue in höher gelegenen Regionen vor Inseln und Kontinenten bilden. Während der letzten 6000 Jahre stieg der Meeresspiegel durchschnittlich um 10 Millimeter pro Jahr, zuweilen sogar noch mehr. In den letzten 100 Jahren hat sich die Anstiegsrate jedoch auf 1,2 bis 1,4 Millimeter pro Jahr verlangsamt.

Rifftypen

In geologischen Zeiträumen haben Korallenriffe Kontinentalverschiebungen, Landabsenkungen, Schwankungen des Meeresspiegels und die Folgen der Eiszeiten überlebt: wiederholte, dramatische Temperaturschwankungen, rasche Wechsel von Niederschlagsmenge und Bodenerosion. All das hatte zur Folge, daß die Form, Struktur und Verteilung heutiger Riffe vermutlich weniger von der aufbauenden Korallenart geprägt ist als vielmehr von der geologischen Geschichte: von Tiefe und Form des Meeresbodens, der Geologie der Region und vorzeitlichen Schwankungen des Meeresspiegels.

Grundsätzlich wird zwischen Schelfriffen, die auf dem Kontinentalschelf wie in der Karibik entstehen, und ozeanischen Riffen unterschieden, die sich wie die meisten pazifischen Riffe in tiefem Wasser bilden. Innerhalb dieser beiden großen Gruppen gibt es eine ganze Reihe verschiedener Rifftypen.

Saumriffe

wachsen in Küstennähe, manchmal durch eine seichte Lagune vom Land getrennt, entlang den Kontinentalrändern und um Inseln herum. Sie kommen häufig in der Karibik, in Südostasien, im Roten Meer und rund um den Indischen Ozean vor. In trübem Wasser, dort, wo viel Erde vom Land ins Meer abgespült wird, reichen Saumriffe nicht bis in die tieferen Wasserregionen – ihnen fehlt dort das Licht zum Überleben.

Barriereriffe

entstehen auf den Rändern von Kontinentalschelfen oder um teilweise abgesunkene Inseln (siehe Atolle) und sind vom Festland beziehungsweise der Insel durch eine breite, tiefe Lagune abgetrennt. Auf der Lagunenseite der Barriere wachsen empfindlichere Korallen als auf der meerzugewandten Seite, wo sie der Wucht viel höherer, besonders kräftiger Wellen widerstehen müssen.

Das bekannteste Beispiel ist das Große Barriere Riff, das sich über fast 2000 Kilometer entlang der Ostküste Australiens erstreckt und etwa drei Prozent aller Riffe weltweit ausmacht. Obwohl es als Barriere entstanden ist, ist es in Wirklichkeit kein echtes, durchgehendes Barriereriff, sondern es besteht aus einer Kette einzelner sogenannter

Links: Saumriff um die Vulkaninsel Moorea, Französisch-Polynesien. Oben: «Insel der lachenden Vögel» auf dem Barriere Riff von Belize. Rechte Seite oben: Teil des großen Atolls Tarawa, das mit vielen anderen die Republik Kiribati im Südwestpazifik bildet. Rechte Seite unten: Das Atoll Ducie Island im Südpazifik.

Bandriffe. Andere bedeutende Barriereriffe sind vor Belize und den Bahamas in der Karibik entstanden, ferner vor Papua-Neuguinea, Neukaledonien und Fidschi im Pazifischen Ozean.

Atolle

beginnen ihr Wachstum in der Regel als Saumriffe um vulkanische Inseln. Taucht die Insel ab, weil der Meeresboden absinkt oder der Meeresspiegel steigt, entwickelt sich das Saumriff zu einem ringförmigen Barriereriff, das von der Insel durch eine Lagune abgetrennt ist. Wenn die Insel schließlich vollständig verschwunden ist, bleibt ein Ring aus Riffen zurück, manchmal von kleinen Koralleninseln gekrönt, der die Lagune umgibt. Die gesamte Struktur wird als Atoll bezeichnet. Das Wort stammt von dem maledivischen Wort *atolu* = verbunden.

Atolle gibt es in verschiedensten Größen, vom winzigen Rose Atoll in Amerikanisch-Samoa – mit einer Fläche von weniger als 640 Hektar einschließlich seiner Lagune eines der kleinsten der Welt – bis hin zu Kwajalein auf den Marshall Inseln, das über 2000 Quadratkilometer bedeckt und eine mehr als 60 Meter tiefe Lagune einschließt. Atolle bilden häufig ganze Ketten, was auf eine ehemalige Bergkette schließen läßt. Die meisten Atolle entstanden im Pazifischen Ozean, doch auch im Indischen Ozean erstreckt sich eine lange Atollkette von den Chagos Inseln im Süden über die Malediven bis hin zu den elf Atollen der indischen Laccadiven im Norden.

Die Chuuk Lagune in Mikronesien und Bora-Bora in Französisch-Polynesien sind als «Beinahe-Atolle» bekannt: Sie sind dabei, sich zu echten Atollen zu entwickeln, aber ihre Zentralinseln sind noch nicht völlig verschwunden.

Die Riffbewohner

In Riffen leben mehr Arten als in jedem anderen Ökosystem des Meeres. Die Gesamtzahl aller weltweit im Riff beheimateten Arten ist noch unbekannt, doch finden sich in einem einzigen Riff in Südostasien über 3000, in einem karibischen Riff mehr als 1000 verschiedene Arten. Nur in tropischen Regenwäldern, in denen manche Wissenschaftler die überwältigende Zahl von 30 Millionen Insekten vermuten, dürften mehr Arten zu Hause sein. Bedingt durch die große Anzahl an Fischen, leben in Riffen allerdings mehr Wirbeltiere als in Regenwäldern. Riffe beherbergen zudem Vertreter aus weit mehr verschiedenen Tierstämmen (Phyla) als jedes andere Ökosystem.

Wie schaffen es so viele Geschöpfe, nebeneinander in solcher Enge zu existieren? Der Schlüssel liegt in dem außerordentlich komplexen Netz von untereinander zusammenhängenden, aber verschiedenen Verhaltensmustern und Spezialisierungen. Im One Tree Riff in Australien wurden auf einer Fläche von weniger als 50 Quadratmetern fast 150 Fischarten gezählt. Solch hohe Artenvielfalt ist nur durch Spezialisierung möglich. Einige Fische, so die Schmetterlingsfische und die territorialen Riffbarsche, verbringen ihr gesamtes Leben im Riff; andere, wie Haie und Schulen pelagischer Makrelen, die gewöhnlich im offenen Meer leben, tauchen dort nur zum Fressen auf. Andere Arten sind wiederum nur zu bestimmten Tages- oder Nachtzeiten aktiv: Die Papageifische schlafen nachts und fressen am Tag; die Eichhörnchenfische machen genau das Gegenteil.

Die üppigsten Riffe mit der größten Vielfalt von Pflanzen und Tieren haben sich in der von Indonesien, Malaysia, den Philippinen und Südjapan begrenzten Meeresregion entwickelt. Von den weltweit etwa 700 bekannten riffbildenden Korallenarten leben dort 600; mehr als 400 kommen auf den Philippinen und in Japan vor und etwa 350 in Indonesien. Wahrscheinlich harren noch weit mehr Korallenarten ihrer Entdeckung. Die Ursache für diese Artenvielfalt beruht zum einen schlicht auf der Tatsache, daß es dort die meisten und größten Riffe gibt – und dadurch die Wahrscheinlichkeit, daß sich neue Arten entwickeln, größer ist –, und zum anderen auf der geologischen Geschichte dieses Gebietes. Denn als der Meeresspiegel noch tiefer lag, war die Region in drei getrennte Ozeanbecken aufgeteilt, von denen jedes eigene Arten hervorgebracht hat.

Im Pazifik nimmt die Artenvielfalt eines Riffs nach Osten hin ab. Entlang der pazifischen Küsten von Costa Rica, Kolumbien und Panama setzen sich Riffe aus gerade elf Korallenarten zusammen, Hawaii kennt dagegen etwa 45 Korallen. Die Artenvielfalt unter den Fischen sinkt von 1000 bekannten Arten auf Palau über etwa 600 auf Hawaii bis auf 300 im Ostpazifik. Diese Abnahme beruht vor allem darauf, daß die Bedingungen für das Riffwachstum nach Osten zu schlechter werden.

Im Gegensatz zu Landlebewesen gibt es nur wenige endemische, das heißt nur in einer bestimmten Region vorkommende Meerestiere. Ihre Larven treiben frei im Meer und können über große Strecken wandern. Ausnahmen sind Arten ohne schwimmende Larven oder solche, deren Larven nur über sehr kurze Strecken verdriftet werden oder die auf abgeschlossene Meeresregionen beschränkt sind. Die meisten Korallenarten sind weit verbreitet, lediglich zehn Korallenarten kommen nur in bestimmten Regionen vor, das heißt: sie sind dort endemisch. So lebt zum Beispiel die Art *Ctenella chagensis* einzig und allein auf den Chagos Inseln mitten im Indischen Ozean.

Fische
Riffe beherbergen eine überwältigende Vielfalt von Fischen: Bisher wurden mehr als 4000–5000 Arten beschrieben, und wahrscheinlich warten noch mehr auf ihre Entdeckung. Ihr ungeheurer Reichtum an Farben, Mustern und Formen spiegelt die unzählbare Vielfalt an verschiedenen Lebensräumen innerhalb eines Riffs wider: von den ungestümen Wellen an der Riffkrone, über die relative Ruhe eines Tümpels auf dem Riffdach und den sandigen Lagunenboden bis hin zur Dunkelheit tiefer Höhlen im Außenriff. In den Riffen leben einige der kleinsten bekannten Fische, zum Beispiel manche Grundeln, die kaum einen Zentimeter messen, und einige der größten: die Haie.

Stachelhäuter
Seesterne, Schlangensterne, Seegurken, Seeigel und Haarsterne gehören zur Gruppe der *Echinodermata* oder Stachelhäuter. Alle Stachelhäuter sind durch eine einzigartige sternförmige Struktur charakterisiert und in der Regel gut zu beobachten. Sie sind vergleichsweise groß und leben auf der Riffoberfläche und am Grund der sandigen Lagunen. Auch sie haben eine außerordentliche Vielfalt entwickelt: Von der Seegurke wurden allein aus der Chuuk Lagune im Pazifik bis zu 100 Arten beschrieben. Seeigel spielen eine entscheidende Rolle bei der Bildung von Riffsedimenten. Durch Abweiden von Korallen

Ein Schleimfisch (Cirripectes), einer der kleinsten Fische im Riff, lauert auf einer von Schwämmen überzogenen Schale. In solchen Verstecken legt das Weibchen seine Eier und überläßt es dem Männchen, sie zu bewachen.

Linke Seite: Eine Schule goldgestreifter Meerbrassen (Gnathodentex aurolineatus) und ein Pärchen Schnapper der Gattung Lutjanus in einem Riff von Belau.

Das Leben der Riffe

halten sie das Wachstum der Riffe auf der Seeseite in Schach, doch wenn sie in großen Mengen auftreten, können sie dem Riff auch schaden. Vielleicht der berüchtigste Stachelhäuter ist die Dornenkrone *(Acanthaster planci),* die schon ganze Riffe vernichtet hat.

Krebstiere

Krebstiere – von den großen Langusten, Steingarnelen und Krebsen bis zu den winzigen, zierlichen Korallen-Garnelen – werden durch ein hartes Außenskelett wie von einer Rüstung geschützt. Auch sie sind zahlreich in Riffen vertreten und verbergen sich meist in Spalten. Ihre Ökologie, ihr Verhalten und ihre Artenvielfalt in den Riffen lassen noch viele Fragen offen. Putzergarnelen zum Beispiel pflegen symbiotische Beziehungen zu anderen Riffbewohnern: Sie ernähren sich wie Putzerfische dadurch, daß sie äußere Parasiten von Fischen absammeln.

Die Riffbewohner

Weichtiere

Weichtiere (Mollusken) sind im Riff sogar noch häufiger vertreten als Fische und weisen eine ähnlich umfangreiche Palette von Formen und Funktionen auf: Etwa 4000 Arten leben allein im Großen Barriere Riff. Dazu gehören Riesenmuscheln, Nacktkiemerschnecken, andere Schnecken, Tintenfische und viele andere Tierarten. Sie alle sind wichtige Mitglieder im Nahrungsnetz des Riffs, da sie für viele Fische bis zu 20 Prozent der Nahrung ausmachen.

Schwämme

Schwämme gehören ihrer Struktur nach zu den ursprünglichsten aller Meerestiere. Ihre Körper sind einfache Zellansammlungen, die ein Kanalsystem durchzieht. Es pumpt Wasser durch den Zellverband, spült Nahrung und Sauerstoff heran und schwemmt Abfallstoffe weg. Der Name des Stammes, *Porifera*, bedeutet Porenträger und beschreibt die mit winzigen Löchern bedeckte Oberfläche

Linke Seite oben: Der Ammenhai (Nebrius ferrugineus) ist trotz seiner Größe von mehr als drei Metern harmlos und keine Gefahr für Taucher. Linke Seite unten: Ein mit den Seesternen verwandter Schlangenstern auf einem Schwamm. Oben: Die hübsche, goldfarbene Korallengarnele der Gattung Stenopus wird von den meisten Tauchern übersehen. Unten: Eine Gespensterkrabbe (Stenorhynchus seticornis).

des Tieres. Wie viele wirbellose Tiere im Riff sind sie sessil, das heißt sie bleiben an einem Ort haften und filtern kleinste organische Partikel aus dem Meerwasser. Einige haben, ähnlich wie die Korallen und Riesenmuscheln, symbiotische Zooxanthellen. Ihre Körper werden durch Spiculae, kleine Kalknadeln, versteift, die je nach Art aus Kalziumkarbonat, Silikat oder anderen Komponenten bestehen. Fossile Riffe bestanden vor 420 Millionen Jahren vorwiegend aus Schwämmen, und obwohl heutige Riffe im wesentlichen von Korallen aufgebaut werden, sind Schwämme immer noch ein wichtiger Bestandteil. Viele Schwämme sind giftig für die meisten Rifforganismen, andere jedoch dienen Fischen, Schildkröten und Weichtieren als Nahrung.

Andere Wirbellose
Riffe wimmeln erstaunlicherweise nur so von Meereswürmern. Viele leben in Korallenstöcken und toten Korallenfelsen: In einer einzigen, über drei Kilogramm schweren toten Koralle aus dem Großen Barriere Riff hatten sich nicht weniger als 1441 Würmer aus 103 Arten angesammelt. Die attraktivsten und auffälligsten Meereswürmer sind die Röhrenwürmer. Unter ihnen hebt sich *Spirobranchus giganteus* mit seiner farbenprächtigen Tentakelkrone hervor.

Riffe werden außerdem von zahlreichen anderen, weniger bekannten und kleineren Tiergruppen bewohnt. Farbenprächtige Anemonen haften verstreut an der zum Meer steil abfallenden Seite des Riffs, dem Riffhang, oder sitzen versteckt in Lagunensedimenten und lassen nur ihre blumenartigen Tentakel sehen. Fächerkorallen wiegen ihre fedrigen Wedel in der Strömung und fangen Plankton damit. Seescheiden haften in bunten Gruppen am Riff, merkwürdige, ledrig sackartige Tiere, die bei Störungen Wasserstrahlen verspritzen.

Wenn auch die Tiere im Riff wegen ihrer prachtvollen Farben besonders ins Auge stechen, würde das Riff dennoch ohne seine Pflanzen nicht überleben können. Sie fangen das Sonnenlicht ein und wandeln es in körpereigene Energie um. Damit stehen sie am Anfang aller Nahrungsketten im Riff. Die Zooxanthellen sind lebenswichtig, doch auch zahlreiche größere Algen sind von Bedeutung. Von ihnen ernähren sich viele Fische

*Oben: Eine der schönsten Meeresschnecken der Gattung Chromodoris vor Borneo.
Rechte Seite: Feilenmuscheln (Lima) verbergen in ihrer unscheinbaren Schale einen farbenprächtigen Körper (links oben); Schwämme und Hornkorallen in der Karibik (links unten); Röhrenwürmer (Serpulidae) in der Südchinesischen See (rechts oben); die seltsamen, sessilen Seescheiden (Didemnum molle) im Bild rechts unten produzieren sich ihre Wasserströmung selbst, aus der sie Sauerstoff und Nahrung herausfiltern – sie saugen das benötigte Wasser in eine Körperöffnung ein und pressen es aus einer anderen wieder hinaus.*

und Wirbellose. Die Kalkrotalgen und die grüne *Halimeda* zum Beispiel speichern Kalziumkarbonat in ihren Geweben, ihre abgestorbenen Körper bilden einen wichtigen Bestandteil der Riffsedimente.

Säugetiere und Reptilien
Nur wenige Meeressäuger und Reptilien sind echte Riffbewohner, doch werden einige, wahrscheinlich auf Nahrungssuche, durchaus öfter in der Nähe von Riffen gesichtet. Die hawaiianische Mönchsrobbe (*Monachus schauinslandi*) ernährt sich in erster Linie von Fischarten, die in Riffen leben. Auch Seeschlangen sind immer noch ziemlich häufig. Sie schießen blitzschnell über das Riff und erschrecken so manchen Taucher.

Die meisten großen Meereswirbeltiere sind jedoch – vom Menschen bejagt – verhältnismäßig selten geworden. Die karibische Mönchsrobbe (*Monachus tropicalis*) ist heute vermutlich ausgestorben, und die hawaiianische Mönchsrobbe lebt in stark gefährdeten Restbeständen nur noch auf den abgelegenen und inzwischen geschützten nordwestlichen Inseln Hawaiis. Der Dugong (*Dugong dugon*) des Indischen und Pazifischen Ozeans und die Manatis (*Trichechus*) des Atlantiks und der Karibik gehören zu den Sirenen oder Seekühen; sie ernähren sich ausschließlich von Seegras und anderen Meerespflanzen und halten sich gern in Riffnähe auf, selten jedoch direkt im Riff. Dugong und Manatis sind beide gefährdet: Sie wurden in der Vergangenheit intensiv bejagt und leiden heute unter der Zerstörung ihrer Lebensräume in den Flachwasserregionen vor Küsten. Auch setzen ihnen menschliche Freizeitaktivitäten zu: Alljährlich sterben zahlreiche dieser sanftmütigen, schwerfälligen Tiere an Motorbootverletzungen.

Delphine und Wale, etwa der Buckelwal (*Megaptera novaeangliae*), werden nur gelegentlich in der Nähe von Riffen gesichtet. Schildkröten halten sich dagegen häufiger in Riffen auf. Die Karettschildkröte (*Eretmochelys imbricata*) lebt in enger Verbindung zu Korallenriffen. Sie kommt überall in den Tropen vor, legt ihre Eier an Stränden und auf Korallensandbänken ab und ernährt sich von Schwämmen und wirbellosen Tieren in den nahegelegenen Riffen. Grüne Seeschildkröten (*Chelonia mydas*) leben ebenfalls im gesamten Tropengürtel, sie schwimmen zwar häufig in Riffnähe, ernähren sich aber vorwiegend in Flachwasserzonen von großen Algen und Seegras. Unechte Karettschildkröten (*Caretta caretta*), auch sie in allen tropischen Meeren zu Hause, kommen grundsätzlich in ähnlichen Regionen wie Riffe vor. Denn sie ernähren sich von einer Vielzahl am Boden lebender wirbelloser Tiere und können mit ihren kräftigen Kiefern Schalen von Muscheln und Schnecken leicht knacken. Die wichtigsten Laichplätze liegen in Oman und Florida. Die Bastardschildkröte (*Lepidocheliys olivacea*) hat eine indo-pazifische Verbreitung und legt ihre Eier lieber auf dem Festland als in Inselbuchten ab. Die Lederschildkröte (*Dermochelys coriacea*) ist die einzige Meeresschildkröte, die den größten Teil ihres Lebens in den offenen Meeren gemäßigter Zonen verbringt und dort Quallen nachstellt. Ihre Eier legt sie jedoch in den sandigen Buchten der Tropen ab, und sie ist daher manchmal auch in Riffen zu entdecken.

Alle Meeresschildkröten sind heute bedroht, da sie wegen ihrer Eier, ihres Fleisches, Panzers und ihrer Haut ständig vom Menschen bejagt wurden.

Oben: Seekühe (Trichechus manatus) besuchen Riffe nur selten. Sie verbergen sich lieber im trüben Wasser von Seegraswiesen.

Linke Seite: Ein Großer Tümmler (Tursiops truncatus) sucht nach Futter in einem karibischen Riff.

Rechts: Eine Grüne Meeresschildkröte (Chelonia mydas) ruht unter einer Korallenkolonie.

MENSCHEN UND RIFFE

Seit prähistorischen Zeiten haben Küstenbewohner in der Nähe von Korallenriffen gelebt. Sie nutzten das sich ihnen bietende, reiche Nahrungsangebot, fertigten Gebrauchsgegenstände und Werkzeuge aus Schneckenhäusern an und benutzten Korallensediment als Baumaterial für ihre Häuser. Sie lebten vom Riff.

Wir wissen nur wenig von den ersten menschlichen Stammesgemeinschaften, die ihren Lebensunterhalt an oder in der Nähe von Riffen bestritten. Doch archäologische Grabungen fördern in früheren Küstensiedlungsgebieten zuweilen eine Art prähistorische Abfallhaufen zutage, die große Mengen an Rifftiergehäusen und Fischgräten enthalten. Die ersten Aborigines, die, von Südostasien kommend, um 15000 vor Christus nach Australien wanderten, lebten vom Fisch-, Krustentier- und Weichtierfang in den Küstengewässern. Die archäologischen Zeugnisse sind jedoch nur spärlich, da das Große Barriere Riff heute mehrere Meter oberhalb des ursprünglichen Riffs liegt. Die Wohnplätze der frühen Aborigines sind unter den Meeresspiegel gesunken, der seit der Eiszeit beständig gestiegen ist. 2000 Jahre alte Abfallhaufen an der Südküste Papua-Neuguineas deuten darauf hin, daß die damals ansässige Bevölkerung viel mehr Arten verzehrt hat als heute gefangen werden können. Insbesondere Weichtiere – Schnecken und Muscheln – scheinen sie geschätzt zu haben.

Auf der abgelegenen Henderson Insel im Ostpazifik lebten zwischen dem 13. und 15. Jahrhundert Polynesier, wie durch Ausgrabungen 1991 nachgewiesen werden konnte. In einer Felszuflucht wurden Tausende gut erhaltener Vogel-, Fisch- und Schildkrötenknochen, Mahlsteine aus Korallen und Krummäxte aus den Schalen von Riesenmuscheln entdeckt. Nahrungsüberreste belegen, daß sich die Menschen damals zum Großteil von Riffprodukten ernährt haben. Ihr Speisezettel war abwechslungsreich: Er enthielt Schnecken, Schildkröten, Krebse, Langusten und eine Vielzahl im Riff lebender Fische, vor allem Doktorfische, Stachelmakrelen, Igelfische, Lippfische und Zackenbarsche. Aus noch unbekannten Gründen verließen die Polynesier die Insel vermutlich im 17. Jahrhundert – Henderson Island ist seitdem unbewohnt.

Für die Küstenbewohner in den Tropen sind Riffe auch heute noch eine unersetzliche Nahrungsquelle, weil sie eine so große Zahl eßbarer Lebewesen beherbergen. In unterschiedlichen Kulturkreisen entwickelten sich Vorlieben für jeweils andere Arten. In Japan gelten Kugelfische als große Delikatesse, ungeachtet der Tatsache, daß sie bei nicht-fachmännischer Zubereitung zu tödlichen Vergiftungen führen können – und dies auch gelegentlich tun. Für Samoaner ist der Palolowurm ein Hochgenuß. Einmal im Jahr, beeinflußt von der Mondphase, stoßen diese Ringelwürmer während der herbstlichen Tagundnachtgleiche ihre mit Samen beziehungsweise Eiern gefüllten Hinterleiber ab, die in riesigen Schwärmen zur Meeresoberfläche aufsteigen. Die Bevölkerung feiert die Ernte der Würmer als soziales Ereignis.

In vielen Kulturen wurden in der Vergangenheit Schildkröten, Seeschlangen, Dugongs und Manatis für den Lebensunterhalt gejagt. Sofern es die Gesetzgebung und der Tierbestand erlauben, werden diese Prakti-

Kugelfisch (Arothron mappa). Kugelfische sind in Japan eine begehrte Delikatesse. Speziell ausgebildete Köche müssen freilich die Kunst beherrschen, die hochgiftigen Teile des Fisches zu entfernen.

Rechte Seite: Eine Schule Stachelmakrelen (Caranx latus). Sie dienen Menschen seit prähistorischen Zeiten als Nahrung und werden gewöhnlich mit Angel und Köder gefangen.

Fischreichtum

ken bis heute fortgeführt, obwohl die großen Meeressäuger und -reptilien heute seltener geworden und viele Arten bedroht sind.

Ein breites Spektrum von Gebrauchsgegenständen aus dem Alltag der tropischen Küstenbewohner stammt ebenfalls aus dem Riff. Schalen und Gehäuse dienten lange Zeit zu Dekorationszwecken, entweder als Schmuck oder einfach nur zur Zierde der Hauswände. In allen Ländern des Indischen und Pazifischen Ozeans wurden Porzellan- oder Kaurischnecken – insbesondere *Cypraea moneta*, die Geld-Kaurischnecke, und *Cypraea annulus*, die Ring-Kaurischnecke – in großer Zahl gesammelt und die Gehäuse, so wie sie waren, als Währung verwendet. In Kenia werden Geld-Kaurischnecken heute noch gesammelt und zu Halsketten aufgereiht; sie gelten bei einigen Küstenstämmen als Tauschobjekte für Grundnahrungsmittel, Paraffin und Streichhölzer.

Korallenblöcke sind als Baumaterial leicht verfügbar und schon früh zum Häuserbau in vielen Teilen der Tropen verwendet worden. Auf kleinen Inseln und Atollen wie den Malediven, wo es an Land nur wenige Steine oder Felsen gibt, waren und sind Korallen das einzige lokale Baumaterial. Die Bausteine werden als komplette Blöcke aus dem Korallenfels herausgeschnitten, Mörtel und Straßenbeläge aus zerriebenen Korallen gewonnen.

Korallenskelette und Schneckenhäuser lassen sich zu Kalk brennen, der vielfältig verwendet werden kann. In der Karibik wird Kalk aus den Gehäusen der Fechterschnecke zum Weißen von Häusern hergestellt. In vielen asiatischen und pazifischen Kulturen ist das Kauen von Betelnüssen weit verbreitet, und im Pazifik werden sie gerne zusammen mit Kalk gekaut, der aus Steinkorallen gewonnen wird: bevorzugt aus lebenden Korallen, weil Kalk von ihnen besser schmeckt als der von toten Tieren. Diese scheinbar nebensächliche Nutzung von Korallen macht in Wirklichkeit einen überraschend hohen Anteil des Abbaus aus: Auf der Insel Yap verbrauchen rund 5000 Betelkauer ein halbes Kilo Kalk pro Woche, was sich zu immerhin 130 Tonnen im Jahr addiert.

Die traditionelle, vorindustrielle Nutzung der Riffe als Nahrungsquelle, für Schmuck und Baumaterial in kleinen, an der Küste lebenden Gemeinschaften hatte wahrscheinlich relativ geringe Auswirkungen auf das

Oben: Gelbe Meerbarben (Mulloides vanicolensis) im Roten Meer – ein weit verbreiteter Speisefisch. In großen Schulen schwimmen sie vom Riff in die Lagune zur Nahrungssuche.

Rechte Seite oben: Korallen an der Südwestküste von Sri Lanka. Große Mengen von ihnen werden zur Kalkgewinnung gesammelt. Der Korallensand von den Stränden wird in einfachen Brennöfen zu Kalk gebrannt. Auf einigen Pazifischen Inseln kauen Einheimische den Korallenkalk zusammen mit Betelnüssen.

Rechte Seite unten: Eine Hauswand aus Korallenkalk. Mangels anderer Möglichkeiten dienen Korallen auf den Malediven als Baumaterial.

Moderner Raubbau an den Riffen

Die Entwicklung des Welthandels, die stetige Verwestlichung der Wirtschaftssysteme und das Bevölkerungswachstum bewirken in vielen tropischen Ländern einen radikalen Wandel der traditionellen Nutzung von Riffen. Üblicherweise wurde ein Riff nur von den Anwohnern genutzt. Heute werden aus Riffen stammende Nahrungsmittel und Grundstoffe weltweit verbreitet. Verbesserte Transportsysteme und die dramatisch ansteigenden Bevölkerungen führen zu einer immer intensiveren Jagd auf die Tiere des Riffs. Die Folge ist Überfischung. Der Verlust von Fertigkeiten und Gebräuchen, die einst die sozialen Eckpfeiler der Gemeinschaften waren und die eine einfühlsame Nutzung der Riffressourcen gewährleisteten, hat zu einer Ausbeutung solchen Ausmaßes geführt, daß sie vom Riff nicht mehr ausgeglichen werden kann.

Ein anderer entscheidender Faktor, der zur Übernutzung der Riffe führte, war die Entstehung von Exportmärkten speziell für jene Arten, die in Übersee hohe Preise erzielen. Der traditionelle Fischfang lebt von der Vielfalt der gefangenen Tiere; die kommerziellen Märkte konzentrieren sich jedoch auf ganz bestimmte Arten: Die Perlmuttmuscheln bringen auf dem Luxusgütermarkt hohe Gewinne, ebenso Langusten oder Fische wie die Zackenbarsche, die weiterverarbeitet oder tiefgefroren in den Export gehen können. Durch diese rein marktorientierte Auswahl werden bestimmte Arten dezimiert und die traditionellen Fischfangmethoden unterhöhlt.

Ein frühes Beispiel war die Nachfrage nach Perlmutt in Asien und Europa zum Ende des 19. Jahrhunderts. Anfang unseres Jahrhunderts wurden Weichtiere aus dem Riff – Perlmuscheln, Marmorierte Kreiselschnecken und Riesen-Kreiselschnecken – in außerordentlichen Mengen gehandelt. Etwa 35 000 Fischer waren an diesem Handel allein im Persisch-Arabischen Golf beteiligt.

Mit jeder neuen Nutzung einer Riffart für Handel und Industrie nahm die Ausbeutung der Riffe zu. Riesenmuscheln werden beispielsweise vorwiegend zum Verzehr gesammelt, doch werden auch ihre Schalen mehr und mehr als Souvenir geschätzt. Ein ganzer Industriezweig in Indonesien hat sich darauf spezialisiert, sie zu zerkleinern und zu Fußbodenplatten hoher Qualität zu verarbeiten. Bis zu 650 Tonnen Riesenmuscheln wurden in den 80er Jahren zur Weiterverarbeitung in die Hauptstadt Jakarta gebracht. Da die Bestände abgenommen haben und lebende Riesenmuscheln zunehmend seltener werden, hat sich die Industrie jetzt auf fossile Schalen umgestellt, die aus Riffen und Stränden ausgegraben werden.

Auch die zunehmende Erschließung von Küstenregionen und der wachsende Touris-

Riffökosystem. Die von jeder Art entnommenen Mengen waren in der Regel gering. Die Menschen dieser Regionen waren bis in die jüngste Zeit auf die Gesundheit ihrer natürlichen Umwelt angewiesen und entwickelten daher zwangsläufig ein ausgeprägtes Bewußtsein für die Endlichkeit ihrer Ressourcen. Regeln für die Nutzung der Riffe wurden oft gerade deswegen entwickelt, um ihrer Ausbeutung entgegenzuwirken.

Die meisten der auf Fischfang angewiesenen Tropenbewohner wissen genau, daß Fischbestände erhalten werden müssen, eine Erkenntnis, die sich bei der Fischereiwirtschaft der Industrienationen nur sehr zögernd durchsetzt. Schutzmaßnahmen – Schonzeiten und Schutzgebiete, die jetzt von den Industrieländern, beinahe schon zu spät, eingeführt werden – haben Riffischer schon vor Jahrhunderten angewandt. In einigen Fällen wurden solche Schutzmaßnahmen bewußt eingeführt, in anderen dienten lokale Sitten und Gebräuche unbewußt demselben Zweck. Auf einigen Inseln im Südpazifik war zum Beispiel der Genuß von Schildkröten und Tintenfischen ausschließlich den lokalen Herrschern gestattet und dem normalen Volk verboten. Ausgeklügelte Tabusysteme und ein über Generationen erworbener Schatz an ökologischem Wissen ermöglichten traditionellen Gemeinschaften oftmals ein Leben, das ohne Raubbau an ihrer Umwelt auskam.

Tagsüber breiten Riesenmuscheln ihre farbenprächtigen «Mäntel» aus, Teile ihres sonst von den Schalen geschützten Körpers, mit dem sie möglichst viel Sonnenlicht einzufangen versuchen. Zooxanthellen, kleine grüne Algen, leben mit ihnen auf gleiche Weise in Symbiose wie mit Korallen. Manche der acht Riesenmuschelarten sind eher klein. Die Grabende Riesenmuschel, die halb verborgen in toten Korallen lebt, ist lediglich 5 bis 6 Zentimeter lang. Andere Muscheln werden bis zu einem Meter groß, rund 200 Kilogramm schwer und bis zu 50 Jahre alt. Ihr schmackhaftes Fleisch ist überall in Asien sehr begehrt.

In Indonesien hergestellte Fußbodenplatten aus zerstoßenen Riesenmuschelschalen.

mus forderten von den Riffökosystemen der Welt ihren Preis. Beispiel Amerikanisch-Samoa: Seit Jahrhunderten lebten die Samoaner in Einklang mit den Riffen, auf die sie als Lebensgrundlage angewiesen waren. Traditionelle Rechte sprachen den Ortshäuptlingen das Recht an den Riffen zu und stellten sicher, daß die Riffe von Generation zu Generation geschützt wurden. Zu Anfang unseres Jahrhunderts, als Samoa eine amerikanische Kolonie wurde, verließen sich noch viele der etwa 5000 Einwohner der Hauptinsel Tutuila auf die Riffe als Nahrungslieferanten. Der amerikanische Biologe Alfred Mayor, der Ende der 20er Jahre als einer der ersten die Riffe in Pago Pago detailliert untersuchte, bezeichnete sie ohne jede Einschränkung als «prachtvoll».

Während des Zweiten Weltkriegs wurde die Bucht von Pago Pago amerikanische Militärbasis. Ausbaggerung und Neulandgewinnung brachten erste drastische Veränderungen. In den 50er Jahren wurde der kommerzielle Thunfischfang eingeführt: Amerikanische Konservenfabriken wurden im Hafen angesiedelt und eine moderne Thunfischfangflotte mit 250 Schiffen aufgebaut. Die Region wurde zunehmend industrialisiert und der Hafen noch weiter ausgebaggert. In den 70er Jahren wimmelte die Bucht von Frachtern und Fischerbooten. Um mit dem Zuwachs im Luftverkehr Schritt zu halten, wurden auch der Flughafen in die Lagune hinein ausgeweitet und die Riffe ausgebaggert, um Material für den Straßenbau zu gewinnen.

Als Folge dieser Fremdeinflüsse stellten sich die Samoaner auf konservierte und verarbeitete Nahrungsmittel um. Ihre direkte Abhängigkeit vom Riff und unvermeidlich auch ihr Verantwortungsgefühl für die Riffressourcen nahmen ab. Es dauerte nur eine Generation, um das Wissen, das von den Eltern an die Kinder weitergegeben worden war, verschwinden zu lassen. Heute liegt das Schwergewicht der Riffnutzung nicht mehr in der Ernährung der einheimischen Gemeinschaft, sondern im Fang vieler, meist ganz bestimmter Tiere für Verkauf und Export.

Die Spirale der Vernichtung geht noch weiter: Zerstörerische Fischfangmethoden mit Gift oder Dynamit wurden eingeführt, Müllentsorgung in Riffe und Lagunen gilt als übliche Praxis. Im Jahre 1960 war die Bevölkerung in Amerikanisch-Samoa auf etwa 20 000 Menschen angewachsen, heute sind es fast 50 000. Davon leben 35 000 Menschen in der Nähe des Hafens von Pago Pago.

In den späten 70er Jahren untersuchten Meeresbiologen noch einmal die Riffe, die

Mayor zu Beginn des Jahrhunderts in der Bucht von Pago Pago so begeistert hatten. Nur zwei Standorte wiesen noch gesunde, lebende Riffe auf; der Rest war aufgrund des 50jährigen Raubbaus verschwunden oder hatte schwerwiegende, kaum regenerierbare Schäden erlitten.

Wie groß die Zerstörung der Riffe durch menschliche Einflüsse weltweit ist, läßt sich nur schwer in Zahlen fassen. Doch am Beispiel Amerikanisch-Samoa wird deutlich, daß die Auswirkungen verheerend sein können. Das Ausmaß des Problems hat der Forschung neue Impulse gegeben: Biologen untersuchen nun die Gesundheit von Riffen und entwickeln längerfristige Beobachtungsprogramme, damit die Veränderungen im Lebensraum Riff besser verstanden und geeignete Schutzmaßnahmen getroffen werden können.

Oben: Thunfischfangflotten im Hafen von Pago Pago, Amerikanisch-Samoa. Als Folge der kommerziellen Fischerei wurden die Menschen von den Produkten ihrer Riffe immer unabhängiger.

Durch menschliche Einflüsse verschlechterte sich die Gesundheit der Riffe in Amerikanisch-Samoa. Dieses zerstörte Riff in Fagatele Bay ist nun als Teil eines Meeresparkes geschützt, so daß es die Chance hat, sich zu erholen.

Forschung im Riff

Verglichen mit anderen Naturstudien, begann die Untersuchung von Korallenriffen erst recht spät. Das ist nicht überraschend: Riffe lagen weit entfernt von den europäischen Zentren der wissenschaftlichen Forschung und konnten früher, wie alle Ökosysteme des Meeres, nur von der Wasseroberfläche aus oder durch Prüfung angeschwemmter Teile untersucht werden.

Bis zum 16. Jahrhundert glaubten die Menschen, daß Korallen Pflanzen seien, und noch heute heißen außergewöhnlich farbenprächtige und üppige Stellen im Riff «Korallengärten». Die frühen Naturforscher erkannten jedoch, daß Korallen keine typischen Pflanzen sind und prägten den Namen «Zoophyten» oder «Tierpflanzen» für sie. Es dauerte bis zum Jahre 1752, ehe der französische Biologe Jean André Peysonnel Korallen als Tiere beschrieb. Bemerkt hatte er das bereits mehr als zehn Jahre früher, hielt es aber zur damaligen Zeit für eine solch abwegige Idee, daß er, um seiner Reputation nicht zu schaden, seine Befunde anonym veröffentlichte. Doch auch die Erkenntnis, daß Korallen tierische Organismen sind, trug zunächst nicht dazu bei, ihre Lebensweise zu verstehen: Die wabenartigen Strukturen der Korallenskelette ließen eine Reihe von Peysonnels Zeitgenossen vermuten, Riffe würden von staatenbildenden Insekten errichtet.

Durch die Ausweitung des Meereshandels bis in die Tropen wurden Korallenriffe schließlich im 19. Jahrhundert auch für westliche Wissenschaftler leichter erreichbar. Naturforscher und Wissenschaftler waren rasch fasziniert und bezaubert von den reichhaltigen Riffen, ihrer verwickelten geologischen Geschichte, der Komplexität ihrer biologischen Prozesse, ihrer Evolution und ihren Lebensgemeinschaften.

Zu den großen Geheimnissen der Korallenriffe gehörte für die frühen Wissenschaftler die Frage, woher Barriereriffe und Atolle stammen. Das Entstehen von Saumriffen schien leichter verständlich, doch wie wuchsen Barriereriffe und Atolle mitten im Ozean, Hunderte oder gar Tausende von Metern oberhalb des Meeresbodens?

Die Antwort fand Charles Darwin, dessen im Jahre 1842 erschienenes, wegweisendes Buch über die Naturgeschichte von Korallenriffen als der Beginn der Erforschung von Riffen angesehen werden kann. An Bord des Forschungsschiffs *Beagle* formulierte Darwin auf seiner fünfjährigen Reise um die

Links: Eine Szene im Korallenriff mit farbenprächtigen Weichkorallen und Rötlingen (Anthias). In seinem Buch «Beneath Tropic Seas» von 1928 beschreibt der frühe Riffbiologe William Beebe seine Eindrücke: «Die Stunden und Tage, die man am Grund des Meeres verbringt, erscheinen märchenhaft unwirklich. Es ist wie in Alices Wunderland, wo all unsere irdische Erfahrung nichts mehr gilt. Die Blumen sind Würmer, die Steine lebende Geschöpfe. Hier haben wir nur einen Bruchteil unseres Gewichtes an Land, hier ist Entfernung reine Farbe, und der Himmel ist eine Pracht in Wellenmustern... Solange wir noch keinen anderen Planeten kennen, ist der Meeresgrund der schönste und seltsamste Platz, den man sich vorstellen kann.»

Rechts: Eine seltsame Gegenüberstellung, schon allein wegen des Größenvergleiches: ein Flamingo und eine baumartige Hornkoralle in Mark Catesbys «Naturgeschichte von Carolina, Florida und den Bahamas» (1731–43).

Welt die Theorie, daß vulkanische Inseln langsam unter den Meeresspiegel absanken, während die sie umgebenden Riffe mit der gleichen Rate aufwärts wuchsen. Schließlich bleibt nur ein Ring aus Korallen – das Atoll – übrig, die Insel jedoch ist vollständig untergetaucht. Das einzige Atoll, das Darwin selbst gesehen hatte, war Cocos im Indischen Ozean, wo er gegen Ende der *Beagle*-Reise im April 1836 landete. Die einzige Möglichkeit, seine Theorie zu überprüfen, wäre eine Bohrung durch den Kalkstein des Atolls gewesen, um nachzuweisen, daß er vulkanischem Gestein aufsitzt – was Darwin durchaus wußte, aber was zu beweisen er keine geeigneten Mittel hatte. Da seine Theorie durchaus auch angezweifelt wurde, schrieb er gegen Ende seines Lebens: «Ich wünschte mir, ein reicher Mann setzt es sich in den Kopf, Bohrungen in einigen der pazifischen Atolle niederzubringen, und brächte mir Bohrkerne aus 150 bis 200 Metern Tiefe zur Untersuchung.»

Als Wissenschaftler im Jahre 1920 versuchten, Darwins These am Funafuti Atoll in Tuvalu zu überprüfen, gelang es ihnen nicht, die notwendige Tiefe zu erreichen. Erst 1952, mehr als 100 Jahre nach Darwins Formulierung seiner Theorie, wurden zwei Bohrlöcher tief genug in das Enewetak Atoll im Pazifischen Ozean getrieben, die dann zeigten, daß der Kalkstein über 1500 Meter tief reichte und – wie vorhergesagt – vulkanischem Gestein aufsaß. Die Fossilien am Boden der Bohrung stammten von Flachwasserarten und bewiesen, daß diese Schichten einst direkt unter dem Meeresspiegel gelegen hatten.

Nur vier Jahre nach Darwins Reise machte der amerikanische Geologe James D. Dana mehrere Expeditionen zu vielen pazifischen Atollen und Riffen, und 1881 kartierte Alexander Agassiz die Riffe vor Florida von einer Dampfbarkasse aus, um ihre Geologie verstehen zu lernen.

Zu sprunghaften Fortschritten in der Forschung kam es, sobald sich Wissenschaftler unter das Wasser und ins Riff selbst wagten. Seit prähistorischen Zeiten hatte die Suche nach Nahrung, Perlen, Schwämmen und anderen wertvollen Produkten den Mensch unter Wasser gelockt. Die griechischen Schwammtaucher und die Perlentaucher im Orient vollbrachten wahre Bravourstücke, indem sie länger unter Wasser blieben, als jeder normale Schwimmer für möglich hält. Doch erst nach der Erfindung der Tauchanzüge im 19. Jahrhundert wurde es möglich, sich für eine wirklich bedeutsame Zeitspanne unter Wasser aufzuhalten.

Die ersten Tauchuntersuchungen wurden 1914 von William H. Longley und Alfred Mayor durchgeführt, die, nur durch Overall und Turnschuhe geschützt, als erste Biologen einen Taucherhelm in der Karibik einsetzten. Mayor war es auch, der für das *Carnegie Institute* in Washington den Weg für das erste Rifflabor der Welt bereitete; es wurde 1904 auf Dry Tortugas, einer Insel am Ende der Florida Keys, errichtet. Bis in die 30er Jahre wurden in vielen Teilen der Karibik Unterwasserstudien an Riffen mit primitiven Methoden durchgeführt: Der Biologe William Beebe entwickelte zum Beispiel ein Tauchsystem, bei dem sein Helm aus einer Autoluftpumpe über einen Schlauch mit Luft versorgt wurde.

Die Erfindung der Preßluftflaschen für Taucher – SCUBA, nach Self-Cointained Underwater Breathing Apparatus – durch Jaques Cousteau und Emile Gagnan vor weniger als 50 Jahren revolutionierte die Erforschung von Riffen. Jetzt waren erstmalig genauere Untersuchungen möglich. Doch trotz der wissenschaftlichen Fortschritte, die mit modernen Taucherausrüstungen erzielt werden konnten, beschränken sich die Forschungsmöglichkeiten auch heute noch auf relativ geringe Wassertiefen. Unterhalb von 60 Metern findet so gut wie keine Rifforschung statt. Innerhalb dieses Bereiches aber haben Unterwasserfotografie und -film dazu beigetragen, daß viele Prozesse des Riffwachstums besser verstanden werden können.

Beobachtungen an tiefer liegenden Riffen wurden in den 60er und 70er Jahren durch die Entwicklung von Tauchbooten und sogenannten «Unterwasserhäusern» möglich. Wiederum war Cousteau der Wegbereiter, als er 1963 eine Woche in seinem Unterwasserhaus im Roten Meer verbrachte. In solchen Tauchgeräten können Meeresbiologen längere Zeit auf dem Meeresboden verbringen und sich den Zugang zu tieferen Riffen erschließen, die sie mit anderen Methoden nicht über längere Zeit hinweg hätten erforschen können.

Neue Labortechniken haben die Untersuchungen von Riffen ebenfalls einen großen Schritt weitergebracht. Die jährlichen Wachstumsringe, ähnlich denen der Bäume, die sich bei Röntgenbestrahlung von Korallenskeletten zeigen, spiegeln nicht nur die Wachstumsraten wider: Sie geben auch Aufschluß über die chemische Zusammensetzung des Wassers, das die Korallen zu verschiedenen Zeiten umgab. Daraus lassen sich Süßwasserzuflüsse, Nährstoffzusammensetzung, Metalle und Chemikalien im Wasser nachweisen. Korallen werden so zu historischen Datenbanken. Es ist heute möglich, die Wetterverhältnisse in den Riffregionen über Hunderte von Jahren zu rekonstruieren: Aus Korallenskeletten läßt sich ablesen, daß 1770, als Kapitän James Cook am Großen Barriere Riff entlangsegelte, gerade eine 19jährige Dürre endete. Die Jahresringe der Korallen sind auch für Meteorologen eine unschätzbare Forschungsquelle. Sie erlauben ihnen, Rückschlüsse auf frühere und künftige Auswirkungen des Wetters zu ziehen. Damit könnten nicht nur Farmer ihre Form der landwirtschaftlichen Nutzung besser den Wetterverhältnissen der Region anpassen, sondern es könnten beispielsweise Ingenieure auch feststellen, wo die Regenwetter-

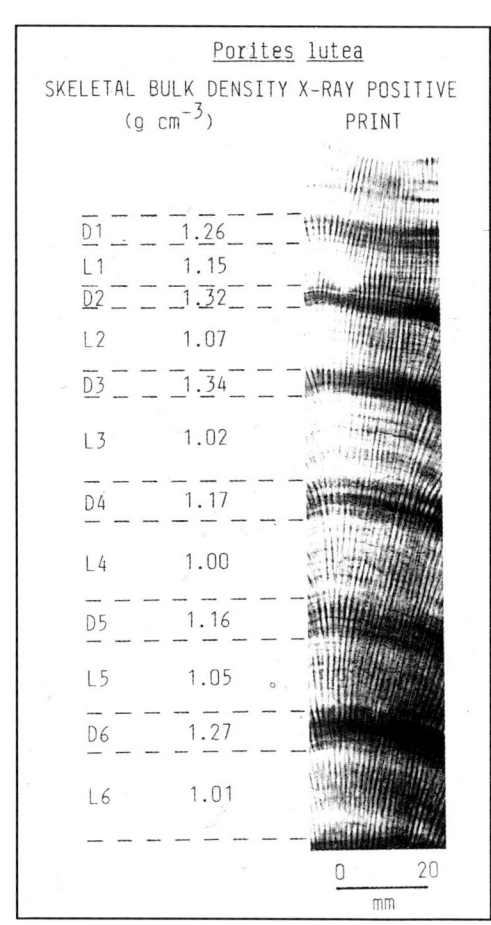

lage einen Staudammbau sinnvoll erscheinen läßt – und wo nicht. Auch Archäologen nutzen gerne die Chance, ihrem Wissen über ehemalige Völkergemeinschaften klimatologische Daten aus den entsprechenden Epochen zuzufügen.

Heute werden auch Satellitenbilder für die Erforschung von Riffen eingesetzt. Mit computergesteuerter Kartenerstellung und Satellitenbildern können die an Küsten und im Meer herrschenden Umweltbedingungen detailliert beschrieben werden, selbst wenn zwischen dem Ort, an dem die Informationen verarbeitet werden, und dem Untersuchungsgebiet Tausende von Kilometern liegen. Auf den Turks und Caicos Inseln läuft ein Projekt zur Kartierung der gesamten South Caicos Bank, einer riesigen, dreieckigen Kalksteinplattform, die 7500 Quadratkilometer inmitten der Inseln bedeckt und viele Riffe und Seegraswiesen enthält. Diese Information, gespeichert in einer Computer-Datenbank, wird regelmäßig auf den neuesten Stand gebracht. Sie ist zur Planung der Fischerei in der Region unverzichtbar. An einem ähnlichen Projekt wird auf den britischen Jungferninseln gearbeitet: Mit Hilfe der Computer-Auswertung von Luftbildern will das Ministerium für Umweltschutz und Fischfang einen Küstenatlas erstellen, der Auskunft über die Lage empfindlicher Ökosysteme gibt. Schädigende Eingriffe – Landerschließung oder Sandabbau – können auf dieser Grundlage umweltverträglicher geplant werden.

Auch heute noch lassen Riffe und ihre Biologie viele Fragen offen; bei der Überprüfung weiterer, abgelegener Riffe werden durch Meeresbiologen immer wieder neue Arten entdeckt. Unabhängig jedoch davon, den Riffen immer neue Erkenntnisse abzugewinnen, werden Rifforscher mehr und mehr von einem viel dringlicheren Thema in Anspruch genommen, das alle Riffe weltweit betrifft: daß die Riffe nicht länger die reichhaltigen, produktiven Ökosysteme sind, die sie einst waren. Schon in den 30er Jahren beobachtete der Biologe J. Stanley Gardiner, daß die Qualität der Riffe auf bewohnten Inseln des Indischen Ozeans im Vergleich zu seinen Beobachtungen aus dem Jahr 1905 abgenommen hatte. Eine weitere starke Schädigung der Riffe ist von der vorausgesagten globalen Erwärmung und dem dadurch bedingten Meeresanstieg zu erwarten.

Linke Seite: Röntgenaufnahme eines Schnittes durch Porites lutea. Korallen haben Wachstumsringe wie Bäume – ein helles und ein schwarzes Band repräsentieren zusammen etwa ein Jahr Wachstum.

Oben: Eine Schule Ährenfische (Atherinidae) über Seegraswiesen der Turks und Caicos Inseln. Eine Kartierung der Region mit modernsten Methoden soll ein neues Fischerei-Management vorbereiten.

Riff-Wissenschaftler versuchen heute in aller Welt zu verstehen, inwieweit die Qualitätseinbußen der Riffe auf menschlichen Einflüssen beruhen oder auf natürlichen Veränderungen von Umweltfaktoren. Je mehr Information zur Verfügung steht, desto besser kann die Situation der Riffe eingeschätzt, desto gezielter können Rettungsprogramme ausgearbeitet werden. Es fehlen jedoch Langzeitstudien über Riffe. Da die geeignete Technologie erst seit jüngster Zeit zur Verfügung steht, gibt es nur wenige Riffe, die lange genug untersucht wurden, um die natürlichen Variationen in der Artenvielfalt kennenzulernen.

Solche Langzeitstudien über Riffe werden heute mit großem Aufwand in Angriff genommen – obwohl so mancher Umweltschützer oder Wissenschaftler befürchtet, daß es dazu inzwischen viel zu spät sei. Diese Überwachungsprogramme sollen den Zustand eines Riffs über eine gewisse Zeitspanne ständig verfolgen und als Frühwarnsysteme dienen, um eingreifen zu können, bevor ein Schaden wirklich ernst geworden ist. Zahlreiche tropische Länder betreiben heute solche Überwachungsprogramme. In einigen Ländern wurden Konzepte entwickelt, um Anwohner und Amateurtaucher in der Unterwasserarbeit auszubilden und sie an Langzeitstudien mitarbeiten zu lassen.

Ebenso wichtig wie die Überwachung auf nationaler Ebene ist es, die Probleme der Riffe international anzugehen. Das bedeutet, daß Forschungsinstitute und die mit der Verwaltung von Riffen betrauten Institutionen bei internationalen Initiativen zusammenarbeiten müssen. In der Karibik haben 26 meeresbiologische Stationen mit Unterstützung durch die UNESCO damit begonnen, Riffe, Mangroven und Seegraswiesen zu überwachen. Sie benutzen eine standardisierte Methode zur Erhebung der Informationen, die an der *West Indies University* auf Jamaica verglichen und analysiert werden. Ein ähnliches Gemeinschaftsprojekt entsteht in Südostasien.

Überwachung ist sicher kein Ersatz für den Schutz von Riffen. Es ist wichtig, darauf zu achten, das Warten auf Ergebnisse nicht zum Grund werden zu lassen, nichts zu tun – eine Taktik, die in anderem Kontext immer dort angewandt wurde, wo althergebrachte wirtschaftliche oder politische Kräfte den Status quo erhalten wollten. Es wird viele Jahre dauern, bis alle Informationen gesammelt sind, um die komplexen Zusammenhänge in einem Riff zu begreifen. Bis gesicherte wissenschaftliche Erkenntnisse darüber vorliegen, wodurch die Schäden in einem Korallenriff verursacht werden, wird eher noch mehr Zeit vergehen. Doch schon jetzt müssen Maßnahmen ergriffen werden, um einer weiteren Schädigung der Riffe entgegenzuwirken.

Oben: Hirnkorallen und Fächerkorallen. Fächerkorallen enthalten giftige Substanzen, die sowohl von der traditionellen wie von der modernen Medizin genutzt werden. Rechte Seite oben: Auch Griffelseeigel (Heterocentratus mammillatus) dienen der traditionellen Medizin. Rechte Seite unten: Viele Quallen sind ebenfalls sehr giftig. Ihre Nesselfäden verursachen schlimme Schmerzen.

Medizinische Nutzung von Rifforganismen

Wie Waldpflanzen seit Jahrhunderten von der ansässigen Bevölkerung zu medizinischen Zwecken genutzt wurden, so sind einige Riffpflanzen und -tiere in den traditionellen Küstengesellschaften als heilend bekannt. Auf den Philippinen wird das Fleisch der Riesenmuscheln zur Heilung von Malaria verwendet, und das Fleisch der Kreiselschnecke soll die Geburt von Kindern erleichtern. Stacheln des Griffelseeigels wurden in Essig gelegt und zermahlen, um Ohrenkrankheiten zu behandeln. In China sollte eine traditionelle Arznei aus gekochten Hornkorallen einerseits Kindern Angst nehmen, andererseits Tuberkulose heilen. Schwarze Korallen wurden, vermischt mit anderen Zutaten, von den frühen Hawaiianern bei Lungenkrankheiten eingesetzt, und die Rote Orgelkoralle wird in Indien heute noch zur Linderung von Husten und Bronchitis verwendet. In Asien wird mit bestimmten Seealgenarten eine Vielzahl von Leiden behandelt – besonders Magen- und auch hier wieder Lungenerkrankungen. In der Karibik dienen einige Arten als Stärkungsmittel.

Wie bei den Heilpflanzen des Waldes, beruht auch die Nutzung maritimer Substanzen in der Humanmedizin keineswegs auf Aberglauben. Pflanzen und Tiere, die unter «überbevölkerten» Bedingungen leben, wie sie im Riff oder im Regenwald gegeben sind, entwickeln oft Gifte, um Konkurrenten abzuwehren und sich gegen Räuber zu verteidigen. Die Hälfte aller Fächerkorallen, Hornkorallen und verwandte Hohltiere des Großen Barriere Riffs sind für Fische giftig.

Einige dieser Gifte können in anderem Kontext segensreiche Eigenschaften entwickeln. In den letzten Jahren wächst das Interesse der modernen Medizin an ihnen, denn manche sind pharmakologisch wirksam. Chemikalien aus Schwämmen lieferten das Vorbild für ein neues Medikament, das *Ara-C*, das gegen Herpes und Krebs eingesetzt wird. Prostaglandine, die bei Herz-Kreislauf-Erkrankungen, Asthma und Magengeschwüren verwendet werden, kommen in einigen Hornkorallen in sehr hoher Konzentration vor; bei einer karibischen Art *(Plexaura homalla)* sind sie um das Zehnmillionenfache stärker angereichert als in jedem anderen Organismus. Die verwandten Peit-

schenkorallen enthalten Pseudopterosine, die als Schmerzmittel in Frage kommen könnten, doch dürfte ein marktfähiges Präparat noch Jahre auf sich warten lassen. Erforscht werden auch die Pigmente, die die Riffkorallen im Flachwasser vor ultraviolettem Licht schützen; es könnten sich mit ihrer Hilfe synthetische Substanzen entwickeln lassen, die die Wirkung von Sonnenschutzmitteln verbessern.

Korallenskelette dagegen werden schon lange genutzt. Die Skelette vieler riffbildender Korallen gleichen in ihrer Struktur dem menschlichen Knochen, und französische Wissenschaftler haben entdeckt, daß sie anstelle von Knochentransplantaten verwendet werden können. Sorgfältig modellierte Stücke werden in Brüche oder von Krebs geschädigte Knochen eingesetzt, oder sie dienen zur Verlängerung von Knochen. Das Blut kann in die winzigen Kanäle des Korallenskeletts eindringen, das sich auflöst und an seiner Stelle die Entstehung neuen Knochenmaterials in manchmal nur drei Wochen erlaubt. Seit 1982 wurde 5000 Patienten ein solches Korallenimplantat eingesetzt. Der Vorteil dieser Methode beruht auf einem merkwürdigen Phänomen: Das menschliche Immunsystem erkennt die Koralle nicht als Fremdmaterial, wie es das bei Knochenmaterial von anderen Spendern tut, und das Korallenstück wird nur selten abgestoßen.

Die mögliche Verwendung von Rifforganismen für Arzneimittel und in der Medizin gilt manchen als wichtiges Argument für den Schutz der Riffe, obwohl diese Anwendungsmöglichkeiten noch minimal sind. Dennoch könnte eine medizinische Nutzung von Rifforganismen einen weiteren Grund für den Raubbau liefern. Einige Formen der Nutzung geben bereits Anlaß zur Sorge, besonders die großen Mengen Hornkorallen, die regelmäßig für pharmazeutische Forschungen von Indien nach Europa und in die Vereinigten Staaten exportiert werden. Einige Umweltschützer waren auch über die Zahl von Korallen beunruhigt, die für Knochentransplantate entnommen wurden. Doch die benötigte Gesamtmenge ist klein, und es sollte möglich sein, eine erträgliche Art der Entnahme zu finden. Sie sollte allerdings niemals ohne Kontrolle erfolgen.

Eine der ersten Entdeckungen moderner Wissenschaftler, wonach Rifforganismen pharmazeutisch genutzt werden können, beruht auf einer vor vielen Jahrhunderten entstandenen Praxis der Küstenbewohner in Maui: Das tödliche Gift, das die alten Hawaiianer für ihre Speere verwendeten, stammte von einem Blumentier, einem Verwandten der Steinkorallen. Dieser *limu make-o-Hana* oder «tödliche Tang von Hana» wuchs nur in einem einzigen Gezeitentümpel an der Lavaküste von Maui. Einer alten Legende zufolge sollte ein Unglück hereinbrechen, wenn jemand das Tier berührt. Die ansässige Bevölkerung war wenig geneigt, den Standort des Tümpels zu verraten, doch den Forschern gelang es, das Blumentier zu finden. Sie isolierten schließlich das Gift, das sie Palytoxin nannten, synthetisierten daraus ein Derivat und setzen es heutzutage als Antikrebsmittel ein. Als ob sich die alte Legende erfüllen sollte, brannte, während die Wissenschaftler den Gezeitentümpel untersuchten, ein Teil ihres Labors nieder. Manch einer sah darin die gerechte Strafe für die Einmischung in alte kulturelle Traditionen und die Plünderung der Inselressourcen.

Fast ohne Ausnahme sind es große Konzerne, die von den Arzneimitteln aus Rifforganismen profitieren, und zur Zeit gibt es keine Bestrebungen, sie zu Zahlungen an die ansässige Bevölkerung oder an die Länder zu verpflichten, in denen diese Substanzen gefunden werden. Multinationale Konzerne und Forschungsinstitute erhalten bereits Patente für chemische Verbindungen aus Rifforganismen und kaufen Rechte dafür an.

Wie bei den Tropenhölzern, sind es auch hier die reichen Nationen des Nordens, die die Ressourcen des Südens ausplündern, ohne daß die Einwohner der Länder, aus denen die Rohstoffe kommen, irgendeinen Vorteil davon hätten. Bis in jüngste Zeit war es nicht möglich, Pflanzen oder natürliche Lebensformen patentieren zu lassen, doch nun drängen die agrochemischen und biotechnologischen Großkonzerne auf Änderung. Sofern sie Erfolg haben, werden sie ein Monopol auf patentierte Lebensformen anstreben. Damit werden alle Rechte an diesen wertvollen Reserven für andere verloren sein, auch für die Menschen, die als Bewahrer dieser Ressourcen auftraten und deren traditionelles Wissen in vielen Fällen die «Entdeckungen» der westlichen Wissenschaft überhaupt erst möglich machte.

Linke Seite: Diese Peitschenkorallen sind für Pharmagesellschaften als Ressource für neue Medikamente interessant.

Die Küste von Maui, Hawaii. Von einem Blumentier, das nur hier lebt, gewann die moderne Medizin ein Antikrebsmittel.

GEFAHREN UND CHANCEN

Die meisten Korallenriffe liegen im Hurrikan-Gürtel und werden von Zeit zu Zeit durch tropische Wirbelstürme verwüstet. Und das sind nicht die einzigen natürlichen Gefahren, denen sie trotzen müssen: Durch Temperaturschwankungen kann das Wasser plötzlich zu warm oder zu kalt für Korallen werden; ungewöhnlich heftiger Regen überschwemmt Flachwasserriffe mit Süßwasser. Bei extrem niedrigem Wasserstand während der Ebbe gelangen die Korallenpolypen an die Luft und drohen auszutrocknen. Weitere Gefahren sind Krankheiten und die zuweilen explosionsartige Vermehrung ihrer Freßfeinde. Vulkanausbrüche überschütten Riffe mit Lava, Erdbeben versenken sie ins tiefe Wasser oder heben sie aus dem lebenswichtigen Naß.

Trotz der Gewalt solcher Katastrophen wirken sie sich langfristig sogar günstig auf das Riff aus, vorausgesetzt daß die Erholungsphase zwischen den Ereignissen nicht durch zusätzlichen Streß gestört wird. Ebenso wie ein umgestürzter Baum im Regenwald Platz schafft und Sonnenlicht durchläßt, so daß neue Keimlinge wachsen können, siedeln im Riff Korallenlarven auf den Resten abgestorbener Korallen. Das erhält auf lange Sicht das Gleichgewicht zwischen den Arten.

Rechte Seite: Vulkanausbrüche können Riffe beträchtlich schädigen und ihr Wachstum behindern. Auf Hawaii entwickeln sich rund um die vulkanisch aktiven Inseln nur sehr kleine Riffe, um alte «schlafende» Vulkane sind sie weit üppiger.

Kaum ein Gebäude auf der mexikanischen Halbinsel Yucatan blieb 1988 von dem Hurrikan «Gilbert» verschont. Szenen wie diese bei Puerto Morelos waren überall zu sehen. Gravierende Schäden – wenn auch weniger offensichtlich – richtete «Gilbert» auch an den Riffen der Region an.

Wirbelstürme

Tropische Wirbelstürme – je nach Intensität und geographischer Region heißen sie Hurrikane, Zyklone oder Taifune – können in Korallenriffen verheerende Zerstörungen anrichten.

Die Discovery Bay ist ein hufeisenförmiger Einschnitt an der Nordküste Jamaicas, wo Columbus 1494 gelandet sein soll. Unter der Meeresoberfläche erstreckt sich ein Saumriff quer zur Einfahrt der Bucht, nur von einem künstlichen Kanal für Schiffe durchbrochen. Abgesehen vom Bau dieses Kanals im Jahr 1966, entwickelte sich das Riff jahrzehntelang ungestört. Es war dicht bewachsen mit verschiedenen Korallen, Algen und Schwämmen. In den 40er Jahren entstand dort eines der ersten tropischen Meeresforschungsinstitute, an dem Dr. Thomas Goreau detaillierte Unterwasser-Studien über Riffe durchführte. Von überall auf der Welt reisten Wissenschaftler an, um in dieser Bucht Korallenriffe zu studieren. Goreaus Beschreibungen der Riffe in der Discovery Bay wurden zum Klassiker und bilden heute noch die Grundlage vieler Untersuchungen.

Heute würde Goreau die Riffe allerdings kaum wiedererkennen. Der Hurrikan «Allen» brach im August 1980 über die Nordküste Jamaicas herein. Obwohl das Zentrum des Hurrikans 65 Kilometer weit entfernt war, waren die Auswirkungen katastrophal: «Allen» zerschmetterte verzweigte Korallen, stürzte massive Korallenblöcke um, zerriß Fächerkorallen und Schwämme und schliff die Riffe mit aufgewirbeltem Sand ab. Auf den Flachwasserriffen blieb bis auf ein paar zerfurchte Kolonien von Sternkorallen nicht viel zurück. Die ausgedehnten Dickichte der Elchgeweihkoralle, die früher das Riff beherrschten, lagen in Trümmern. Die artverwandte Hirschgeweihkoralle, etwas tiefer im Riff, verschwand fast vollständig. So gut wie das ganze Riff war durch den Hurrikan ausradiert worden.

Im Laufe der Jahre begann das Saumriff langsam wieder zu wachsen und erfüllte sich mit neuem Leben. Korallen, Fächerkorallen und andere Riffbewohner bauten das Riff genauso stetig auf, wie sie es schon lange vor Columbus Landung getan hatten. Acht Jahre später schlug das Unglück in Gestalt des Hurrikans «Gilbert» ein zweites Mal zu, der 1988 seine Zerstörungskraft über der Karibik entfesselte. Die Riffe in der Discovery Bay hatten ihre frühere Üppigkeit noch nicht wieder erreicht, als die wuchtigen Wellen sie erneut zerschmetterten. Viele Riffpflanzen und -tiere wurden weggespült, das von aufgewühltem Sediment getrübte Wasser klärte sich erst nach Wochen. Der Hurrikan versetzte das Riff gewaltsam in seinen Zustand von vor acht Jahren zurück.

«Hugo» wütete direkt über der Insel St. Croix in den amerikanischen Jungferninseln. Dort ist ein Institut der Universität der West Indies angesiedelt, das bereits ausführliches Datenmaterial über die Riffe gesammelt hatte. Damit ergab sich die einmalige Gelegenheit, die Auswirkung eines Hurrikans auf ein Riff in einem detaillierten «Vorher-

Nachher-Vergleich» zu untersuchen. Die ganze Nacht über schlugen sechs Meter hohe Wellen an die Südküste. «Hugo» erreichte schätzungsweise Geschwindigkeiten von 220 bis 272 Kilometern pro Stunde. Ein Fahrrad, das hängend in einem Schrank des Forschungsinstitutes untergebracht war, lieferte mittels seines batteriegetriebenen Kilometerzählers ein eindrucksvolles Zeugnis über die Gewalt des Sturmes: Nachdem der Wind die Tür des Schranks weggerissen hatte, drehte er die Räder mit einer solchen Geschwindigkeit – rund 144 Kilometer pro Stunde –, daß das Rad quasi auf der Stelle mehr als 2400 Kilometer zurückgelegt zu haben schien.

Die Auswirkungen des Hurrikans auf die Riffe unterschieden sich je nach Art und Wuchstiefe der Korallenkolonie und der Lage des Riffs gegenüber Wind- und Wellenrichtung sehr stark. Windgeschwindigkeiten von 120 bis 150 Kilometern pro Stunde verursachen an Riffen Schäden, von denen sie sich innerhalb eines Jahrzehnts erholen. Bläst der Wind aber mit einer Geschwindigkeit von mehr als 200 Kilometern pro Stunde, kann er das Riff so schwer schädigen, daß es sich erst nach einem halben Jahrhundert erholt haben würde. Einige Riffe auf St. Croix sahen praktisch unberührt aus, während andere, insbesondere die südwärts gerichteten, schwer gelitten hatten. Am schlimmsten hatte es die Riffe an der Südseite von Buck Island getroffen, die 1948 zum Meerespark erklärt worden waren und große touristische Bedeutung erlangt hatten. Dort waren die Korallen bis in eine Tiefe von zwölf Metern fast völlig zerstört.

Auch für die anderen Riffbewohner ist ein Hurrikan verheerend. «Hugo» spülte massenhaft tote Fische und wirbellose Tiere an die Strände. Die Fischpopulationen erholen sich gewöhnlich etwa innerhalb eines Jahres. Einige pflanzenfressende Fische profitieren sogar von dem größeren Nahrungsangebot an Algen auf den toten Korallen und vermehren sich kurzfristig stärker.

In der Karibik und im Pazifischen Ozean wüten regelmäßig tropische Stürme und zerstören die dortigen Riffe. Auch die heimische Bevölkerung leidet unter den heftigen Winden: Auf St. Croix legte der Hurrikan mehr als drei Viertel der Gebäude in Trümmer. Unmittelbar nach der Katastrophe gab es ernste Engpässe bei der Versorgung mit Nahrungsmitteln und Trinkwasser, die Elektrizitäts- und Telefonverbindungen waren für drei Monate unterbrochen.

Wenn ihr bevorzugtes Riff innerhalb weniger Stunden zu Schutt zerfallen ist oder unter Sand begraben wurde, tröstet es weder den einheimischen Fischer noch den Tauchtouristen, daß die zerstörerische Naturgewalt eine Schlüsselrolle im Riff spielt: Sie erhält den Artenreichtum aufrecht. Die schneller wachsenden Arten wie Elch- und Hirschgeweihkorallen werden am stärksten geschädigt. So können sich die langsam wachsenden Arten – die robusteren, massiven Korallen – ausbreiten. Dennoch werden sie nie vollständig dominieren, da sich die verzweigten Korallen erholen und das Riff vergleichsweise schnell wieder besiedeln.

Während der letzten 120 Jahre vergingen zwischen den Hurrikanen mit schädlichen Folgen in der Karibik durchschnittlich sieben Jahre – eine relativ kurze Zeit, aber ausreichend für die Erholung der Korallen. Auf Jamaica hatte eine 36jährige, fast sturmfreie Periode zwischen 1944 und 1980 die prachtvollen Riffe in der Discovery Bay hervorgebracht und ihre Untersuchung ermöglicht – aber das ist eher eine Ausnahme. Im Pazifischen Ozean brachen über die Fidschi-Inseln zwischen 1940 und 1980 durchschnittlich drei Stürme pro Jahrzehnt herein; während der letzten zehn Jahre allerdings waren es elf. Französisch-Polynesien wurde zwischen 1982 und 1983 – innerhalb nur eines Jahres – von sechs Zyklonen verwüstet. Dabei brachen riesige Korallenblöcke ab und zerstörten wie eine Lawine sämtliche Korallen bis hinab in eine Tiefe von 35 Metern.

Heute scheint es, als träten die tropischen Stürme häufiger und heftiger auf. Zwar schwankte das Klima auch während der letzten Jahrhunderte häufiger sehr stark, doch gibt es kaum Klimadaten, die eine hinreichend lange Periode erfassen. Es ist schwer

1989 verwüstete ein Sturm dieses Riff bei Sombrero, einer taifunträchtigen Region auf den Philippinen. Abgebrochene Korallenstücke lagen überall über das Riff verteilt und türmten sich am Strand.

Rechte Seite oben: Hirschgeweihkorallen (Acropora) werden besonders leicht von Hurrikanen zerbrochen; solange sie nicht durch andere Einflüsse zusätzlich beeinträchtigt werden, können sie sich bald regenerieren.

Rechte Seite unten: Massive Korallenformen sind weit resistenter gegenüber Wellen und Sturm.

Globale Erwärmung

Treibhauseffekt und globale Erwärmung

Ohne die Spurengase in der Atmosphäre wäre Leben auf der Erde unmöglich. Sie fangen die von der Erde reflektierte Strahlungswärme der Sonne ab und halten die mittlere Temperatur bei etwa 15 Grad Celsius. Ohne CO_2 beispielsweise, dem wichtigsten Treibhausgas, wäre es auf der Erde minus 18 Grad Celsius kalt. Je mehr dieser Gase die Menschen, in erster Linie durch Verbrennung der fossilen Brennstoffe Gas, Erdöl und Kohle, zusätzlich in die Atmosphäre entlassen, um so mehr reflektiertes Sonnenlicht wird in Wärme umgewandelt, die nicht mehr von der Erde abgestrahlt werden kann: Der Treibhauseffekt wird künstlich verstärkt, die Atmosphäre wird wärmer.

Der Ausstoß von Kohlendioxid hat sich seit der Mitte des 19. Jahrhunderts durch den ständig steigenden Energieverbrauch um 25 Prozent erhöht. Wälder, die Kohlendioxid zur Energiegewinnung durch die Photosynthese benötigen, binden Kohlendioxid – doch sie werden weltweit zerstört.

Derzeit wird von einer Erwärmung bis zum Ende des nächsten Jahrhunderts um 1,5 bis 5 Grad Celsius ausgegangen.

zu entscheiden, ob die in den letzten Jahren auffallend hohe Zahl tropischer Stürme im Pazifischen Ozean erste Anzeichen einer bevorstehenden, durch menschlichen Einfluß bewirkten globalen Erwärmung ist, oder ob sie natürlichen Klimaschwankungen der Wetterverhältnisse zuzuschreiben ist. Viele Klimatologen deuten die Klimaänderungen durchaus bereits als Vorboten der globalen Erwärmung.

Der Gedanke, daß eine künstlich erzeugte Erwärmung der Atmosphäre mehr und heftigere Wirbelstürme zur Folge hat und daß unter anderem den Korallenriffen dadurch kaum noch eine Chance zur Regeneration bleibt, ist, für sich genommen, schon bedrückend genug. Doch damit nicht genug: Noch weit mehr Belastungen stressen die Riffe und verlangsamen ihre Erholung. Während der letzten zwölf Jahre litt das Saumriff der Discovery Bay zusätzlich unter einem Seeigelsterben, unter Überfischung und stark verschmutzten Abwässern. Das schon von Hurrikanen geschädigte Riff degenerierte zu einer Monokultur aus Braunalgen.

Früher hielten sich Zerstörung und Regeneration – trotz der immer wiederkehrenden Tropenstürme – die Waage. Heute verschiebt sich, da der Regenerationsprozeß zunehmend durch menschliche Einwirkungen unterbrochen wird, das Gleichgewicht in Richtung Zerstörung. Die Schlüsselrolle der tropischen Stürme, die Vielfalt im Riff aufrechtzuerhalten, verkehrt sich deshalb ins Gegenteil: Heute beschleunigen sie das Sterben der Riffe.

Ausbleichen: Reaktion auf Hitzestress

Schnorchler oder Taucher trifft es meist wie ein Schock, wenn im Riff unvermutet eine völlig farblose Korallenfläche vor ihnen auftaucht. Die sonst so kräftige Farbe ist verschwunden, käsig bleiche Flecken sprenkeln das Riff. Sie sehen aus wie mit einem Haushaltsbleichmittel behandelt, weswegen das Phänomen auch «Ausbleichen» genannt wird.

Die Korallen erbleichen plötzlich, weil entweder die Zooxanthellen ihr Pigment, das Chlorophyll, verlieren, oder – was häufiger vorkommt – weil die Zooxanthellen selbst aus den Polypen verschwinden. Wenn eine Koralle ihre Zooxanthellen und damit ihre braun-grüne Farbe verliert, schimmern die normalerweise verdeckten, fahlen Farben ihres Skeletts durch ihr Gewebe. Haben einige Zooxanthellen überlebt, regeneriert sich die Koralle innerhalb weniger Monate; ist das Ausbleichen jedoch schwerwiegender, wird die Kolonie sterben. Viele andere Riffbewohner, die in Symbiose mit Zooxanthellen leben, bleichen auf ähnliche Weise aus: Schwämme, Hornkorallen und Seeanemonen.

Verschiedene Umwelteinflüsse rufen das Ausbleichen hervor. In den letzten Jahren traten die Symptome jedoch verstärkt dort auf, wo die Temperatur des Meerwassers für die Jahreszeit ungewöhnlich hoch war. Doch auch zu niedrige Temperaturen können der Grund sein, wenn kalte, winterliche Frontsysteme nördliche Riffe berühren. Weitere Gründe sind lange Zeiten der Austrocknung bei sehr niedrigem Ebbestand, Süßwassereinbrüche nach heftigen Regengüssen, intensive Sonneneinstrahlung mit der dadurch erhöhten ultravioletten Strahlung und verschiedene Formen der Umweltverschmutzung.

Obwohl schon vor mehr als 60 Jahren im Großen Barriere Riff entdeckt, erregte das Ausbleichen von Korallen erst in den frühen 80er Jahren breitere Aufmerksamkeit. In den Jahren 1982/83 wurde der Pazifische Ozean vom sogenannten El Niño-Phänomen besonders stark heimgesucht. El Niño ist ein Zusammenspiel mehrerer außergewöhnlicher Wetterverhältnisse. Er tritt im Pazifischen Ozean etwa alle drei bis fünf Jahre auf, oft zu Weihnachten – daher der Name «Das Kind».

In normalen Jahren wehen die Winde aus dem Osten und treiben eine «Zunge» kalten Wassers von der Küste Südamerikas westwärts in den Pazifischen Ozean. In El Niño-Jahren kommen die Winde im tropischen Pazifik vorwiegend von Westen, so daß sich die Strömungsrichtungen umkehren und das normalerweise kalte Wasser durch warmes ersetzen.

Der El Niño der Jahre 1982/83 war der stärkste in diesem Jahrhundert und hatte dramatische Auswirkungen. In Teilen des Pazifischen Ozeans stiegen die Oberflächentemperaturen des Meeres um mehr als fünf Grad Celsius an und blieben vielerorts in Tiefen von 30 Metern für vier bis fünf Monate bei Temperaturen von 30 bis 31 Grad Celsius. Meeresorganismen leben häufig in Gewässern, deren Temperatur nur knapp unterhalb der von ihnen tolerierten Obergrenze liegt. Daher kann eine Temperaturzunahme um nur wenige Grad fatale Folgen haben. In den Sommermonaten, in denen das Wasser am wärmsten ist, erreicht es Temperaturen, die häufig gefährlich nahe an der Toleranzgrenze der Korallen liegen, oft nur ein oder zwei Grad darunter. Steigen die Wassertemperaturen so stark wie während des El Niño an, bleichen die Korallen und andere Rifftiere aus.

Während des Winters 1982/83 bleichten die Korallen im östlichen Pazifischen Ozean auf riesigen Flächen aus. In Costa Rica starb in den pazifischen Küstenriffen die Hälfte der Korallen, in den Riffen Panamas verschwanden bis zu 80 Prozent der Korallen, und auf den Galapagos Inseln waren es 95 bis 100 Prozent. Selbst die Korallen weit abgelegener Riffe, wie in Französisch-Polynesien und Indonesien, erlitten Schaden.

Das Ausbleichen als Folge des El Niño scheint Teil eines natürlichen Zyklus zu sein. Auf einigen Riffen überlebt eine genügende Anzahl von Korallen mit zumindest einigen ihrer Zooxanthellen, so daß sie sich langsam erholen können. Im letzten Jahrzehnt wurden ausgebleichte Korallen jedoch auch weltweit an vielen Standorten gesichtet, die außerhalb des Einflußbereichs von El Niño liegen. Große Riffareale bleichen in den Jahren 1987, 1989 und 1990 in Florida, Puerto Rico und Jamaica aus. Auch Riffe in Australien, Japan, Indonesien, Vanuatu, Oman, auf Hawaii, den Fidschi-Inseln, den Malediven, im Roten Meer, auf den Bermudas und im Golf von Kalifornien wurden in großem Ausmaß

Verzweigte Korallen sind gewöhnlich die ersten, die bei zu hohen Wassertemperaturen ausbleichen. Erst werden ihre Farben blaß, und wenn alle Zooxanthellen abgestorben sind, sind sie völlig weiß.

Linke Seite: Korallenpolypen (Pocillopora) mit ihren symbiontischen Algen, den Zooxanthellen. Sie leben im Korallengewebe und sterben bei zu hoher Wassertemperatur in absehbarer Zeit ab.

von dem Phänomen des Ausbleichens ereilt. Schwämme, Hornkorallen und Seeanemonen waren, wenn auch in geringerem Ausmaß, ebenfalls betroffen. Fast überall gingen die Bleichschäden mit erhöhter Oberflächentemperatur des Meeres einher. Allein 1988 blieben die Riffe in der Karibik von der Bleiche verschont; möglicherweise weil der Hurrikan «Gilbert» in seinem Sog kühleres Wasser hinterließ.

1991 erblaßten in den Riffen von Phuket in Thailand etwa die Hälfte aller Korallen, als die Wassertemperaturen in der Andamanen See zwei Grad über normal lagen. In Französisch-Polynesien waren die Wassertemperaturen im März 1991 ein Grad höher als normal, und auch hier kam es daraufhin in vielen Riffen um die Gesellschaftsinseln zum Ausbleichen. Die äußeren Hänge von Barriere- und Saumriffen sind meist am stärksten betroffen – die Gründe dafür sind noch nicht bekannt –, doch wurden auch Riffe in Lagunen geschädigt. Besonders empfindlich reagieren verzweigte Korallen: An manchen Standorten waren bis zu 95 Prozent von ihnen erblaßt. Bis zum Juli 1991 zeigten viele Riffe auf den Gesellschaftsinseln Anzeichen einer Erholung; ob dieser Trend anhält, ist offen. Möglicherweise ist das El Niño-Phänomen die Ursache für großflächiges Ausbleichen. Viele Schäden, vor allem in der Karibik, erklären sich jedoch dadurch nicht.

Einen äußerst beunruhigenden Grund könnte es für die höheren Wassertemperaturen in einigen Regionen vielleicht doch geben: die inzwischen von vielen Wissenschaftlern als sicher prognostizierte globale Erwärmung aufgrund des vermehrten Ausstosses künstlicher Treibhausgase. Die vorhandenen Daten reichen nicht aus, um die gestiegenen Meerestemperaturen und die Bleichschäden, die mit ihnen offensichtlich einhergehen, eindeutig als Anzeichen dieser globalen Erwärmung zu definieren. Nur an wenigen Orten in der Welt wurde die Meerestemperatur bislang über einen längeren Zeitraum hinweg gemessen. Aus diesem Grund läßt sich noch nicht sagen, ob die augenblicklichen Veränderungen auf natürlichen Schwankungen beruhen oder ob sie Teil eines längerfristigen Trends sind, der dem menschengemachten Treibhauseffekt zuzuschreiben ist.

Unbekannt ist auch, wie sich eine globale Erwärmung der Atmosphäre auf die Ozeane auswirken wird. Die Meerestemperaturen werden wahrscheinlich nicht gleichförmig zunehmen und auch nicht in unmittelbarer Zukunft in allen Riffen über den für Korallen kritischen Wert von 29,5 bis 30 Grad Celsius ansteigen. Größere jahreszeitliche und jährliche Schwankungen als bisher sind jedoch durchaus denkbar, beispielsweise ausgelöst durch verstärkte El Niño-Effekte.

Im Frühstadium der globalen Erwärmung steigen die Meerestemperaturen vielleicht so langsam an, daß sich Korallen und Zooxanthellen daran anpassen könnten. Der Anpassungsprozeß braucht zwangsläufig Zeit, da er über eine schrittweise Selektion genetisch fixierter Eigenschaften verläuft. Schon jetzt unterscheidet sich die Toleranzgrenze je nach Art der Korallen. Sie variiert sogar innerhalb einer Art: Korallen des Persisch-Arabischen Golfes verkraften höhere Temperaturen als ihre Artgenossen in Gewässern mit niedrigeren Sommertemperaturen. Wenn der Grad der Erwärmung – und nicht die Dauer ihrer Einwirkung – in einem bestimmten Gebiet der entscheidende Auslöser für das Ausbleichen ist, hätten selbst kurzzeitige und begrenzte Erwärmungen des Meeres gravierende Konsequenzen. Ein nur wenige Wochen andauernder Temperaturanstieg würde ausreichen, um ein ganzes Riff zu töten. Besonders gefährdet wären seltene Korallenarten mit kleinen Populationen. Der El Niño von 1982/83 scheint für das Ausbleichen und schließliche Aussterben einer bestimmten Feuerkoralle der Gattung *Millepora* verantwortlich zu sein, die nur im östlichen Pazifischen Ozean vorkam. Die Populationen zweier weiterer, ebenfalls recht seltener Arten wurden bedrohlich reduziert.

Da die schneller wachsenden verzweigten Korallen häufig als erste ausbleichen, könnte dies bedeuten, daß die langsamer wachsenden massiven Korallen allmählich überwiegen. Dadurch würde das Riff beträchtlich langsamer wachsen und bei einer weiteren Schädigung deutlich längere Zeiten zu seiner Erholung benötigen.

Das Phänomen des Ausbleichens läßt noch viele Fragen offen. Warum sterben einige Arten, etwa die verzweigten Korallen, rascher als andere? Warum sind bestimmte Teile des Riffs betroffen, andere aber nicht? Inwieweit sind vermehrte ultraviolette Strahlung – als Folge eines Abbaus der Ozonschicht in der Atmosphäre – oder zunehmende Umweltverschmutzung beteiligt und mitverantwortlich? Welche anderen Faktoren neben der Temperaturerhöhung sind möglicherweise an der Ausbleichung beteiligt? Forschungsprogramme sollen diese Fragen beantworten helfen. Biologen überwachen die Riffe und erfassen möglichst alle Faktoren, die für die Gesundheit der Korallen wichtig sind: Wassertemperatur, Wolkendecke – von ihr hängt die für die Korallen verfügbare Lichtmenge ab –, Wasserqualität und Wellenstärke.

Bis wir sicher wissen, ob das Ausbleichen von Korallen ein frühes Zeichen der globalen Erwärmung ist, wird einige Zeit vergehen. Die bloße Vermutung jedoch, daß dem so sein könnte, ist bereits ein starkes Argument dafür, die Emission von Treibhausgasen schnellstmöglich zu reduzieren und die Riffökosysteme genauer zu erforschen. Wenn die Gefahr besteht, daß Korallen durch einen wochen- oder monatelangen Anstieg der Meerestemperatur um ein oder zwei Grad über das normale Sommermaximum großflächig absterben, dann wäre es fatal, auf das Ergebnis entsprechender Untersuchungen zu warten – so wichtig sie auch sein mögen –, statt zu handeln.

Steigender Meeresspiegel: Gefahr für Mensch und Riff

Maumoon Abdul Gayoom, der Präsident der Malediven, ist in Sorge. Alle 1190 Inseln dieser Atollnation erheben sich nur zwei bis drei Meter über den Meeresspiegel. Wenn die Berechnungen richtig sind, daß der Treibhauseffekt den Meeresspiegel ansteigen läßt, wird dieses winzige Land mit einer Gesamtfläche von 300 Quadratkilometern bis zum Ende des nächsten Jahrhunderts beträchtlich kleiner geworden sein und sich aller Voraussicht nach nur unzureichend mit Süßwasser versorgen können.

Bei höheren Temperaturen dehnt sich das Wasser der Meere aus, und der Meeresspiegel steigt. Die Gletscher auf den Bergen werden schmelzen, die polaren Eiskappen werden kleiner werden. Die vorhergesagten Klimaänderungen sind so komplex, daß sich schwer abschätzen läßt, wie sie den Meeresspiegel verändern werden. Auch wie schnell der Meeresspiegel steigt, ist umstritten: Die letzten Berechnungen nehmen etwa 20 Zentimeter bis zum Jahr 2030 an, 40 Zentimeter bis zum Jahr 2050 und etwas mehr als einen halben Meter gegen Ende des nächsten Jahrhunderts – fünf- bis sechsmal so schnell wie noch in der jüngsten Vergangenheit erwartet.

Die Malediven sind nur eine von mehreren Atollnationen, die aufgrund der globalen Erwärmung durch den steigenden Meeresspiegel gefährdet sind. «Wir sind eine bedrohte Nation», sagte Präsident Gayoom 1987, als er vor den Vereinten Nationen sprach, wobei er in den Chor der Staatschefs anderer tiefliegender Atollnationen ein-

---

Das Ozonloch

Die Durchlöcherung der Ozonschicht, bedingt durch den großen Verbrauch an Fluorchlorkohlenwasserstoffen (FCKWs) in Kühlflüssigkeiten, Spraydosen, Klimaanlagen und zahlreichen Kunststoffen, bedroht heute die ganze Welt. Die Ozonschicht schwächt die auf die Erde treffende, ultraviolette Strahlung ab. In den vergangenen Jahrzehnten zeigte sich, daß ultraviolettes Licht hoher Intensität der menschlichen Gesundheit schadet. Hautkrebs ist eine der möglichen Folgen, und es gibt bereits Hinweise, daß die Hautkrebsrate in bestimmten Teilen der Welt zunimmt. Außerdem wächst die Besorgnis darüber, inwieweit ultraviolette Strahlung Grauen Star fördert und das Immunsystem schädigt.

Weniger bekannt ist, daß verstärkte UV-Strahlung auch das Meeresleben gefährdet. Besonders gefährdet ist die komplexe Lebensgemeinschaft aus Pflanzen und Tieren in den oberen zwei bis drei Metern des Meeres. Zu starkes ultraviolettes Licht schädigt oder tötet das Plankton – mikroskopisch kleine Algen und die Larven einer großen Zahl von Tieren –, die die Basis für zahlreiche weitverzweigte Nahrungsketten sind. Das wiederum bleibt nicht ohne Folgen für die Korallen und andere Meereslebewesen.

Ultraviolettes Licht hoher Intensität schädigt die Korallen auch direkt, indem es ihre Zooxanthellen tötet. Zur Zeit attackieren FCKWs und andere ozonschädigende Gase vor allem die Ozonschicht über den Gewässern der gemäßigten Zonen, sowohl auf der Nord- als auch auf der Südhalbkugel. Falls die Ozonschicht auch über den Tropen aufreißt, könnten die Konsequenzen für die Korallenriffe schwerwiegend sein, weil die ultraviolette Strahlung das Meerwasser viel leichter durchdringt als ursprünglich angenommen. Die Korallen sind dabei besonders verletzlich, obwohl die Zooxanthellen über ein schützendes Pigment verfügen.

Im Protokoll von Montreal, einer internationalen Übereinkunft von 1987, erklärten sich die meisten Länder bereit, ihre Produktion von FCKWs bis zum Jahr 2000 auf die Hälfte zu reduzieren. Schon sechs Monate später kritisierten die Unterzeichner ihren eigenen Vertrag als unzureichend und verschärften seine Bedingungen: Die Produktion der gefährlichen FCKWs soll bis zur Jahrtausendwende ganz verboten sein. Vielen Menschen ist klar, daß – solange ozonzerstörende Chemikalien erlaubt sind – die Katastrophe nicht begrenzt werden kann. Selbst bei einem sofortigen Stopp zeigt sich der Erfolg frühestens in zehn Jahren. *Greenpeace* und andere Umweltgruppen fordern ein sofortiges Verbot für alle ozonzerstörenden Chemikalien und ihren Ersatz durch sichere Alternativen, um den Schutzmantel der Erde zu erhalten.

stimmte – Tuvalu, Kiribati, Tokelau und die Marshall Inseln. Wenn der Meeresspiegel nur um einen halben Meter stiege, stünde der für den Tourismus lebenswichtige Flughafen von Hulule auf den Malediven bei Flut regelmäßig unter Wasser. Stiege er um einen Meter, verschwände ein Fünftel des Landes von Majuro, der am dichtesten besiedelten Insel der Marshall Inseln.

Viele tiefliegende Inseln könnten unbewohnbar werden, auch wenn das Meer sie nicht vollständig verschlänge. Der Regen, der auf einem Atoll niedergeht, sammelt sich im Kalkfelsen, auf dem die Insel fußt, und bildet damit ein Süßwasserreservoir, eine «Linse». In diese Linsen abgetäufte Brunnen sind die einzige dauerhafte Quelle für Trinkwasser und Landwirtschaft. Steigt der Meeresspiegel an, sickert nach und nach Salzwasser in die Süßwasservorräte ein. Auf jeden Fall aber werden die Klimaänderungen häufigere Stürme mit sich bringen und die Inseln mit Salzwasser überfluten.

Riffgeologen, die die Herkunft von Korallenriffen untersuchen, teilen sie je nach ihrer Fähigkeit, mit dem steigenden Meeresspiegel Schritt zu halten, in drei Typen ein: «Schritthaltende» Riffe bewahren ihre Position relativ zum Meeresspiegel, «nacheilende» Riffe wachsen etwas langsamer als der Meeresspiegel steigt und holen auf, wenn sich der Anstieg verlangsamt, «aufgebende» Riffe versinken. Nach diesem Szenario sind heute

Die Überschwemmung nach einem Sturm in Male, der Hauptstadt der Malediven, verdeutlicht die Gefährdung niedriggelegener Atolle bei steigendem Meeresspiegel.

Eine Demonstration in Male auf den Malediven während eines Regierungstreffens der kleinen Inselstaaten zum Thema Globale Klimaerwärmung.

viele Riffe in der «nacheilenden» Phase, da ihr Wachstum hinter dem Anstieg des Meeresspiegels zurückbleibt. Denn schon seit dem Ende der Eiszeit vor 20 000 Jahren steigt mit der allmählichen Erwärmung des Klimas der Meeresspiegel.

Wenn die Riffe mit ihrer gegenwärtigen Rate von sieben bis zehn Millimetern pro Jahr weiterwachsen, können sie mit dem steigenden Meeresspiegel bis zum Jahr 2030 Schritt halten. Danach wird der Meeresspiegel rascher steigen, so daß die meisten Riffe wohl nicht mehr «nacheilen» können, selbst wenn sie mit maximaler Rate weiterwachsen. Sie werden versinken. Die Riffe müssen offenbar «aufgeben», wenn der Meeresspiegel mehr als etwa 20 Millimeter pro Jahr steigt. In verschiedenen Regionen der Welt reagieren die Riffe unterschiedlich. Die Riffe in der Karibik dürften nicht einmal mit einem leicht ansteigenden Meeresspiegel Schritt halten: Viele der Hirsch- und Elchgeweihkorallen, die in diesen Riffen vorherrschten, wurden bereits Opfer von Krankheit und Umweltverschmutzung. Durch die wahrscheinlich zunehmenden Stürme werden die Küsten stärker erodieren und auch die für Korallen schädliche Sedimentation zunehmen. Die Korallen auf den Riffdächern des Großen Barriere Riffs dürften dagegen schneller wachsen, weil das dann tiefere Wasser Kolonien begünstigt, die zuvor bei Ebbe trocken gefallen wären. Kein

Riff wird allerdings mit dem steigenden Meeresspiegel Schritt halten können, wenn es vorher schon geschädigt war. Es ist daher zu bezweifeln, daß die Riffe selbst einen geringen Wasseranstieg verkraften können.

In vielen Teilen der Erde verändert sich der Meeresspiegel auch natürlicherweise, weil sich die Erdkruste bewegt. Auf einigen Inseln Hawaiis steigt er mehr als drei Millimeter pro Jahr, weil das Land sinkt. In Papua-Neuguinea heben sich einige Inseln, so daß der Meeresspiegel relativ dazu sinkt.

Wird eine Küste von Erdbeben und anderen tektonischen Ereignissen erschüttert, können die Auswirkungen auf Riffe dramatisch sein. In den 70er Jahren töteten Erdbeben auf den Galapagos Inseln drei Fleckenriffe: In der Urvina Bay wurde ein Riff plötzlich aus dem Wasser gehoben, auf der Insel Pinzon eines völlig unter Sand begraben. Lavaströme und Eruptionen der Vulkane zerstören regelmäßig die Riffe um einige Inseln Hawaiis.

Die Menschen der Malediven leben – wie in einigen anderen Ländern auch – seit langer Zeit im Einklang mit den Gewalten der Natur, die ihre Umwelt oft nachhaltig veränderten. So beschrieb Darwin in seinem Buch über die Korallenatolle: «Die Einwohner der Maledivischen Inselwelt haben schon 1605 erklärt, daß ‹die Flut und heftige Strömungen die Zahl der Inseln reduziert›, und ich selber habe bereits gezeigt..., daß das Zerstörungswerk noch weitergeht.» Trotz dieser

> ### Das Kohlendioxid in den Riffen
>
> Korallen, Schwämme und andere Rifforganismen entziehen dem Meer Kohlendioxid für den Aufbau ihrer Kalkskelette. Möglicherweise enthalten sie bis zur Hälfte des im Meer abgelagerten Kalziumkarbonats. So kam die Hypothese auf, daß Korallenriffe der Atmosphäre überschüssiges Kohlendioxid entziehen. So attraktiv diese Idee auch ist, so unwahrscheinlich ist es hingegen, daß Korallen den Kohlendioxidgehalt senken könnten. Die Rechnung stützt sich auf eine sehr optimistische Annahme: Die Riffe müßten sich von heute auf morgen erholen und schneller wachsen. Tatsächlich aber verlangsamt sich das Korallenwachstum, wenn der Meeresspiegel steigt. Außerdem zerfällt das Kalziumkarbonat – unter anderem das aus den Skeletten toter Korallen. Sobald im Meer eine bestimmte Konzentration überschritten ist, wird das Kohlendioxid wieder in die Atmosphäre freigesetzt. Damit wäre der mögliche positive Effekt der Riffe als Kohlendioxidspeicher hinfällig. Es gibt nur eine Möglichkeit, dem Treibhauseffekt entgegenzuwirken: durch die sparsame Verwendung fossiler Brennstoffe weniger Kohlendioxid als bisher freizusetzen.

Prophezeiung gibt es die Malediven immer noch, nicht zuletzt dank der Korallenriffe, die sie umgeben und beschützen.

Gesunde Korallenriffe sind natürliche Wellenbrecher. Sie retten Leben und Land, weil sie die Kraft der Wellen ablenken und aufnehmen. Die Bewohner der Malediven entdeckten jüngst den Wert dieses Schutzes – zu spät: Um auf Male Land zu gewinnen, bauten sie in den 80er Jahren zu seinem Schutz einen Wellenbrecher. Dafür entnahmen sie dem nahen Riff 905 000 Kubikmeter Schutt und Korallen. Während eines tropischen Sturmes im Jahr 1987 zerstörten hohe Wellen den Wellenbrecher so schwer, daß ein neuer, eineinhalb kilometerlanger Wellenbrecher aus Betonblöcken gebaut werden mußte. Wäre das ursprüngliche Riff intakt geblieben, hätte es sehr wohl den notwendigen Schutz geboten. Der neue Wellenbrecher kostete 12 Millionen US Dollar – bezahlt mit Geldern aus der Entwicklungshilfe. Daraus läßt sich für das ursprüngliche Riff ein Wert von 8000 US Dollar je Meter errechnen. Die meisten Länder, in denen unüberlegte Entwicklungsprojekte ähnliche Probleme verursachen, dürften nicht in der Lage sein, solche Kosten zu tragen.

Oben: Von Meeresfluten bedrohte Siedlungen werden bald ein alltägliches Bild sein, wenn die globale Erwärmung den Meeresspiegel steigen läßt.

Links: Ein Riff in den Galapagos Inseln, das in den 70er Jahren durch ein Erdbeben aus dem Wasser gehoben wurde.

Rechte Seite: Üppige, gesunde Riffe bilden für Inselnationen im Indischen und Pazifischen Ozean den besten Schutz gegen Flutkatastrophen.

Ein Schwarm Süßlippen (Plectorhincus) über Acropora-Korallen, einer sehr schnellwüchsigen Korallengattung, die hier große, tischartige Strukturen bildet.

Klimakatastrophe: Das Ende der Korallen?

Über Jahrtausende haben sich die Riffe an zahlreiche Wärmeperioden angepaßt. Die nächsten 50 bis 100 Jahre überleben sie vielleicht, obgleich in verarmter Form, um erst in der Zukunft wieder aufzublühen. Vorhandene Korallen und Zooxanthellen könnten durch Arten abgelöst werden, die an höhere Temperaturen angepaßt sind. Wird die äquatoriale Zone zu heiß, werden Riffe vielleicht anderswo wachsen – vielleicht kehren sie sogar ins Mittelmeer zurück, wo sie vor über 150 Millionen Jahren beheimatet waren. Allerdings nützen diese Spekulationen weder den Korallenriffen, die augenblicklich der ganzen Wucht der Zerstörung ausgesetzt sind, noch den Menschen, deren Existenz von gesunden Riffen abhängt.

Nach Meinung vieler Klimatologen wird die globale Erwärmung eine Reihe von negativen Folgen haben. Die natürlichen atmosphärischen Turbulenzen werden sich verstärken, so daß die Korallenriffe sich nicht mehr erholen können. Das Korallenwachstum verlangsamt sich vielleicht, weil zunehmende Bewölkung weniger Sonnenlicht für die Zooxanthellen bedeutet, höherer Niederschlag flache Salzwasserzonen verbracken läßt und weil veränderte Meeresströmungen nährstoffreiches Wasser zu den Riffen transportieren könnten. Häufigere Stürme und der steigende Meeresspiegel werden zusätzlich ihre Spuren hinterlassen; doch die größte Gefahr geht von den erhöhten Meerestemperaturen aus.

Gesunde Riffe werden ohne Frage besser mit den Veränderungen fertig werden, die vermutlich schrittweise und unregelmäßig eintreten werden. Doch gerade ihre Bedrohung durch die globale Erwärmung ist eines der besten Argumente, alle Anstrengungen zu unternehmen, weniger schädliche Emissionen in die Atmosphäre zu entlassen und den Energieverbrauch zu drosseln. In den USA erregte das Ausbleichen der Korallen große Aufmerksamkeit, so daß der Senat im Jahr 1990 ein Hearing veranstaltete. Namhafte Wissenschaftler trugen Forschungsergebnisse vor und wiesen auf die Dringlichkeit raschen Handelns hin, das durch weitere Forschung unterstützt werden sollte. Doch wie meist bei solchen Veranstaltungen, blieb vieles beim Appell – durchaus ersetzbare Treibhausgase und Kohlendioxid belasten weiter die Atmosphäre.

Die Verbrennung fossiler Brennstoffe macht 60 Prozent des menschlichen Einflusses auf den Treibhauseffekt aus. Regenerierbare Energiequellen – Sonne, Wind und Wasser – müßten daher hohe Priorität genießen. Einige Länder bestrafen Energieverschwender per Gesetz, andere sträuben sich, überhaupt etwas zu unternehmen. Sie berufen sich auf die Ungewißheit, welche Folgen die globale Erwärmung haben wird. Die reichen Nationen der Welt emittieren den größten Teil der Treibhausgase, doch werden die Entwicklungsländer am meisten darunter zu leiden haben. Die geplante Klimakonvention, der zur Zeit 100 Länder zustimmen wollen und die Maßnahmen zur Begrenzung von schädigenden Einflüssen auf das Klima festlegen soll, könnte ein ermutigendes Zeichen dafür sein, daß die internationale Gemeinschaft sich mit dem Problem zu befassen beginnt.

Abkommen dieser Art sind aber nur ein erster Schritt, der für sich alleine völlig wirkungslos bleibt: Eine wirkungsvolle Gesetzgebung in den einzelnen Ländern muß folgen, um die Kohlendioxid-Emission drastisch zu reduzieren.

Gefrässige Dornenkrone

«Millionen Seesterne fressen das Barriere Riff auf». «Australien erklärt der Seesternarmee den Krieg!» So war es in den Schlagzeilen der Presse zu lesen. Seesterne tauchen nicht oft auf der Titelseite auf. Die touristische Bedeutung des Großen Barriere Riffs ist für Australien jedoch so groß, daß die Zeitungen Sensationsmeldungen hatten, als sich vor einigen Jahren die Bestände des Dornenkronenseesterns explosionsartig vermehrten. Danach war er der bekannteste Korallenbewohner überhaupt.

Die meisten Leute kennen den Dornenkronenseestern *(Acanthaster planci)* durch seine Fraßaktionen im Großen Barriere Riff, er ist jedoch vom Roten Meer über den Indischen Ozean und Südostasien bis zum Pazifi-

schen Ozean verbreitet. Auf den Salomonen heißt er *Taramea*, in Westsamoa *Alamea* und auf den Inseln der Torres Straße *Nikarem*. In der Karibik und im Atlantischen Ozean kommt er nicht vor. Dieses eindrucksvolle Geschöpf mißt im Durchmesser bis zu 30 Zentimetern. Es wandert unermüdlich über das Riff und verschlingt täglich eine große Menge an Korallen. Zum Fressen stülpt der Seestern seinen Magen durch die Mundöffnung nach außen – so fressen die meisten Seesterne – und gießt seine Verdauungsflüssigkeit über die Korallen, die so in eine Art «Polypensuppe» verwandelt werden. Wenn der Seestern seinen Magen mit den aufgelösten Polypen wieder einzieht, hinterläßt er nichts weiter als das nackte, weiße, in nicht ferner Zukunft zersetzte Kalkskelett der Korallen.

Die Populationen des Seesterns schwanken zyklisch: Geringe Dichten wechseln mit Massenvermehrungen ab, die das Riff massiv schädigen. Beim Fressen scheidet der gefräßige Seestern eine Substanz aus, die weitere Artgenossen anlockt. Mit wachsender Anzahl fressender Seesterne an einer Stelle nimmt auch der «Duft» der verdauten Korallen zu, so daß immer mehr Seesterne zu der «Aggregation» – so werden die fressenden Gruppen genannt – stoßen. So kommt es, daß sie sich zu erschreckenden Zahlen sammeln und die Riffe schon in kurzer Zeit zerstören.

Die Schäden waren wohl in Australien am schlimmsten, wo sich die Dornenkrone in den letzten 25 Jahren zweimal sehr stark vermehrte. Etwa ein Drittel von 228 Riffen im mittleren Bereich des Großen Barriere Riffs wurde während der letzten fünf oder sechs Jahre geschädigt.

Massenvermehrungen traten in den letzten beiden Jahrzehnten jedoch auch anderswo im Pazifischen und Indischen Ozean auf. Etwa 90 Prozent der Korallen in der Fagatele Bay auf Amerikanisch-Samoa wurden 1978 abgeweidet. Riffe auf Moorea in Französisch-Polynesien erlitten zwischen 1979 und 1982 größere Einbußen. Auch in Teilen der Atolle von Nord-Male und Ari auf den Malediven kam es seit 1990 verschiedentlich zu Massenvermehrungen, doch scheinen einige der betroffenen Riffe inzwischen wieder von Korallen besiedelt zu werden. Es dauert zehn bis 20 Jahre, ehe sich ein Riff von den größten Schäden durch Dornenkronenseesterne erholt hat; wird das Riff erneut von Seesternen heimgesucht oder von Algen oder Weichkorallen überwuchert, dauert der Erholungsprozeß weit länger.

Die Entdeckung von Stacheln des Dornenkronenseesterns in Sedimenten fossiler Riffe belegt, daß er seit Beginn ihres Bestehens ein wichtiger Bestandteil der Riffgemeinschaft war. Die Massenvermehrungen von Seesternen spielen wie die Hurrikane eine wichtige Rolle für den Erhalt der Artenvielfalt: Indem einige Korallen getötet werden, können andere sich entfalten. In den letzten Jahren scheinen die Seesterne jedoch häufiger in Massen aufzutreten, so daß länger andauernde Schäden entstanden. Statt die Vielfalt des Riffes zu fördern, haben die Seesterne seine Erholung verhindert.

Es könnte sehr wohl sein, daß menschlicher Einfluß die Vermehrung dieser Tiere gefördert hat. Zuweilen scheint die Dornenkrone im Pazifischen Ozean besonders während heftiger Regenfälle überhandzunehmen: Der Regen spült mehr Nährstoffe vom Land in die Küstengewässer. Dort vermehrt sich das Phytoplankton, von dem sich die Larven des Seesterns ernähren. Rodungen, intensiver Ackerbau und die Zerstörung der Regenwälder und Mangroven führen heute häufiger als früher zu starken Landabspülungen: Sie könnten für einige der Massenvermehrungen verantwortlich sein. Warum der Dornenseestern jedoch auch auf abgelegenen Inseln oder nahezu unberührten Korallen-Atollen zuweilen in riesigen Zahlen auftritt, erklärt diese Hypothese allerdings nicht.

Die Massenvermehrungen könnten aber auch durch Überfischung und die damit einhergehende Dezimierung jener Fische und Mollusken verursacht sein, die sich von den Dornenkronenseesternen ernähren und ihren Bestand in Schach halten: Die Drücker- und Kugelfische werden sowohl als Speisefische als auch für den Handel mit Meeressouvenirs gefangen. Der Napoleonfisch, ein weiterer Freßfeind des Seesterns, wurde ebenfalls in großen Mengen von kommerziell arbeitenden Fischern im Großen Barriere Riff gejagt. Viel Forschungsarbeit ist notwendig, um Querverbindungen zwischen der Überfischung bestimmter Arten und den Massenvermehrungen des Dornenkronenseesterns nachzuweisen, doch deuten die im Roten Meer und im östlichen Pazifischen Ozean durchgeführten Studien bereits in diese Richtung.

Sind die Riffe durch den Dornenkronenseestern geschädigt, verlieren sie rasch ihre Anziehungskraft für Touristen. In den regelmäßig von Tauchern und Schnorchlern besuchten Riffen in Australien und auf den Malediven wurden daher beträchtliche Anstrengungen unternommen, die Massenvermehrung unter Kontrolle zu bringen. Es gab Versuche, den marodierenden Seestern mit einer Vielzahl von Giften zu töten: mit Formaldehyd, Kupfersulfat und Natriumhypochlorid. Zwar bringt die Methode den gewünschten Erfolg, aber für einen großflächigen Einsatz ist sie zu teuer und zeitaufwendig.

Die zur Zeit billigste Methode besteht darin, daß interessierte Amateurtaucher die Seesterne von Hand absammeln. Auf den Malediven haben inzwischen mehrere Tauch-Ferienanlagen entsprechende Maßnahmen in ihrem Programm: Taucher bekommen einen Krebshaken und schützende Handschuhe, um den Seestern vom Riff abzubrechen; auf den Strand geworfen, trocknen die Seesterne aus. Allein in der Ferienanlage Nakatchafushi entfernten die Taucher 1990 rund 18 700 Seesterne. In beliebten Touristenregionen verhindert diese Symptombehandlung kurzfristig eine weitere Schädigung des Riffs.

Allerdings nur bis zur nächsten Massenvermehrung, denn die Ursachen werden dadurch nicht behoben.

Dornenkronensterne (Acanthaster planci) – auf der linken Seite eine Gruppe in einem australischen Riff – können, wenn sie zahlreich auftreten, große Schäden in Riffen anrichten. Oben: Eine Dornenkrone frißt an einer Koralle und läßt das nackte Skelett zurück.

Rechts: Ein Tritonshorn greift einen Seestern an. Große Mengen dieser schönen Meeresschnecken wurden für den Muschelhandel gesammelt, was lange Zeit als Grund für das Überhandnehmen der Dornenkrone galt. Entscheidender ist wahrscheinlich jedoch, daß die Fischarten, die sich von diesem Seestern ernähren, zu stark befischt werden.

Natürliche Feinde

Der Dornenkronenseestern ist nicht das einzige Tier, das Korallen angreift. Seeigel, andere Seesterne, einige Mollusken, Fische, Einsiedlerkrebse und Würmer ernähren sich von Korallen, doch gewöhnlich nicht in großem Maße. Massenvermehrungen der korallenfressenden Schnecke *Drupella* haben in der Karibik, in Japan und Mikronesien in den frühen 80er Jahren lokal immer wieder Schäden an Riffen hervorgerufen. Einige Riffe sind von dem Schwamm *Terpios* überzogen, der Korallen und festsitzende Tiere abtötet; an einem Standort auf Guam breitete er sich über einen Kilometer des Riffs aus und verhinderte für etwa 13 Jahre die Wiederbesiedlung durch Korallen. *Terpios* kam in der Vergangenheit auch auf Riffen auf Amerikanisch-Samoa, Belau und den nördlichen Marianen vor, doch in jüngster Zeit verursachte er dort keine Probleme. Auf den Malediven beeinflußte die sich ausbreitende Seeanemone *Rhodactis* einige der nördlichen Riffe: Die Korallen können sich nicht absetzen und ihre Kolonien sich nicht ausbreiten.

Unter normalen Bedingungen wirken algenweidende, korallenfressende Tiere positiv auf das Riff, denn kleine Störungen tragen zu seiner Vielfalt bei: Die Tiere halten die Algen unter Kontrolle und schaffen Platz für neues Korallenwachstum. Indem sie tote Korallenskelette, Weichtierschalen und Kalkalgen abtragen, bilden sie Sand und Sedimente. Wenn sich ihre Populationen jedoch stark vergrößern, kann dies ernste Schäden hervorrufen und die Erholung von anderen Schäden verzögern.

Der weidende Kugelfisch zum Beispiel verzögerte die Erholung einiger Riffe, die vom El Niño der Jahre 1982/83 zerstört wurden. Der ehemalige Nahrungsspezialist hat sich – vermutlich durch schwindendes Nahrungsangebot ausgelöst – daran angepaßt, sich heute von vielen verschiedenen Korallenarten zu ernähren. Oft rücken zahlreiche Freßfeinde kleinen Korallenkolonien zu Leibe, bevor sie sich etablieren können. Auf Jamaica verzögerten korallenfressende Schnecken, Würmer und Seeigel die Erholung der Riffe vom Hurrikan «Allen».

Die Zahl der Seeigel, die ein gesundes Riff tragen kann, scheint besonders gut ausbalanciert zu sein. In den 70er und 80er Jahren nahm in der Karibik die Zahl der gefährlich aussehenden, schwarzstacheligen *Diadema* zu. Die Dichten betrugen bis zu 80 Seeigel pro Quadratmeter. Wenn eine solch gewaltige Menge von Seeigeln im Riff weidet, befreit sie die Riffe nicht nur von Algen, sondern sie trägt auch die Korallen ab: jährlich bis zu sechs Millimeter der Riffoberfläche. Ehe sich jedoch irgendwelche Schäden zeigten, starben die Seeigel in Massen, so daß manche Populationen ganz verschwanden, andere auf weniger als ein Zehntel ihrer einstigen Größe schrumpften.

Wie stark die jeweiligen Populationen in der Karibik dezimiert wurden, hing eng mit der Wasserzirkulation zusammen. Daher liegt der Schluß nahe, daß ein Krankheitserreger im Wasser den Seeigeln den Garaus machte. Auf einigen Riffen verschwanden die Seeigel 1985 völlig, als Folge nahmen die Algen überhand. Schwämme, Kalkalgen und Korallenarten, die mit den Algen nicht konkurrieren konnten, verschwanden. Bis heute haben sich die Seeigelbestände der Karibik noch nicht vollständig erholt.

Inzwischen nehmen bestimmte Seeigelarten in anderen Regionen zu und rufen Schäden an den dortigen Riffen hervor. Auf Mauritius, in Kenia und im Roten Meer tragen die Seeigel Riffe ab. Nachdem der El Niño im

Kugelfische wie Arothron nigropunctatus (links) zählen zu den wenigen Freßfeinden von Seeigeln. Werden sie durch Fischfang zu stark reduziert, nehmen die Seeigel leicht überhand.

Rechte Seite: Von einem Bakterium verursachte Schwarzbandkrankheit. Die Korallen bleichen aus und sterben ab.

Wenn Seeigel (Diadema) plötzlich in Massen auftreten, verursachen sie große Schäden an Riffen.

östlichen Pazifik mehrere Riffe zerstört hatte, vermehrten sich die Seeigel dort massenhaft, denn auf den toten und ausgebleichten Korallen breiteten sich Algen – Hauptnahrung der Seeigel – ungehindert aus. Auf den Galapagos Inseln weiden Seeigel in so gewaltigen Mengen, daß in einigen Gegenden das Korallenwachstum völlig verhindert wird. Im Roten Meer oder in Kenia könnte die Massenvermehrung von Seeigeln durch Überfischung von Drücker- und Kugelfischen ausgelöst worden sein, die zu den Freßfeinden der Seeigel gehören.

Korallenkrankheiten

Auf den Riffen der Florida Keys vernichteten Krankheiten riesige Flächen der Elchgeweihkoralle. Die zierlichen Zweige des Elchgeweihs bedeckten 1981 an manchen Stellen bis zu 96 Prozent des Riffs. 1986 waren es nur noch drei Prozent.

Zwei Hauptkrankheiten der Korallen sind bekannt. Beide sind in der Karibik weit verbreitet und wurden jüngst auch im Roten Meer entdeckt. Die Schwarzbandkrankheit wird durch ein Bakterium hervorgerufen, das an den befallenen Stellen ein schwarzes Geflecht aus feinen Fäden bildet. Ein Gift scheint das Korallengewebe abzutöten. Die Krankheit tritt vor allem bei den massiven Hirnkorallen auf und häufig in Riffen, die zusätzlich durch Ausbleichung oder anderen Streß geschwächt sind. Die Weißbandkrankheit befällt vorwiegend verzweigte Korallen: Sie tötet und bleicht das Gewebe in Teilen der Kolonie und hinterläßt ein weißes Skelett. Der Erreger ist unbekannt.

Krankheitsähnliche, möglicherweise auch durch Streß hervorgerufene Phänomene wurden aus der Karibik und von Hawaii berichtet: Korallen mit Neoplasma, das heißt mit krebsartigem Wachstum, deren Skelette klumpenförmige Wucherungen bildeten. Über die Ursachen ist wenig bekannt. Ebenso unklar ist, warum einige Korallen gegen Krankheiten resistent zu sein scheinen. Sollten Krankheiten wirklich durch Streß ausgelöst werden, könnten sie sich noch weiter ausbreiten. Wie beim Massensterben der Seeigel in der Karibik könnten sich die Krankheitserreger weiträumig verbreiten und – da die Ozeane untereinander in Verbindung stehen – weltweit andere Bestände

infizieren. Derselbe Mechanismus, der es den Korallen erlaubt, die Ozeane weiträumig zu besiedeln, könnte auch den Keim ihrer Zerstörung in sich tragen.

In Florida gab es Versuche, die Ausbreitung der Weißband- und Schwarzbandkrankheit einzudämmen oder zu heilen. Eine Technik besteht darin, das kranke Gewebe aus der Koralle zu saugen und an Land zu bringen. Bei einer anderen Methode wird die infizierte Stelle mit Töpferton oder Zement zugedeckt. Beide Techniken sind teuer, zeitaufwendig und nicht geeignet, größere Flächen eines kranken Riffs zu behandeln.

Störung des ökologischen Gleichgewichtes

Hurrikane und Freßfeinde sind natürliche Störungen und Teil des normalen Lebenszyklus im Riff. Die Kombination aus natürlichem und menschengemachtem Streß aber kann verheerend wirken. Die Fähigkeit eines Riffs, sich von einer natürlichen Störung zu erholen, wird durch menschlichen Einfluß leicht zunichte gemacht. Riffe können einzelne, isolierte Katastrophen überleben, etwa einen Hurrikan oder auch eine dauerhafte Belastung auf niedrigem Level, zum Beispiel weidende Seeigel. Sie haben eine erstaunliche Regenerationsfähigkeit, vorausgesetzt, daß der Streß und die Störungen nicht über einen längeren Zeitraum andauern. Wenn jedoch mehrere Streßfaktoren gleichzeitig wirken, wird die Situation für die Riffe rasch kritisch.

Der Unterschied zwischen einer einzigen und mehreren Störungen läßt sich gut am Beispiel zweier sehr ähnlicher Korallen-Cays und ihren Plattformriffen verdeutlichen. Heron Island und Green Island liegen beide im Großen Barriere Riff. Die Riffe um Heron Island sind immer noch in gutem Zustand, obwohl die Insel schon seit fast 40 Jahren den Touristen als Ferienort dient. Die Riffe um Green Island, das ebenfalls seit Jahrzehnten von Touristen besucht wird, haben sich dagegen nie vollständig von zwei Massenvermehrungen des Dornenkronenseesterns in den 60er und 80er Jahren erholt. Die störenden Einflüsse des Tourismus scheinen hier ausgereicht zu haben, um die Erholung nach der Invasion der Seesterne zu verhindern. Durch die küstennahe Lage von Green Island – Heron Island liegt seewärts – wird sein Riff zudem eher mit Nährstoffen belastet, die von den Zuckerplantagen und der intensiven Landwirtschaft auf dem Festland von Queensland ins Meer gespült wurden.

Links: Auf den ersten Blick erscheint dieses Riff im Arabisch-Persischen Golf gefährdet. Doch gesunde Korallen können eine Attacke natürlichen Ursprungs gut überleben. Dichte Algenteppiche (Colpomenia und Giffordia) überziehen das Riff im Winter, doch im späten Frühjahr, wenn die Temperaturen steigen, sterben sie ab. Die hier außerordentlich resistenten Korallen können sehr große Temperaturschwankungen überstehen: von etwa 13 Grad im Winter bis 38 Grad im Sommer.
Rechte Seite: Dieser blaugestreifte Grunzer (Haemulon sciurus) ist ein beliebter Speisefisch, der Ciguatera, eine Form der Fischvergiftung, übertragen kann.
Rechts unten: Raketenabschußrampe und Kontrollstationen auf dem Kwajalein Atoll der Marshall Inseln: Nach dem Bau militärischer Einrichtungen trat in der Region gehäuft Ciguatera auf.

Ciguatera

Ciguatera ist die am weitesten verbreitete Form der Fischvergiftung in den Tropen, von Küstenbewohnern und Seeleuten gleichermaßen gefürchtet. Mindestens seit dem 16. Jahrhundert bekannt, kommt sie vorwiegend in der Karibik und dem Pazifischen Ozean vor. Manches deutet darauf hin, daß Ciguatera-Epidemien häufiger werden und ein Zeichen für die bedrohte Gesundheit der Korallenriffe sind. Ciguatera wird durch Gifte – oder ein Gift – hervorgerufen, das von winzigen Pflanzen, Dinoflagellaten (am häufigsten *Gambierdiscus toxicus*) produziert wird, die auf den Algen der Riffe leben.

Die rund 400 Fischarten, die sich von Algen ernähren, nehmen das Gift auf, und von ihnen gelangt es weiter in die sie fressenden Raubfische. Viele von ihnen sind als Speisefische beliebt, das Gift ist in ihnen bereits so hoch konzentriert, daß es eine deutliche Wirkung erzielt. Aber auch pflanzenfressende Fische können vergiftet sein. Zu den häufig von Ciguatera befallenen Fischen gehören Zackenbarsche, Meerbarben, Papageifische, Drückerfische, Doktorfische, Lippfische, Kaiserfische, Barakudas, Schnapper und verschiedene Makrelenarten – sie alle werden regelmäßig von Menschen gegessen. Wandernde Fische, unter ihnen viele fleischfressende Arten, verbreiten die Ciguatera überregional. In der Karibik sind die kommerziell verwerteten Schnapperarten und die Zackenbarsche dafür berüchtigt, das heimtückische Gift zu enthalten – wegen dieses Risikos finden sie häufig keine Käufer.

Ciguatera läßt sich weder am Geschmack noch am Geruch erkennen und kann für den Menschen extrem unangenehme Folgen haben. Die Symptome setzen zwischen sechs bis zwölf Stunden nach dem Verspeisen des Fisches ein: Durchfall, Magenkrämpfe und Übelkeit. Die Beeinträchtigungen des Nervensystems äußern sich in Schwindelanfällen, einem prickelnden oder tauben Gefühl in Mund, Händen und Füßen. Außerdem folgen Kopfschmerz, Hautausschlag, Muskelschwäche, Jucken und Schweißausbrüche. In ernsten Fällen kann es zu Schock, Lähmung und – selten – auch zum Tod kommen. Die Genesung setzt in leichten Fällen innerhalb von zwei Tagen bis zu einer Woche ein, in schweren innerhalb mehrerer Wochen. Wer erkrankte, ist durch den Verzehr sensibilisiert, so daß nachfolgende Vergiftungen schlimmere Folgen haben als die erste.

Die Symptome sind äußerst verschieden und scheinen davon abzuhängen, welchen Fisch man gegessen hat. Das spricht dafür, daß mehrere Giftstoffe im Spiel sind. Jedes Jahr erkranken etwa zwei von 1000 Einwohnern des Pazifischen Ozeans an Ciguatera; da viele Fälle nicht gemeldet werden, könnte der Anteil zehnmal höher liegen. In der Karibik liegen die gemeldeten Fälle, so zum Beispiel auf den amerikanischen Jungferninseln zu Beginn der 80er Jahre, bei bis zu 4,2 pro tausend Menschen.

Trotz intensiver, noch andauernder Forschung wurde bislang kein Gegengift gefunden. Nur Mannitol, ein Alkohol, kann einige der Symptome lindern. In einigen Küstengemeinschaften gibt es jedoch traditionelle Heilmittel, die wirksam sein sollen – Pharmakologen in Australien und Neukaledonien untersuchen sie auf mögliche Wirkstoffe. Seit die traditionelle Lebensweise in vielen tropischen Inselländern der Vergangenheit angehört, wuchs die Abhängigkeit der Einheimischen von den städtischen Fischmärkten. Da sie die Fische nicht mehr selber fangen, ging das überlieferte Wissen verloren, wie die Ciguatera zu vermeiden ist. Die Vorsichtsmaßnahmen reichten vom Verzicht auf den Fischfang in befallenen Riffen über das Nichtverzehren möglicherweise giftiger Fischarten bis hin zu praktischen Aktionen: Die Hauskatze bekommt als «Vorkosterin» ein Stück des Fisches – und das Ergebnis wird abgewartet.

Tritt Ciguatera auf, kann dies eine Reihe von weitreichenden, indirekten Auswirkungen haben. Die Furcht vor dem Gift und die Notwendigkeit, Fische nach einem Massenausbruch der Krankheit zu meiden, machte die Menschen in zunehmendem Maße von eingeführter Nahrung abhängig. Das wirkt auf die einheimische Wirtschaft zurück und kann die Entwicklung der Fischerei in schwerwiegender Weise hemmen. Selbst das Touristengewerbe ist zuweilen betroffen.

In den letzten Jahren scheinen in manchen Gegenden immer mehr Menschen an Ciguatera zu erkranken. Dies mag aber auch schlicht daran liegen, daß heute mehr über die Krankheit berichtet wird, weil sich mehr Menschen auf der Suche nach Hilfe an die Krankenhäuser wenden. Wissenschaftler, die Ciguatera untersuchen, machen jedoch auf einen besorgniserregenden Zusammenhang aufmerksam: Viele der ernsteren Ausbrüche gehen mit Störungen im Riff einher. Ciguatera bricht nicht zwangsläufig dort aus, wo das Riff unter Streß steht. Die Epidemien korrelieren aber mit Hurrikanen, Stürmen, Süßwassereinspülungen, Schiffswracks, Ablagerung von Müll, Sprengungen und Baumaßnahmen.

Hinweise auf eine Verbindung zwischen Riffzerstörung und Ciguatera wurden zuerst auf dem Hao Atoll in Französisch-Polynesien bekannt. Zwischen 1966 und 1968 erkrankten etwa 280 der 650 Einwohner. Kurz zuvor hatten die Franzosen auf den Atollen von Moruroa und Fangataufa eine Zwischenbasis für Atomtests errichtet, mit einem Armeelager für 2000 Soldaten, einem großen Flugplatz und einer 3500 Meter langen Rollbahn. Dazu baggerten sie große Mengen an Korallen aus. In den 60er und 70er Jahren brach die Krankheit nach ähnlichen Bauten auf den Gambier Inseln und damit wieder in Französisch-Polynesien aus. Nach den Gambier Inseln erhielt der Dinoflagellat *Gambierdiscus toxicus*, der die Ciguatera verursacht, seinen Namen. Zwischen 1968 und 1987 gab es auf Mangareva, der größten der Inseln, 3000 Fälle von Fischvergiftung – zeitgleich mit dem Bau militärischer Einrichtungen.

Werden Riffe zerstört, vermehren sich meist verstärkt auch Algen, so daß der Lebensraum der giftigen Dinoflagellaten vergrößert wird. Warum Ciguatera bei einigen der Störungen auftritt, bei anderen nicht, ist völlig ungeklärt. Im pazifischen Raum gingen viele der Krankheitsausbrüche mit intensiven militärischen Aktionen einher, auch dafür bleiben die Gründe unklar. Eine Erklärung könnte sein, daß dort, wo sich das Militär niederläßt, die Auswirkungen auf das Riff und die Gesundheit der heimischen Bevölkerung besser dokumentiert werden. Wissenschaftlergruppen haben sowohl in den amerikanischen wie französischen Territorien des Pazifischen Ozeans gearbeitet. Es ist sehr wohl möglich, daß der Ausbruch der Krankheit auch anderswo mit Riffschäden einhergeht, daß aber das zeitliche Zusammentreffen niemals bekannt wurde.

Ein Streitpunkt ist die Frage, ob beim Ausbruch der Ciguatera in Französisch-Polynesien Radioaktivität eine Rolle spielt: Die Krankheit schien sowohl beim Bau von Militärbasen wie bei der Entwicklung der Atomtestprogramme verstärkt aufzutreten. Schiffe, während der oberirdischen Atomtests auf Moruroa kontaminiert, wurden danach in der Lagune von Mangavera gewaschen. Hier landeten auch alle Abfälle, ohne vorher auf Radioaktivität untersucht worden zu sein. Auf den Marshall Inseln, auf denen jährlich mindestens drei Fälle von Ciguatera auf 1000 Einwohner bekannt werden, stehen die Erkrankungen möglicherweise sowohl mit militärischen Aktivitäten als auch mit den Atomtests auf den Atollen von Kwajalein, Bikini und Enewetak in Zusammenhang.

Nach Ansicht von Einheimischen und Umweltschützern im Pazifischen Ozean ist Ciguatera in jedem Fall eine menschliche Tragödie, die – meist verdeckt – unmittelbar mit den Militäraktionen zusammenhängt. Wo immer die Krankheit auftaucht, signalisiert sie, daß mit den Riffen etwas nicht in Ordnung ist. Vieles deutet darauf hin, daß der Mensch in den meisten Fällen dafür verantwortlich ist.

Viertes Kapitel

ENTWICKLUNG UND VERSCHMUTZUNG

VERMEIDEN IST DIE BESTE CHANCE

In den 60er Jahren des vorigen Jahrhunderts besuchte der Biologe Sir Alfred Russell Wallace die Ambon Bay auf der Insel Ambon – damals noch Amboyna – in Ostindonesien und war von der üppigen Vielfalt der Flachwasserriffe überwältigt. «Die Klarheit des Wassers gewährte mir einen der erstaunlichsten und schönsten Anblicke meines Lebens», schrieb er. «Der Meeresboden verschwand völlig unter einer durchgehenden Schicht von Korallen, Schwämmen, Seeanemonen und anderen Lebewesen des Meeres, alle in unglaublichen Dimensionen, verschiedensten Formen und in den leuchtendsten Farben... Unzählige blaue, rote und gelbe Fische, auf bemerkensweteste Weise gefleckt, gebändert und gestreift, schwammen ein und aus... Ich hätte diesen Anblick, dessen unübertrefflicher Schönheit und Reiz keine Beschreibung gerecht werden kann, stundenlang genießen können. Ausnahmsweise überstieg die Realität die glühendsten Beschreibungen der Wunder des Korallenmeeres, die ich gelesen hatte... vielleicht gibt es keinen Ort auf der Welt, der reicher ist an Meeresgeschöpfen, Korallen und Fischen als der Hafen von Amboyna.» Soweit das heute noch nachvollzogen werden kann, beschrieb Wallace ein Riff in seinem fast unberührten Zustand.

Knapp ein Jahrhundert später entdeckten Meeresbiologen bei der Untersuchung von Riffen in der Ambon Bay, daß an der Außenseite der Bucht einige Riffe immer noch in gutem Zustand waren. An anderen Stellen waren jedoch große Korallenflächen gesprengt oder unter Schlick und Abfall der inzwischen dicht besiedelten Küste begraben worden. Im Jahre 1984 besuchte eine Expedition niederländischer und indonesischer Wissenschaftler dieselbe Region und fand in der gesamten Bucht nur noch 15 Korallenarten. In anderen Riffen auf nahegelegenen Inseln lebten hingegen 70 oder mehr Arten.

Die Ambon Bay ist ein typisches Beispiel dafür, wie durch Entwicklungsmaßnahmen an den Küsten die nahegelegenen Riffe zerstört werden. Schon immer hat es die Menschen an die Küsten gezogen: Deren fruchtbare Ebenen bieten ihnen gutes Ackerland und die flachen Gewässer des Kontinentalschelfs reiche Fischgründe. Mit der Ausweitung des Meereshandels begann der Bau von Häfen, und Städte wurden häufig in Flußdeltas gegründet, die eine gute Verbindung zu flußaufwärts gelegenen, inländischen Regionen garantierten.

Rechte Seite: Eine Mole und ein Bootskanal wurden mitten durch die Riffe von Tarawa gebaut, eines der vielen Atolle, die die Republik Kiribati im Pazifischen Ozean bilden. Schon kleinere Baumaßnahmen können die Gesundheit der Korallen beeinträchtigen.

Die Riffe von Indonesien faszinierten frühe Naturforscher mit ihrer Vielfalt und mit ihren exotischen und farbenprächtigen Bewohnern – hier ein Zwergfeuerfisch (Dendrochirus biocellatus).

In vorindustrieller Zeit bereiteten diese Ansiedlungen der Natur nur wenige Probleme, doch zusammen mit moderner Industrie und einer schnell wachsenden Bevölkerung werden die Küstenökosysteme zunehmend belastet. Die augenblickliche Weltbevölkerung liegt bei 5,3 Milliarden Menschen, davon leben drei Milliarden in Küstennähe. Bis zum Jahr 2050 wird die Küstenbevölkerung auf fast 7,2 Milliarden anwachsen, wobei die größte Zunahme in den armen Ländern der Tropen zu erwarten ist. Und gerade die armen Länder der Dritten Welt mit starkem Bevölkerungswachstum sind es dann auch, die immer ärmer werden und sich aus existentieller Not den «Luxus» von Umweltschutzmaßnahmen nicht leisten können. Der Teufelskreis besteht darin, daß fehlender Umweltschutz die Lebensgrundlagen zerstört und die existentielle Not verschlimmert.

Küstenriffe und andere mit ihnen in Verbindung stehende Lebensräume, wie Mangroven und Seegraswiesen, werden durch diese Entwicklung zunehmend belastet. Viele wurden durch die Erschließung von Küsten vollständig zerstört – Häfen, Flughäfen, Fremdenverkehrseinrichtungen, städtische und industrielle Komplexe wurden im wahrsten Sinn des Wortes direkt auf das Riff oder in Flachwasserzonen gebaut. Auch Mangrovensümpfe oder Seegraswiesen sind davon betroffen. Mit den Baumaßnahmen gehen weniger sichtbare, schleichende Schäden einher. Als Nebeneffekt vieler menschlicher Aktivitäten werden Chemikalien und Sedimente zu den Riffen gespült.

Darüber hinaus gibt es Formen von Umweltbelastungen, die weniger gut erforscht sind. Nicht selten wird beispielsweise die natürliche Wasserzirkulation durch das Ausbaggern von Kanälen und ins Riff gebaute Molen gestört. Wahrscheinlich ändert sich dadurch die Verteilung von Sauerstoff und Nahrung für die Riffbewohner, und der Transport von Larven kann beeinflußt werden, möglicherweise wird die Wiederbesiedlung durch neue Tiere verhindert.

Schätzungsweise 40 Prozent der Verunreinigungen im Meer kommen vom Land. Ein Großteil davon – etwa 90 Prozent – reichert sich in den Küstengewässern an und wird nicht ins offene Meer gespült, so daß Riffe und andere Lebensräume im Flachwasser betroffen sind. Die küstennahen Saum- und Fleckenriffe sind in besonders hohem Maß gefährdet. Aber auch küstenferne Riffe werden geschädigt, wenn sie im Bereich von Strömungen liegen, die Schlick und Schadstoffe zu ihnen verfrachten.

Alle heutigen Bevölkerungs- und Industriezentren, selbst landwirtschaftlich genutzte Regionen, erzeugen Müll und Abwässer. In Küstenregionen wird der Abfall gewöhnlich ins Meer gekippt, und in vielen Fällen sind die Auswirkungen auf die tropischen Küsten noch weitgehend unbekannt. Soweit Untersuchungen durchgeführt wurden, kamen sie oft zu einander widersprechenden Ergebnissen. Es ist daher schwierig, die Bevölkerung davon zu überzeugen, möglicherweise schädliche Verhaltensweisen zu ändern.

Wie schwerwiegend eine bestimmte Form der Umweltverschmutzung tatsächlich ist, hängt nicht allein von der Menge des Mülls oder Giftes ab, sondern auch von anderen Variablen, zum Beispiel dem Wetter. Im offenen Meer und an Küsten mit gutem Wasseraustausch werden Schadstoffe viel leichter verteilt als in abgeschlossenen Buchten und Lagunen. Besonders kompliziert ist es, die Auswirkungen verschiedener Schadstoffe voneinander zu unterscheiden. Abwässer liefern dafür ein gutes Beispiel: Die in ihnen enthaltenen Nährstoffe können die Korallen ebenso schädigen wie die Chemikalien, die zur Aufbereitung des Abwassers verwendet werden.

Eine einmalige, nur über kurze Zeit wirkende Umweltverschmutzung kann zeitlich begrenzte, lokale Schäden – und oftmals breite Aufmerksamkeit in den Medien – hervorrufen, das betroffene Riff erholt sich jedoch unter Umständen überraschend schnell. In den frühen 80er Jahren lief ein griechischer Frachter im Riff einer nordwesthawaiianischen Insel auf Grund. Die Mannschaft warf 2200 Tonnen pulverisierten Kaolin-Mergels über Bord, um das Schiff wieder flott zu machen. Der gelöste Mergel trieb in riesigen Schwaden vom Unfallort ab und rief beträchtliche Aufregung in der Öffentlichkeit hervor. Tatsächlich war das Riff zwei Wochen später in einem Umkreis von 50 Metern um den Katastrophenort stark zerstört, doch darüber hinaus gab es keine An-

Entwicklung und Verschmutzung

zeichen von Schlick: Meeresströmungen hatten ihn vollständig verteilt. Beständige, chronische Umweltverschmutzungen dagegen können enorme Schäden bewirken, selbst wenn die jeweils ins Meer entlassene Schadstoffmenge gering ist. Wiederholt aus Raffinerien sickerndes Öl ist gefährlicher als die bloße Menge vermuten läßt.

Die verheerende Wirkung vieler Schadstoffe ist nur schwer meßbar, ihre genaue Herkunft kaum feststellbar. Doch ist bekannt, daß viele in Industrie, Haushalt und Landwirtschaft verwendete Substanzen der menschlichen Gesundheit abträglich sind und natürlichen Lebensräumen Schäden zufügen. Es ist ausgesprochen wichtig für die Zukunft der Riffe, alternative Erschließungsmethoden und unschädliche Ersatzstoffe zu entwickeln.

IM SCHLICK ERSTICKT

Korallen müssen eine bestimmte Menge an Schlick tolerieren können, denn auch unter natürlichen Bedingungen wirbeln Strömung und Wellen Sedimente vom Meeresboden auf, durch Sturm wird Erde abgetragen und ins Wasser gespült. Gezeiten und Strömungen waschen die Korallenkolonien normalerweise rasch wieder sauber. Manchmal unterstützen die Korallen diesen Prozeß durch Bewegungen der Polypen und ihrer Tentakel, oder sie bilden einen Schleim, an dem Sedimentpartikel hängen bleiben. Einige, wie *Goniopora* und *Euphyllia*, die zu den wenigen überlebenden Korallen in der Ambon Bay gehören, scheinen besonders schlicktolerant zu sein und sind in sehr schlammiger Umgebung zu finden. Wie sie

überleben, ist noch unklar. Immerhin ist bekannt, daß große Polypen den Schlick leichter wieder abstoßen können. Manche Polypen haben die Fähigkeit, mehr Schleim zu produzieren, wenn sie mit Stoffen, die ihr Leben bedrohen, fertigwerden müssen. Welche Folgen sich allerdings für die Korallen langfristig ergeben, wenn sie wegen des erhöhten Sauerstoffwechsels mehr Energie verbrauchen, ist unklar.

Die meisten Korallen jedoch sind gegenüber hohen oder erhöhten Schlickmengen sehr empfindlich, sie werden rasch geschädigt oder sterben sogar ab. Von großen Sedimentmengen werden die Korallen regelrecht erstickt, Sauerstoff und lebenswichtige Nährstoffe können die Polypen nicht mehr erreichen. Außerdem dämmt schlickhaltiges Wasser das Sonnenlicht. Die Photosynthese der Zooxanthellen wird gehemmt, das Korallenwachstum verlangsamt. Sedimente, die auf der Riffoberfläche liegen, verhindern, daß junge Korallen anhaften und neue Kolonien bilden können, und sie verstopfen Spalten und Vertiefungen, die sonst Fischen und anderen Rifftieren als Verstecke dienen.

Die meisten schweren Sedimente, die sich auf Riffen ablagern, stammen vom Land. Die heftigen, in den Tropen regelmäßig niedergehenden Regenfälle bewirken, daß kahle Böden rasch abgetragen werden. Bergbau, Baugelände und Entwicklungsprojekte aller Art fördern die Erosion. Straßen auf Inseln werden heute üblicherweise entlang der Küstenlinie gebaut, damit Motorfahrzeuge auch jene Dorfgemeinschaften erreichen, die für Handel und Kommunikation ehemals auf Boote angewiesen waren. Zu Beginn dieser Entwicklung waren die Straßen wegen der teuren Straßenbeläge in der Regel nicht ge-

Oben: Während einige Riffe ein bestimmtes Ausmaß an Sedimenten tolerieren, gehen die meisten, hier ein Riff auf Belau, zugrunde. Korallenlarven können die schlammige Oberfläche nicht besiedeln.

Rechte Seite oben: Elchgeweihkorallen (Acropora palmata) auf einer Riffkrone in der Karibik. Sie sind sehr empfindlich gegen Sedimentablagerungen.

Zwei Korallenarten, die besonders resistent gegen Schlickablagerungen sind: links Goniopora, rechts Euphyllia.

pflastert und bestanden aus Sand und Korallenschotter. Schon die Baumaßnahmen verursachten den Abtrag der Erde, doch auch die fertige Straße bringt Probleme mit sich: Der erste heftige Regenguß spült die unstabile Oberfläche ab, und das Sediment landet auf dem küstennahen Riff.

Durch den Bau einer einzigen Straße an der Südküste der Insel Guam starben mancherorts bis zu 95 Prozent der Korallen. In Nordqueensland, Australien, wurde in den frühen 80er Jahren am Küstensaum des Daintree-Regenwaldes eine Straße gebaut, die an einem steil zum Riff abfallenden Hang verläuft. Obwohl die Korallen hier sehr schlicktolerant erscheinen, dürfte die zunehmende Abspülung des Bodens sie an den Rand ihrer Existenzfähigkeit drängen. Wo Straßen in Riffnähe unbedingt notwendig sind, wäre eine feste Straßendecke die bessere Wahl – sie würde die entstehende Schlickmenge stark reduzieren.

Die Zerstörung der Regenwälder hat gezeigt, wie leicht der dünne, empfindliche Oberboden nach dem Roden durch Erosion verlorengeht. Für Riffe, die in der Nähe solcher Rodungsgebiete liegen, können die Auswirkungen verhängnisvoll werden – die Zerstörung der Wälder, die für sich genommen schon verheerend genug ist, wird mancherorts die Zerstörung von Riffen nach sich ziehen.

Häufig liegen die Ursprungsorte der Sedimente, die schließlich auf dem Riff landen, weit im Landesinnern; ein großer Teil des abgespülten Bodens wird von Bächen und Flüssen ins Meer geschwemmt. Brandrodungs-Ackerbau, intensive Landwirtschaft und Plantagenanbau können Bodenerosion katastrophalen Ausmaßes bewirken. In Kenia haben Rodung und Entwaldung von Hochlandregionen zu einem ungeheuren Verlust der oberen Bodenschichten geführt, die in die Flüsse Sabaki und Tana gewaschen wurden. Sie bringen jährlich bis zu 8,4 Millionen Tonnen Schlick ins Meer. Riffe im Norden Malindis, einige davon im Malindi Watamu Marine Park, sind heute so stark verschlickt, daß zuweilen nicht einmal die Fische im trüben Wasser zu erkennen sind.

Große Korallenflächen auf Riffen in der Karibik und an den pazifischen Küsten Costa Ricas wurden ebenfalls durch Schlick getötet, der Waldzerstörungen entstammt. An der

Diese Küstenstraße führt mitten durch einen Regenwald in Queensland, Australien. Sie ist ein Beispiel dafür, wie durch schlechte Bauplanung sinnlos Riffe geschädigt werden: Die Straße wurde nie fertiggestellt. Regen wäscht die Erde aus und spült sie zu den angrenzenden Riffen.

Pazifikküste fließt der Esquinas in den Golfo Dulce mit seinen einst gesunden Riffen. Die Wälder im Einzugsgebiet gingen im Vergleich zu den 40er Jahren auf zehn Prozent zurück. Stattdessen dehnen sich dort heute Bananenplantagen aus, und die Riffe in der Nähe der Flußmündung sind überwiegend tot. Die einzigen noch lebenden Riffe im Golfo Dulce liegen nahe der Mündung des Rincon, dessen Einzugsgebiet immer noch unberührten Regenwald trägt.

Ein Großteil des Bodens wird nicht durch die Rodung selbst abgetragen, sondern durch den dafür erforderlichen Bau von Straßen, Arbeitslagern und ähnlichen Einrichtungen. Besonders gefährlich sind Eingriffe an steilen Hängen. Genau das passierte in der Bacuit Bay auf der philippinischen Insel Palawan.

Schlamm von erodiertem Land, der mit dem Flußwasser bei Airai, Belau, ins Meer gespült wird – ein Anblick, der weltweit immer häufiger zu sehen ist. Mittlerweile wächst die Sorge über die Folgen der Bodenerosion; ihre Auswirkungen auf das Meeresleben werden jedoch häufig übersehen. Schlick verursacht großen Schaden in den sensiblen tropischen Riffen.

Massive Kalksteininseln ragen hier wie Pfeiler aus einer wunderschönen Bucht mit kristallklarem Wasser, die von steilen, bewaldeten Hängen umgeben ist. Unter Wasser bieten felsige Klippen festen Grund für blühende Korallenriffe mit einem Fischreichtum, der von einer kleinen, ansässigen Bevölkerung genutzt wird; die Bucht war als außergewöhnlich schönes Tauchrevier bekannt. 1985 begannen die Vorbereitungen für eine große Abholzaktion in dieser zuvor unberührten Region. Etwa drei Kilometer von der Küste entfernt wurde eine große Fläche für das Holzfällerlager gerodet und ein Netz aus nicht befestigten Zufahrtsstraßen durch den Wald angelegt. An der Küste schoben Bulldozer Erde den steilen Hang hinab ins Meer, um einen großen Landungssteg zur Verladung der schweren Maschinen und Holzstämme zu errichten. Innerhalb eines Jahres nahm die Verschlickung der Riffe in der Bacuit Bay auf das 200fache der normalen Rate zu, und einige der Riffe waren kurze Zeit später bereits tot.

Auf kleinen Inseln, auf denen flaches Land hoch im Kurs steht, werden Flughäfen häufig auf Riffdächer gebaut. Selbst wenn nicht schon während der Planierung das gesamte Riff zerstört wird, so tötet die Korallen schließlich der bei den Bauarbeiten entstehende Schlick. Der für Hongkong geplante und der für die Insel Ishigaki in Südjapan vorgeschlagene Flughafen dürften maßgebliche Auswirkungen auf die Riffe haben.

Auch Militärbasen wurden häufig auf abgelegenen Atollinseln angelegt. Die Baumaßnahmen, Ausbaggerungen und der entstehende Abfall hatten oft schwere Ablagerungen auf den umgebenden Riffen zur Folge. Im Pazifischen Ozean wurden Riffe während der Errichtung der amerikanischen Basen auf dem Johnston Atoll (siehe Kasten rechts), auf Palmyra, Wake und den Midway Atollen beschädigt, und im Indischen Ozean dürften britische und amerikanische Basen auf Diego Garcia, dem südlichsten Atoll auf den Chagos Inseln, schädigenden Einfluß auf die Riffe gehabt haben.

Mangroven fangen natürlicherweise einen Großteil abgespülten Bodens ab. Sie schützen daher die seewärts gelegenen Riffe. Häufig werden sie jedoch selber Opfer der Erschließung.

Das Greenpeace-Schiff «Rainbow Warrior» im Juni 1990 auf seiner Fahrt zum Johnston Atoll. Zweck der Reise: Protest gegen die Verbrennung chemischer Waffenrückstände.

Giftstofflager Johnston Atoll

Das zu den USA gehörende Johnston Atoll liegt 1300 Kilometer südwestlich von Hawaii im Pazifik. Ein Teil des Atolls wurde 1926 zum Schutzgebiet für einheimische Vögel erklärt, das heute den Namen *Johnston Atoll Wildlife Refuge* trägt. 1934 begann die militärische Nutzung der Insel. Damals war nur eine relativ kleine Landfläche vorhanden, doch der Landbedarf nahm so dramatisch zu, daß sie auf das Zehnfache ihrer ursprünglichen Größe angewachsen ist – zwei künstliche Inseln inbegriffen. Durch die dafür notwendigen Baumaßnahmen, in deren Rahmen die Lagune in starkem Maße ausgebaggert wurde, lagerten sich Sedimente auf den Riffen ab, die weite Gebiete zerstörten. Schätzungsweise 28 Millionen Quadratmeter des Riffs wurden ernsthaft geschädigt, weitere vier Millionen Quadratmeter vermutlich endgültig zerstört.

Der Militärstützpunkt spielte eine zentrale Rolle im Atomwaffentestprogramm der USA (1946–1963). 1972 wurden große Mengen des chemischen Entlaubungsmittels Agent Orange von Vietnam zum Johnston Atoll gebracht, um sie hier zu lagern. Über die Jahre hinweg gelangten sowohl Plutonium wie Dioxin bei einer Reihe von Unfällen in die Umwelt. Über das Ausmaß der Verseuchung ist wenig bekannt.

Gegenwärtig dient das Atoll dazu, den Prototyp einer Verbrennungsanlage zu testen, in der 400 000 auf der Insel gelagerte chemische Waffen verbrannt werden sollen, darunter 100 000, die 1990 von der Nato aus Westdeutschland abgezogen wurden. Seit 1983 haben *Greenpeace* und die meisten Pazifik-Länder massive Einwände gegen die Verbrennungsanlage erhoben. Ihr Hauptargument: Giftige Rückstände vergiften das Meerwasser und können sich in den Lebewesen des Meeres anreichern, so daß schließlich die gesamte Nahrungskette beeinträchtigt wird. Thermische Belastungen – ein Nebenprodukt des Verfahrens – können die Meerestemperatur so stark ansteigen lassen, daß sie von den Korallen nicht mehr verkraftet werden. Unabhängig davon droht täglich die Gefahr eines schweren Unfalls, der die Umwelt hochgradig verseuchen würde. 1986 erfuhr das *Johnston Atoll Wildlife Refuge* die zweifelhafte Ehre, vom *US Fish and Wildlife Service* in die Liste der zehn Gebiete unter amerikanischer Kontrolle aufgenommen zu werden, die besonders dringlich saniert werden müssen.

Die Regierung der USA reagierte auf die Vorwürfe von *Greenpeace* und den pazifischen Völkern mit dem Zugeständnis, daß die vorhandenen Waffenarsenale abgebaut, keine weiteren chemischen Waffen auf das Atoll gebracht und die Verbrennungsanlage demontiert werden sollen. Dennoch ist zu befürchten, daß die teure Anlage auch weiterhin eine Müllkippe für gefährlichen Schrott sein wird. *Greenpeace* setzt sich dafür ein, die Auswirkungen der Verbrennungsanlage auf Korallen und andere Meeresorganismen zu beobachten und bekannt zu machen.

GESUNDES LAND – GESUNDE RIFFE

Auf vielen pazifischen Inseln sind die Auswirkungen von Rodungen auf die Gesundheit der Küstengewässer seit langem bekannt. Auf einigen Inseln war das Land traditionsgemäß auf die Clans und Stammesgruppen aufgeteilt. Damit kontrollierte jede Gemeinschaft zumindest einen Teil des Wassereinzugsgebietes oberhalb der Küstenregion, in der ihr Fischereigebiet lag. In anderen Regionen waren die Gemeinschaften des Inlands den Küstenbewohnern zur Rechenschaft verpflichtet, wenn sie das Land durch unbedachte Nutzung schädigten. Eine Küstengemeinde in der Marovo Lagune auf den Salomonen drohte einem im Inland lebenden Stamm, der seine traditionellen Waldrechte an eine ausländische Holzfirma verkaufen wollte, Vergeltungsmaßnahmen an. Als Ausgleich für eine ausgewogene Waldpflege, die Riffe und Lagunen nicht schädigt, erlauben die Küstenbewohner den Inländern das Fischen in ihren Gebieten. Die Inlandbewohner werden ihre Fischrechte verlieren, wenn sie sich von dem ökonomischen Anreiz der Holzindustrie verführen lassen und ihre Wälder aufgeben.

Den Beteiligten muß deutlich gemacht werden, daß ihr Handeln mit der Gesundheit der Riffe in unmittelbarem Zusammenhang steht. Wenn die von der Entwaldung ausgehende Verschlickung verhindert werden soll, müssen Wälder auf steilen Hängen geschützt und ein geeignetes Waldmanagement durchgesetzt werden. Eine Strategie wäre es, Wälder nicht abzuholzen, sondern stattdessen Rattan oder Pflanzen mit medizinischem Wert zu «ernten». Wo Nutzholz geschlagen werden muß, sollte dies nur in kleinem Maßstab geschehen. Holzeinschlag nur durch Einheimische beeinflußt den Wald als Ganzes kaum.

Die großen kommerziellen Unternehmen dagegen, die in der Regel von Ortsfremden kontrolliert werden, roden die Wälder großflächig, um höhere Erträge zu erzielen. Werden die Flächen nach der Rodung landwirtschaftlich genutzt, kommen vielfach industriell gefertigte Dünger, Herbizide, Pestizide und andere landwirtschaftliche «Hilfsstoffe» zum Einsatz. Zusammen mit der erodierten Erde gelangen sie vom Hinterland der Küsten zum Meer und zu den Riffen. Eine Rückkehr zu traditionellen Methoden des

«Acker-Waldbaus» könnte auf einigen der pazifischen Inseln helfen, die Bodenerosion zu verringern: Die Nutzpflanzen werden zwischen Nutzholzbäumen angepflanzt, so daß der Boden bedeckt bleibt.

Mit einer Reihe weiterer Maßnahmen, die in Bergregionen verbindlich sein sollten, kann die Erosion zusätzlich eingedämmt werden: Dazu gehören das Pflanzen von verholzenden Arten entlang den Hängen, um den Boden in landwirtschaftlichen Regionen zu stabilisieren, und ein Rodungsverbot für natürliche Wälder entlang von Bach- und Flußufern. Die ökologische Bedeutung von Wäldern in der Nähe von Korallenriffen muß erkannt und bei Erschließungsplänen berücksichtigt werden.

Kleinbauern sollten darin bestärkt werden, den Boden mit minimalem Pflügeaufwand zu bearbeiten, etwa indem sie Pflanzensamen in Löcher einpflanzen, anstatt sie auf bearbeitetem, nacktem Boden zu verteilen. Wo intensiver Ackerbau betrieben wird, müssen Landwirte und Riffverwalter in einen Dialog treten. Praktiziert wird dies in Queensland in Australien: Die Verwaltung des Great Barrier Reef Marine Park stimmt mit Zuckerrohrbauern die bestmöglichen Methoden zur Verringerung der Düngermengen ab, die aus den riesigen Zuckerrohrfeldern entlang der Festlandsküste ins Meer gewaschen werden.

BAGGER IM RIFF

Riffe können auch darunter leiden, daß die normalerweise auf dem Meeresboden liegenden Sedimente zu sehr aufgewühlt werden. Das geschieht, wenn Hafenanlagen ausgebaggert werden, oder beim Abbau von Korallen und Korallenfelsen. Gewöhnlich sollen durch das Baggern Kanäle für die Schiffahrt freigeräumt, Yachthäfen und Hafenanlagen gestaltet werden. Für den Bau von Straßen, Rollbahnen und anderer Infrastrukturen an der Küste werden Sand und Korallenfelsen abgetragen. Während der Arbeiten können sich sehr große Mengen Schlick bilden, die durch Strömungen entlang der Küste verdriftet werden. So entstehen Schäden manchmal noch kilometerweit vom Ort der Ausbaggerungs- und Baumaßnahmen entfernt.

Als 1987 in Phuket in Thailand ein Tiefwasserhafen ausgehoben wurde, starben innerhalb eines Jahres mehr als ein Drittel der Korallen in den nahegelegenen Riffen ab. In diesem Fall waren die Auswirkungen von relativ kurzer Dauer, und die Riffe erholten sich innerhalb etwa eines Jahres, nachdem die Hafenanlagen fertiggestellt waren. Ohne Zweifel beruhte das vor allem auf der Tatsache, daß auf den Riffdächern Korallen der Gattung *Porites* mit kräftigen Formen dominierten, die zu den widerstandsfähigsten Korallen gehören: Selbst wenn nur ein kleiner Teil des lebenden Gewebes übrig bleibt, überwachsen neue Polypen ziemlich schnell die zerstörten Bereiche. Bei empfindlicheren Korallen wäre der Schaden von längerer Dauer, vielleicht unwiderruflich gewesen.

Während die Bagger am Werke sind und die Bauarbeiten durchgeführt werden, gibt es durchaus Möglichkeiten, die Schlickmenge, die bis zu den umgebenden Riffen dringt, zu begrenzen: Schutzschirme können errichtet und Absaugpumpen verwendet werden. Sie liefern zwar nie einen vollständigen, immerhin jedoch einen gewissen Schutz. Vorausgesetzt, sie werden richtig installiert und betrieben. Daher müssen die Arbeiter entsprechend ausgebildet werden. Wo immer möglich, sollten Yacht- und andere Häfen von der Landseite her ausgehoben werden. Das Meerwasser dringt erst ein, wenn die Arbeiten weitgehend abgeschlossen sind.

Oft werden Kanäle durch die Riffe gebrochen, damit die Schiffe bis zur Küste durchfahren oder im geschützten Lagunenwasser ankern können. Ganz unabhängig von der Verschlickung während der Bauarbeiten, können künstliche Kanäle die Wasserzirkulation, die Gezeitenströme und selbst den Wasserstand so stark verändern, daß die Korallen in dieser veränderten Umwelt nicht mehr überleben. So hatte zum Beispiel ein Bootskanal, der in den 40er Jahren durch ein pazifisches Riff in Nanumea auf Tuvalu gesprengt wurde, zur Folge, daß der Niedrigwasserstand in der Lagune absank. Dadurch starben sehr viele Korallen, und das Riff hatte sich selbst 40 Jahre später noch nicht erholt.

Wo Kanäle ausgebaggert werden müssen, sollten sie vor allem durch ohnehin zerstörte Bereiche des Riffs gebaut werden. Unter keinen Umständen sollten sie das offene Meer mit einer Lagune verbinden, deren Wasserstand bei Ebbe höher liegt als der Meeresspiegel. Die Lagune würde dann zwangsläufig entwässert. Außerdem kann darauf geachtet werden, Seitenwände und Böden der Unterwasserbauten reich zu strukturieren: Korallen und andere Rifflebewesen siedeln sich dann leichter wieder an.

BAUEN MIT KORALLEN – ABBAU VON KORALLEN

In Atollstaaten, die aus einer großen Wasserfläche und winzigen, darin verstreuten Inseln bestehen, ist das verfügbare Binnenland viel zu kostbar für den Abbau von Baumaterial. Selbst dort, wo Rohstoffe an Land vorhanden sind, liefern die Riffe immer noch die billigeren Baustoffe. Auf Chuuk in den Vereinigten Staaten von Mikronesien im Pazifischen Ozean kostet ein Kubikmeter zerkleinerten Felsens aus Steinbrüchen im Inland etwa 33 US Dollar, während ausgebaggerte Korallen und tote Korallenfelsen für nur die Hälfte zu haben sind.

Linke Seite: Durch Abholzungen verwüsteter Wald in der Provinz Milne Bay, Papua-Neuguinea. Straßen und Lager der Holzfirmen sind die schlimmsten Verursacher von Erosion und Schlick. Links: Eine Schlickbarriere soll den aufgewirbelten Schlamm – hier in Bonaire, Niederländische Antillen – abfangen. Sie mindert die Gefahr, daß sich der Schlamm in den nahegelegenen Riffen als Sediment absetzt und die Riffe zerstört. Oben: Arbeiter beim Abbau von Korallen auf den Malediven.

In der Vergangenheit wirkte sich die Verwendung von Korallen als Baumaterial relativ geringfügig aus, denn die Bevölkerungsdichte war niedrig, und Bauarbeiten fanden in relativ kleinem Maßstab statt. In den letzten Jahren jedoch hat der Abbau von Korallen drastisch zugenommen: eine direkte Folge des rasch wachsenden Tourismus und des Baus von Ferienanlagen.

Gewöhnlich ist es sehr einfach, Korallensteine direkt aus küstennahen Riffen zu entnehmen. Auf vielen Inseln rechtfertigen die Bewohner ihre Praxis damit, daß die Korallen schließlich wieder nachwachsen; häufig berücksichtigen sie aber nicht, daß die langsame Regeneration der Riffe bei einer hohen Entnahmerate nicht mit der Nachfrage Schritt halten kann. Zusätzlich schaden die Anwohner ihrer eigenen Fischerei, da der großflächige Abbau von Riffen auch Spalten und Überhänge beseitigt, so daß den Rifflebewesen die Verstecke fehlen und ihre Zahl abnimmt. Auf den Malediven leben in Riffen, deren Korallen abgebaut wurden, weniger Fische als in ungestörten Riffen. Besonders betroffen sind kleine Arten, die sich unter Flachwasserkorallen verstecken und die zudem als Köder für den kommerziellen Thunfischfang oder als Aquarienfische gehandelt werden.

Auf den Malediven wurden und werden Korallen traditionell von den Bewohnern der Insel Maamigili im Alifu Atoll abgebaut und an die anderen Inseln geliefert. Doch die steigende Nachfrage läßt nach neuen Abbaumöglichkeiten suchen. In der maledivischen Hauptstadt Male werden Korallen vielfältig zum Straßenbau und für den Bau von Bürogebäuden verwendet, auf verschiedenen Inseln auch für Häfen und Molen. Über 93 000 Kubikmeter Korallenfelsen wurden in den letzten 20 Jahren aus den Riffen der Malediven abgebaut, vor allem im nördlichen und südlichen Male Atoll, wo sich Tourismus und dazugehörige Infrastruktur rasch entwickeln. Viele der abgebauten maledivischen Riffe zeigen selbst nach zehn Jahren nur minimale Anzeichen einer Erholung. Es dürften mehr als 50 Jahre bis zu ihrer Regeneration vergehen, und das nur unter der Voraussetzung, daß sie während dieser Periode nur geringfügig gestört werden. Einige werden sich nie mehr erholen. Schätzungsweise werden im Jahr 2014 alle Flachwasserriffe des nördlichen Male Atolls verschwun-

den sein, wenn der Abbau von Korallen im gegenwärtigen Tempo weitergeht. In anderen Regionen werden ebenfalls große Korallenmengen für die gleichen Zwecke entnommen: Auf Mauritius, Sri Lanka, den Komoren, in Indien, Malaysia, Indonesien, auf den Philippinen und auf vielen der pazifischen Inseln verursacht der Korallenabbau größte Schäden.

In Ländern, denen alternative Ressourcen für Baumaterialien fehlen, ist der Abbau von Korallen und Sand nur schwer zu verhindern. Auf den Malediven wird geplant, ein ganzes Riff zu «opfern», um andere weitgehend zu schonen. Das ausgewählte Riff, das weder von Fischern noch von Touristen genutzt wird, soll bis auf die fossilen Korallen, vielleicht bis 50 Meter tief unter den Meeresspiegel abgetragen werden. Schätzungsweise steht damit dem nördlichen Male Atoll Baumaterial für mindestens ein Jahrhundert zur Verfügung. Doch Ausrüstung und Technologie sind kostspielig und werden unvermeidlich von ausländischer Hilfe abhängen.

In vielen Ländern sind solche Pläne nicht durchführbar, so daß die Suche nach Alternativen besonders wichtig wird. In einigen Regionen wäre die Rückkehr zu mehr traditionellen Formen des Bauens eine gute Lösung. Schnell wachsende, heimische Bäume und Pflanzen – wie die Wedel der Kokospalmen – dienten seit langem als relativ zuverlässiges Baumaterial für Häuser in tropischen Ländern. Zwar würden die Gebäude nicht so lange halten, dafür aber könnten sie leicht erneuert werden.

Auf Sri Lanka wurden traditionell die im Inland gefundenen fossilen Korallenlagerstätten abgebaut. Während des Baubooms der 70er und 80er Jahre erschöpften sich diese Vorräte weitgehend. Der Grund: Die Weltbank hatte ein Wohnungsbauprogramm für die lokale Bevölkerung und die Entwicklung des Tourismus entlang der Südwestküste gefördert. Bis in die Mitte der 80er Jahre wurden jedes Jahr mehr als 2000 Tonnen lebender Korallen aus den Riffen entnommen. Von den Stränden stammten weitere 7000 Tonnen Korallenschutt. Dazu kamen die weiterhin verfügbaren 10 000 Tonnen aus den fossilen Lagerstätten. Doch damit nicht genug: Jährlich wurden zusätzlich mehr als 34 000 Kubikmeter Sand von den Stränden und küstennahen Regionen verbaut.

Seit 1983 sind der Abbau lebender Korallen und die Entnahme von Korallenschutt auf Sri Lanka verboten. Doch der Raubbau geht weiter, obwohl es im Inland Alternativen für Baumaterial gibt. Der Abbau ist ausgesprochen schwer zu verhindern, denn es lebten in den 80er Jahren mehr als 1000 Menschen von ihm. Da es keine geeigneten Arbeitsplätze in anderen Branchen gibt, konnte das Gesetz in der Praxis nicht durchgesetzt werden. Versuche, den Korallenabbau mit Strafen zu belegen und die Korallen zu konfiszieren, waren vor dem Hintergrund anhaltender Nachfrage und einer fehlenden Beschäftigungsalternative zum Scheitern verurteilt. Einigen Korallensammlern wurden andere Arbeitsplätze angeboten, doch die Akzeptanz war gering: Sie lagen zu weit im Landesinneren. Um den Korallenabbau erfolgreich zu unterbinden, müßten die Arbeiter und ihre Familien eine Chance haben, in ihrer Heimat beschäftigt zu werden.

Zwei der vielen tausend Lebewesen, die unter Überhängen, in Höhlen und Spalten Schutz suchen; sie verlieren ihn, wenn die Korallen abgetragen werden. Oben: Ein Schaukelfisch (Taenianotus triancanthus), der zuweilen seinen Körper wie ein schwankendes Algenblatt in der Strömung hin und her bewegt. Rechts: Ein Kofferfisch (Ostracion tuberculatus), dessen charakteristische Form durch schützende Knochenplatten zustande kommt. Sie machen den Fisch beinahe völlig starr; nur sein Maul und die Seitenflossen sind beweglich. Giftiger Schleim in seiner Haut schützt ihn vor Feinden.

Linke Seite: Abgebaute Korallenblöcke auf den Malediven trocknen am Ufer. Sie werden später zerkleinert und für den Mauer- und Hausbau verwendet.

Riffe als schützende Wellenbrecher

Riffe sind natürliche Wellenbrecher zwischen dem Meer und dem Land, sie bieten den natürlichen Lebensräumen auf dem Land und den dort lebenden Menschen Schutz. Durch den Abbau von Korallen wird das Grundgerüst des Riffs entfernt. Damit wird der natürliche Wellenbrecher zerstört oder zumindest geschwächt. Der Abbau bedeutet zugleich, daß in den Riffen nicht mehr jene Sedimente entstehen können, die auch den Sand der Strände bilden. Diese Strände schützen die Küsten ebenfalls, da große Brecher auf ihnen auslaufen, ohne den festen Kern der Insel anzugreifen. Je mehr die Riffe ihre Funktion als natürliche Wellenbrecher verlieren, um so wichtiger werden die Strände für das Leben an Land. Und wenn es, wie viele Wissenschaftler befürchten, richtig ist, daß mit der globalen Erwärmung die tropischen Stürme häufiger werden, dann macht der Abbau von Riffen flache Inseln zum schutzlosen Spielball haushoher Wellen.

Von Mai bis Oktober peitschen Wind und Regenfälle des jährlichen Monsuns die Südwestküste Sri Lankas. In den letzten 20 Jahren waren etwa 75 Prozent der Strände entlang dem 350 Kilometer langen Küstenstreifen zwischen Colombo und Hambantota von Erosion betroffen. Große Überschwemmungen haben Dorfbewohner getötet und Tausende wohnungslos gemacht. Ursache war vor allem eine schlecht geplante Küstenentwicklung, doch auch der Korallen- und Sandabbau trugen wesentlich dazu bei.

Der drohende Anstieg des Meeresspiegels als Folge einer globalen Erwärmung läßt die Erosion besonders in tief gelegenen Regio-

Links: Luftaufnahme vom One Tree Riff im australischen Großen Barriere Riff. Sie zeigt deutlich die Funktion der Riffe als Wellenbrecher: Das ruhige Wasser in der Lagune bleibt vom stürmischen Ozean unberührt. Rechte Seite: Faßförmige Schwämme; sie ernähren sich dadurch, daß sie kleine Partikel aus dem Wasser herausfiltern. Sie sind nicht auf sauberes Wasser angewiesen, so daß sie in stark mit Nährstoffen angereichertem Wasser leichter als Korallen überleben können.

nen zu einem Hauptproblem werden. Viele der in den Tropen lebenden Küstennationen sind arm, und der Bau künstlicher Deiche als Ersatz für zerstörte Riffe wäre, selbst wenn er funktionieren würde, für sie unerschwinglich.

Wird der Abbau von Korallen mit der erforderlichen Sorgfalt und in kleinem Maßstab betrieben, kann er sogar für das Leben im Meer förderlich sein. Werden geeignete Standorte ausgewählt und der Korallenfels so herausgebrochen, daß zwei bis vier Meter tiefe Löcher entstehen, zieht ein solches Riff Tiere auf der Suche nach Schlupfwinkeln an. Nach etwa 20 Jahren dürften sich an den Abbaustellen wieder üppige Riffgemeinschaften entwickelt haben.

Gift aus Rohren und Plantagen

Normalerweise sind die tropischen Gewässer, in denen Riffe gedeihen, sehr arm an Nährstoffen. Ins Meer geleitete Düngemittel und Abwässer enthalten jedoch sehr hohe Konzentrationen dieser Substanzen. Sie rufen die sogenannte Eutrophierung hervor, reichern also das Wasser mit Mineralien und organischen Nährstoffen, vor allem mit Nitraten und Phophaten an. Viele dieser Nährstoffe sind lebenswichtig, doch in zu großen Mengen führen sie zu einer Sauerstoffverarmung. Algen profitieren von dem hohen Nährstoffangebot und wachsen in großen Mengen heran. Wenn sie absterben, werden sie von Bakterien zersetzt, die dafür Sauerstoff benötigen und dadurch dem Wasser immer größere Mengen des lebenswichtigen Elements entziehen. Korallen können unter diesen Bedingungen nur schwer überleben. Hochkonzentrierte Nitrate sind giftig für sie, und Phosphate hemmen das Wachstum ihrer Skelette.

In nährstoffreichen Gewässern überwuchern bald Algen das Riff und beschleunigen das Korallensterben, weil sie das Sonnenlicht abschatten. Pflanzenfressende Fische und Seeigel können Algen zwar für eine Weile unter Kontrolle halten, doch in stark befischten Regionen oder dort, wo die Seeigelbestände abgenommen haben, sehen Riffe bald wie Algenwiesen aus.

Die Eutrophierung ist für Korallenriffe inzwischen ein globales Problem. Großen Anteil daran hat die Verschmutzung durch Abwässer. Milliarden Liter Abwasser werden weltweit täglich ins Meer gepumpt, oft kaum geklärt oder zusammen mit giftigen Chemikalien aus den Kläranlagen. Wenn überhaupt, wird das Wasser meist nur mechanisch und biologisch geklärt, wobei Bakterien, wie bei der natürlichen «Selbstreinigung» der Gewässer, organische Stoffe abbauen. Es gibt immer wieder Bestrebungen, in die Kläranlagen eine dritte Reinigungsstufe einzuführen, bei der das Wasser auch chemisch gereinigt wird. Durch sie können Nitrat- und Phosphatgehalte, die durch die biologische Reinigung eher noch ansteigen, stark herabgesetzt werden. Solche Anlagen sind jedoch so teuer, daß sie selbst in Industrieländern nur selten eingesetzt werden. Viele Kläranlagen entlassen nur teilweise geklärtes Abwasser, schadhafte Faulbehälter können ins Grundwasser lecken, und selbst einfache dörfliche Aborte laufen bei starkem Regen über. Solche Abwässer bergen für Menschen ein großes Gesundheitsrisiko, wenn sie im Bereich eines Abwasserkanals im Meer schwimmen. Menschen können sich mit Virus-Hepatitis, Cholera und Typhus infizieren. Deren Erreger sind auch in Miesmuscheln und Austern enthalten, die zur Nahrungsaufnahme das verschmutzte Meerwasser filtern. Unabhängig davon tragen Abwässer wesentlich zur Zerstörung von Riffen bei.

An offenen Küsten, die von starken Strömungen ausgewaschen werden, wirken sich die Abwässerkanäle weniger aus, wenn die Abwässer rasch vom Riff fortgetrieben werden. In abgeschlossenen Buchten oder im ruhigen, flachen Wasser von Lagunen hingegen hat die Verschmutzung durch Abwasser oft katastrophale Folgen für das Leben im Riff. Gut dokumentiert wird diese Art von Schäden durch das Beispiel der Kaneohe Bay auf der Insel Oahu, Hawaii, die in den letzten paar Jahrzehnten weiträumig erschlossen wurde. Die reichen, vulkanischen Böden der unteren Berghänge werden intensiv bewirtschaftet, eine Militärbasis am Ufer und neue Straßen wurden gebaut, damit die Pendler täglich nach Honolulu fahren können. 1970 lebten etwa 100 000 Menschen im Bereich der Bucht.

Zufällig ist in dieser Bucht auch das Meeresbiologische Institut der Universität Hawaii angesiedelt, so daß die Veränderungen im Riff umfassend untersucht werden konnten. In den frühen 70er Jahren wurde deutlich, daß Algen das Riff zu überwuchern begannen und die lebenden Korallen mehr und mehr abnahmen. Das Wasser in der Bucht, angereichert mit großen Mengen organischen Materials, trübte sich zunehmend ein. Im Jahre 1977 war das Wasser schließlich so schmutzig, daß selbst die Algen aus Lichtmangel abzusterben begannen. Stattdessen hatten sich auf dem Meeresboden zahlreiche Schwämme, Entenmuscheln und andere Organismen angesiedelt, die in nährstoffhaltigem Wasser gut gedeihen. Doch alle Organismen, die Licht zum Leben brauchen, waren verschwunden. Die Ursache des Problems: der Hauptabwasserkanal für die Bewohner der Region, der sich in das südliche Ende der Bucht entleerte.

Nach öffentlichen Protesten wurde der Kanal 1978 umgeleitet, so daß die Abwässer weit außerhalb der Bucht, in der Wegdrift von den Riffen, ins offene Meer flossen – eine übliche Methode, um die Umweltverschmutzung durch Abwässer zu vermindern. Als das Wasser wieder klarer wurde und die Nährstoffkonzentration der Bucht sank, kam es zu einem außerordentlichen Umschwung: Die Schwämme, denen die Nahrung fehlte,

verschwanden als erste. Vier Jahre später kehrten die Algen zurück, und schließlich, 1985, siedelten sich auch Korallen wieder an. Die Bucht war beinahe so sauber wie zuvor, die Riffe lebten wieder auf.

Leider ist die Geschichte damit noch nicht zu Ende, ein Happy-End keineswegs gesichert. Ohne ersichtlichen Grund nahm die Zahl der Algen 1990 wieder zu. Vielleicht liegt die Urache in den zunehmenden Sedimenteinschwemmungen von Bauarbeiten an der Küste oder in den Kunstdüngern, mit denen die Golfplätze behandelt werden. Doch die Suche nach den Ursachen erweist sich als sehr schwierig.

Wie sich die verlängerte Abwasserleitung auf die Außenseite der Kaneohe Bay auswirkt, ist bislang nur wenig bekannt. Zwar beeinflußt das Abwasser nun nicht mehr die Riffe in der Bucht. Doch die Tatsache, daß die Umleitung des Abwasserrohres als akzeptable Lösung empfunden wird, offenbart eine Einstellung, die viele Umweltschützer für grundsätzlich falsch halten. Große Mengen Frischwasser zu verwenden, um menschliche Exkremente fortzuspülen, ist eine recht neue Praxis. Sie kam in den reichen westlichen Industrieländern des 19. Jahrhunderts auf, um der mangelnden Hygiene und den unzureichenden sanitären Einrichtungen in den Städten entgegenzuwirken. Zuvor waren seit Beginn der Menschheitsgeschichte alle Fäkalien in den Boden zurückgelangt, wo mit ihnen auch Krankheitserreger von Sonne und Bodenbakterien zersetzt wurden. Was so entstand, war wertvoller Dünger für den Ackerbau.

Wasserspülungen sind für die kleinen, von Korallenriffen umgebenen Inseln völlig ungeeignet. Sie sind teuer in Bau und Unterhaltung und benötigen riesige Mengen an Frischwasser. Schätzungsweise verbraucht eine einzige Person täglich etwa 90 Liter Wasser, um Exkremente und Abfälle zum Klärwerk zu spülen. Wasser ist jedoch besonders in dicht besiedelten Regionen eine teure «Ware». Selbst ein gut funktionierendes Klärwerk reinigt das Abwasser gewöhnlich nicht so, daß es danach völlig unschädlich für tierisches und pflanzliches Leben ist. Je anspruchsvoller eine Anlage ist, desto höher sind Kosten und Energieverbrauch für Bau und Betrieb. Die Wartung der Anlagen ist auf abgelegenen Inseln ein besonderes Problem, denn in der Regel fehlen Ersatzteile

und Fachkräfte. Die Lösung wird nur in der Entwicklung von biologischen Klärmethoden liegen können, die sich an den natürlichen Kreisläufen orientieren und wenig Energie verbrauchen.

Die landwirtschaftlichen Düngemittel sind ebenso gefährlich wie Abwässer, doch ihre Auswirkungen sind schwieriger zu messen. Was aus den Abwasserrohren stammt, fließt an bestimmten Orten in meßbaren Mengen

Biologische Toiletten

In den Industrieländern gehört die Toiletten-Wasserspülung zu den Selbstverständlichkeiten des modernen Lebens. Da die Verschmutzung des Meeres für die meisten Menschen nicht direkt sichtbar ist, werden sie selten mit den Umweltproblemen konfrontiert, die sich aus dieser Art der Abfallbeseitigung ergeben. Viele ärmere Länder, die den Lebensstil der Industrieländer anstreben oder darauf hoffen, Touristen anzuziehen, halten Kläranlagen für eine Voraussetzung ihrer Weiterentwicklung. Menschliche Abfälle sind jedoch – entgegen der gängigen Meinung – nicht nur Müll, den es loszuwerden gilt. Viel besser wäre es, sie als wertvolle Rohstoffe zu behandeln, die nicht notwendigerweise die Umwelt verschmutzen müssen.

Kompostierung oder «biologische Toiletten» sind unbedenklich und geruchlos. Sie nutzen einen kontrollierten biologischen Prozeß, um Krankheitserreger zu töten. Sie wandeln menschliche Exkremente in harmlose Überreste um, die als hochwertiger Bodendünger dienen können. Eine Methode ist die Kompostierung: Die Abfälle werden mit Erde vermischt, so daß Bakterien und Pilze sie zu Humus abbauen. In anderen Systemen wird der Abfall verbrannt oder getrocknet. Einige Biologische Toiletten verwenden auch Wasser, aber nur in kleinen und wiederverwendbaren Mengen. Alle Systeme arbeiten ohne dauernden Frischwasserverbrauch.

Biologische Toiletten brauchen eine gewisse Wartung, die jedoch relativ unkompliziert ist. Große, zentrale Kläranlagen hingegen sind auf komplexe Technologien angewiesen, bei denen Betriebsstörungen unvermeidlich sind. Auf Inseln oder Atollen mit unfruchtbaren Böden könnten biologische Toiletten Dünger liefern: Dazu braucht es nicht mehr als Trokkentoiletten, die mit am Ort vorhandenem Material leicht gebaut werden können. Tourismusgewerbe und Hotelmanager könnten mit der Einführung von Trockentoiletten in ihren Anlagen beginnen, so daß sich Anwohner wie Besucher gleichermaßen von deren Wert und Eignung überzeugen können. Durch die Verminderung der Abwässer wäre zumindest den Riffen geholfen.

Doch nicht nur den Riffen: Wie das Bild oben zeigt, nehmen sich Hotelbetreiber ihre Lebensgrundlage, wenn sie nicht bereit sind, in den Küstengewässern mehr zu sehen als eine bequeme Abwasserkloake.

ins Meer. Agrargifte sickern in den Boden, werden mit dem Regen ausgewaschen und von Bächen und Flüssen zu den Küsten gespült. Die Schadstoffe können dann kaum noch identifiziert werden, vor allem, wenn in überbevölkerten Gebieten große Mengen Abwasser hinzukommen. Der überhöhte Nährstoffgehalt der Gewässer um das Große Barriere Riff wird einer Kombination aus Abwässern und dem Abfluß aus gedüngten Plantagen zugeschrieben. Die Zunahme von Phosphaten innerhalb der letzten 172 Jahre läßt sich an den Jahresringmustern der Korallenskelette ablesen: Sie entspricht auffallend genau dem Bevölkerungszuwachs an den Küsten – einschließlich der wachsenden Touristenzentren –, der Intensivierung des Ackerbaus und der Entwicklung der Zuckerrohrindustrie.

Algenblüten sind ein typisches Symptom für einen hohen Nährstoffgehalt im Wasser, der von Abwässern und landwirtschaftlichen Flächen stammt. Algenblüten sind große Teppiche winziger Pflanzen, zu denen Kieselalgen und Dinoflagellaten, einzellige, begeißelte Algen, gehören. Werden es zu viele, leidet das übrige Meeresleben darunter: Die Algen sind häufig giftig und der Schleim, den sie bilden, erstickt andere Lebewesen. Zwar gibt es nur wenige direkte Beweise, daß Algenblüten Riffe schädigen, doch 1985 folgte auf eine heftige Algenblüte aus Dinoflagellaten vor den Küsten Panamas und Costa Ricas ein weitreichendes Korallensterben.

Eine Kieselalge mit langen Stacheln. Diese Algen sind Teil des Phytoplanktons und gedeihen gut in nährstoffreichem Wasser. Bei starker Vermehrung können sie aber auch große Schlickteppiche bilden und andere Lebewesen in den Riffen ersticken.

Linke Seite: «Vorsicht – Schwimmen in diesem Gebiet verboten.» Dieses Schild mußte ein Hotel auf einer pazifischen Insel aufstellen, nachdem es seine Abwässer allzu sorglos ins Meer geleitet hatte.

Teil einer Koralle (Porites lutea), die in der Nähe einer Zinnschmelze bei Ko Phuket, Thailand, gewachsen war. Das dünne orangefarbene Band ist abgelagertes Eisen. Es entstand, als besonders eisenhaltige Schmelzrückstände direkt in das Riff geleitet wurden, wo sie bei Niedrigwasser regelrechte Lachen bildeten.

SCHADSTOFFE AUS BERGBAU UND INDUSTRIE

Einige Chemikalien und Metalle, die in Industrie- und Bergbauabwässern vorkommen, wurden an Korallen und anderen Rifftieren – sowohl unter Laborbedingungen wie im Riff selber – getestet. Über Langzeitwirkungen ist jedoch nur sehr wenig bekannt. Schädliche Auswirkungen bestimmten Substanzen zuzuordnen, ist eine Sisyphusarbeit. Weltweit gibt es heute etwa 60000 synthetische Substanzen, jedes Jahr kommen 1000 weitere hinzu. Selbst in Ländern mit relativ wenig Industrie produzieren verschiedene Betriebe – Werften, Druckereien, Photostudios oder Textilfabriken – Abwässer mit giftigen Substanzen. Lösungsmittel, die zur chemischen Reinigung, zum Färben, Beizen und Entfetten verwendet werden, verdampfen zwar während des Gebrauchs, gelangen aber über die Luft schließlich ebenfalls ins Wasser. Farbreste, Öle, Reinigungsmittel und chemische Substanzen, die nicht als Abfall beseitigt werden, werden vom Regen in die Küstengewässer gespült. Gelangen sie auf Deponien, sickern sie nur allzu häufig durch die undichten Deponieböden ins Grundwasser.

Auch von Schwermetallen aus industriellen Abwässern und dem Bergbau ist bekannt, daß sie empfindliche Lebensräume wie Korallenriffe schädigen. In Thailand hatten Korallen Eisen in ihren Skeletten eingelagert. Diese «Eisenbänder» stammten aus einer Periode, in der eine Zinkschmelze große Mengen Abfall produzierte (Bild unten).

Besonderen Anlaß zur Sorge bieten Chemikalien, die nicht auf natürlichem Wege abgebaut werden können und sich daher all-

mählich in der Umwelt anreichern. Beispiele dafür sind Polychlorierte Biphenyle (PCB) aus Hydraulikölen, das Insektizid DDT und andere chlorhaltige Substanzen. Die Verbindungen sind für viele Rifftiere giftig, insbesondere für die im Plankton lebenden Larven. Im Boden enthaltene Gifte verstärken die schädlichen Auswirkungen der Erosion: Es wird nicht nur Schlick – es wird giftiger Schlick gebildet.

Der Hitzeschock

Warmes Kühlwasser aus Kraftwerken erhöht die Wassertemperatur zuweilen so stark, daß Korallen sie nicht mehr tolerieren können und ausbleichen. Auf Guam wurden Korallen über eine Fläche von rund 20000 Quadratmetern durch Wasser geschädigt, das aus einem 1971 gebauten Kraftwerk stammte und 34 Grad Celsius warm war. Auf der Hälfte dieser Fläche starben die Korallen vollständig ab. Heute noch, mehr als 20 Jahre nach diesem Ereignis, sind die Schäden sichtbar. Ein 1987 erbautes, taiwanesisches Kraftwerk ließ in der Region, in die das Kühlwasser abgelassen wurde, Riffe bis zu einer Tiefe von fünf Metern ausbleichen. In beiden Fällen wurden Maßnahmen ergriffen, um den Schaden einzudämmen, und die Korallen haben sich etwas erholt.

Die Mikroschicht

Ein Aspekt der Meeresverschmutzung, der erst seit kurzem untersucht wird, ist ihre Auswirkung auf die Meeresoberfläche, insbesondere auf die Mikroschicht. Der Begriff Mikroschicht bezeichnet die oberste Schicht der «Wassersäule», der Gesamtheit aller Wasserschichten von der Oberfläche bis zum Grund. Diese extrem dünne Wasserschicht – sie ist nur etwa ein Zehntel Millimeter stark – ist für die Meeresökologie von großer Bedeutung: Mit Luftblasen steigen Nährstoffe und Mineralien aus tieferen Regionen zu ihr auf und stimulieren das Planktonwachstum. Die Eier vieler Meeresarten schweben ebenfalls besonders zahlreich an der Meeresoberfläche. Diese Nahrungsquellen ziehen ihrerseits Larven verschiedenster Fische, Krebstiere und anderer wirbelloser Tiere an. Sie alle sammeln sich in den obersten Zentimetern des Meeres. Welche Larven genau in dieser Schicht leben und von ihr abhängig sind, ist nicht bekannt; sicher ist jedoch, daß Langusten-, Doktorfisch- und wahrscheinlich auch Korallenlarven dazu gehören.

Viele Schadstoffe reichern sich gerade in der Mikroschicht an. Die meisten Erkenntnisse über die Verschmutzung der Mikroschicht stammen aus Gewässern gemäßigter Breiten: Larven sind deformiert oder entwickeln sich langsamer, aus vielen Eiern schlüpfen keine Jungen. Alles spricht dafür, daß ähnliche Störungen auch in tropischen Gewässern aufgetreten oder zu erwarten sind. Forschungen über die Auswirkungen, die Schadstoffe an der Meeresoberfläche auf die Ökologie von Korallenriffen haben, sind dringend erforderlich.

Doktorfische (Acanthurus coeruleus), deren Jugendstadien sich in der dünnen Mikroschicht an der Meeresoberfläche entwickeln, sind in der Karibik noch weit verbreitet. Wenn die Verschmutzung der Region jedoch weiterhin zunimmt, sind seine Bestände gefährdet.

Heute ist die Gefahr, die Korallen durch die zu befürchtende globale Erwärmung droht, um einiges größer als durch lokal überhöhte Wassertemperaturen. Doch wird hier einmal mehr deutlich, wie selbstverständlich angenommen wird, Küstengewässer und Meere könnten ohne weiteres die Umweltbelastungen ausgleichen, die mit den verschiedensten Tätigkeiten zur Entwicklung eines Landes verbunden sind.

Großflächiger Einsatz von Pestiziden auf den Florida Keys in der Karibik.

Der Verschmutzung entgegensteuern

Für giftige Chemikalien gibt es eine Faustregel: Jede giftige Substanz auf einer Insel landet schließlich als Schadstoff im Meer. Welche Auswirkungen einzelne Chemikalien auf die menschliche Gesundheit haben, läßt sich mangels toxikologischer Daten noch nicht einmal bei einem Prozent aller bekannten Substanzen abschätzen – für Gemische liegt diese Zahl sogar noch darunter. Warum es so gut wie unmöglich ist, umfassende und schlüssige wissenschaftliche Ergebnisse auf diesem Feld zu erzielen, zeigt eine Schätzung aus den USA: Wollte eine Minimalstudie die Auswirkungen eines Gemischs aus 25 Chemikalien erfassen, wären mehr als 33 Millionen Experimente erforderlich, was mehr als drei Billionen US Dollar kosten würde. Der einzige Weg zu verhindern, daß giftige Chemikalien zu Schadstoffen werden, ist, sie weder zu produzieren noch zu gebrauchen.

Für giftige Chemikalien sollten umweltgerechte Alternativen gesucht werden, die ihre Aufgaben ebenso gut erfüllen. Schon heute gibt es viele ökologisch unbedenkliche Ersatzstoffe. In vielen Industriezweigen könnten die schädlichen Abfälle drastisch reduziert oder sogar gänzlich vermieden werden, wenn die Produktion in geschlossenen Kreisläufen geschieht. Solche Wege sollten rechtzeitig eingeschlagen werden, auch wenn im einzelnen bislang nur wenig über die Auswirkungen von industriellen Abwässern und anderen Abfallstoffen bekannt ist. Nur öffentlicher Druck, politische Willensbildung und finanzielle Anreize werden die schadstofferzeugende Industrie zwingen oder überzeugen, die notwendigen Änderungen zu vollziehen. Selbst wenn es nicht in jedem Fall möglich ist, kurzfristig zu weniger umweltbelastenden Produktionsmethoden überzugehen, so ist es doch fast immer möglich, die entstehenden Schadstoffe so zu behandeln, daß sie als Abwasserfracht ihre tödliche Wirkung verloren haben.

Erdöl, die schwarze Pest

Die Karibik schmückt sich gerne mit dem Image eines tropischen Paradieses mit idyllischen Stränden und klarem blauem Wasser. Doch auch dort gibt es eindeutige Ölschäden. Die Erdölförderung konzentriert sich im Golf von Mexiko, vor allem vor der Küste Louisianas und im mexikanischen Golf von Campeche. Die Strömungen verdriften jedoch ausgelaufenes Öl, und der starke Tankerverkehr verteilt die Schäden auf ein riesiges Gebiet. In den großen Meeresströmungen treiben beträchtliche Teermengen, die Konzentration von gelösten Kohlenwasserstoffen ist an der Wasseroberfläche ausgesprochen hoch.

Eine ähnliche Situation ist im Roten Meer und im Persisch-Arabischen Golf gegeben.

Dies sind nicht nur die dichtest befahrenen Tankerrouten der Welt, hier wurden auch die Bohrinseln im Meer und die Raffinerien an den Küsten immer zahlreicher. Wiederholt waren beide Regionen Schauplatz von schweren Tankerhavarien – und danach der Ölpest.

Tankerhavarien sind nur für etwa zwölf Prozent des Öls verantwortlich, das alljährlich ins Meer fließt. Ihre Folgen für die Umwelt sind zwar akut, gleichzeitig jedoch eng begrenzt und von kurzer Dauer. Das soll nicht heißen, daß das Risiko eines Tankerunfalls bagatellisiert werden kann. Doch Lecks in Öltanks oder Pipelines, aus denen zwar wenig Öl pro Zeiteinheit, dafür aber ständig ins Meer fließt, sind ein viel größeres Problem. Solche Lecks tragen bis zu 31 Prozent zur Ölverschmutzung im Meer bei und bedeuten besonders für Saumriffe eine ernste Gefahr. Etwa 45 Prozent der Ölverunreinigungen stammen von dem routinemäßigen Wässern der Tanks und Kielräume von Schiffen auf offener See. Die Hälfte der im Golf von Mexiko treibenden Teerklumpen wird bei der Reinigung von Tankern ins Meer geschwemmt – obwohl solche Praktiken verboten sind. Bei der Analyse von Teer an den Stränden Jamaicas ließ sich nachweisen, daß der größte Teil von Tankern stammt und 31 Prozent auf Lecks in Raffinerien und Rohrleitungen an Land zurückzuführen sind.

Wenn sich ein Ölteppich ausbreitet, verdunsten seine leichteren Komponenten. Leichtes, raffiniertes Öl – Benzin und Dieselöl – verdunstet fast vollständig; Rohöl und schweres Schmieröl schrumpfen gelegentlich innerhalb von Tagen auf die Hälfte ihres Volumens und lassen Teer übrig. Obwohl die leichteren Öle rascher verdunsten, enthalten sie gewöhnlich mehr giftige Substanzen, die sich oft im Wasser lösen, den Meeresorganismen schaden und insbesondere für die Mi-

Links oben: Eine Karettschildkröte (Eretmochelys imbricata), die im Juni 1991 an einem mit Teer bedeckten Strand im Arabischen Golf ihre Eier ablegen wollte. Rechts oben: Das Wrack eines irakischen Minenlegers bei Umm al Maradem, Kuwait, im Jahre 1991 vor rußgeschwärztem Himmel.

Rechte Seite: Schlangenstern auf einer Weichkoralle im Golf von Akaba am Roten Meer. Diese Region ist tagtäglich der Gefahr einer Ölverseuchung ausgesetzt.

Unten: Zügelseeschwalbe (Sterna anaethetus) auf einer Koralleninsel nicht weit vor der Küste Kuwaits im Arabischen Golf. Die Insel blieb erstaunlicherweise von den schlimmsten Folgen verschont, die die Ölkatastrophe im Golfkrieg verursachte. Die Zügelseeschwalbe und drei weitere Seeschwalbenarten brüten hier im Frühsommer zu Tausenden.

kroschicht gefährlich sind. Den größten Schaden erleiden Tiere, die mit dem Öl, nachdem es ans Ufer geschwemmt wurde oder sich bei Ebbe am Meeresboden abgelagert hat, direkt in Kontakt kommen. Seevögel sind besonders verletzlich. Wenn ihre Federn mit Öl verklebt sind, können sie weder fliegen noch schwimmen. Beim Versuch, sich zu reinigen, schlucken sie Öl und vergiften sich.

Korallen reagieren auf eine Ölpest ganz unterschiedlich. Eine Reihe von Faktoren spielt dabei eine Rolle: die Beschaffenheit des Öls, die Wasserhöhe über dem Riff und welches Wetter zur Zeit der Verschmutzung herrscht. Unter manchen Bedingungen hat ausfließendes Öl nur bemerkenswert geringe, kurzzeitige Auswirkungen auf Riffe. Im Golfkrieg von 1991 flossen mehrere 100 Millionen Liter Erdöl aus, als die irakischen Truppen Raffinerien und Tanklager entlang der kuwaitischen Küste in Brand setzten. Ein riesiger Ölteppich driftete entlang der Küste Saudi Arabiens nach Süden, schlug sich auf Wattflächen und Stränden nieder und fügte wirbellosen Tieren und Küstenvögeln ungeheuren Schaden zu. Einige Wochen lang glaubte man, daß die Riffe um die Inseln, die den Küsten Kuwaits und Saudi Arabiens vorgelagert sind, ebenfalls völlig zerstört würden.

Erst nach dem Krieg konnte diese Region wieder besucht werden. Einige Umweltgruppen, darunter *Greenpeace*, stellten fest, daß die besonders artenreichen Korallenriffe um die saudiarabischen Inseln nicht in Mitleidenschaft gezogen worden waren. Die Ölteppiche waren offensichtlich über die Riffe hinweggetrieben, ohne Schäden zu verursachen. Reinigungsarbeiten im Strandbereich verbesserten die Überlebenschancen von Meeresschildkröten- und Seeschwalbenpopulationen auf diesen Inseln. Im Sommer 1992 zeugten immer noch teerverschmutzte Strände von den Folgen der Ölkatastrophen, doch bildet das inzwischen zu Teer gewordene Öl keine akute Bedrohung mehr für die Meeresreptilien, die zur Eiablage an Land kriechen. Keineswegs dürfen diese Erkenntnisse jedoch darüber hinwegtäuschen, daß rund 700 Kilometer der saudiarabischen Küste mit Öl bzw. Teer kontaminiert sind.

Eine weitere Gefahr zeichnet sich ab: Der «Fallout» aus den Rauchschwaden der Ölquellen, die während des Kriegs in Brand gesetzt wurden, wird sich im Meerwasser niederschlagen.

Wenn Öl über längere Zeit im Riffbereich ausleckt, werden die Korallen besonders stark geschädigt. Das ist an der Zahl der lebenden Korallen abzulesen: Die Riffe im Einzugsbereich einer großen Raffinerie Arubas auf den Niederländischen Antillen enthalten sehr viel weniger lebende Korallen als Riffe, die weiter entfernt und außerhalb der Meeresströmungen liegen, die die Schadstoffe von Aruba verdriften. An der Ostküste Panamas barst 1986 ein Lagertank in der *Texaco*-Raffinerie bei Bahia Cativa. Dabei flossen schätzungsweise 50000 Barrel – das sind acht Millionen Liter – Rohöl in ein Gebiet östlich des Panamakanals, in dem riesige Areale von Riffen, Mangroven und Seegraswiesen bewachsen sind. In den am stärksten verschmutzten Flachwasserriffen starben bis zu 96 Prozent der Korallen, in Tiefen von zwölf Metern immerhin noch 45 Prozent. Mangroven, Seegräser und Algen erstickten, viele Tiere im Riff starben. Noch heute leiden die Korallen unter den Vergiftungen und haben bleiche Flecke.

Was war geschehen? Die Sedimente im Bereich der Mangroven hinter den Riffen hatten das Öl aufgesaugt, und noch mehrere Jahre nach der Ölpest sickerte es ins Riff, besonders nach starken Niederschlägen und nach der Flut. Die Korallen konnten sich nicht erholen.

Chemische Reinigungsmittel zur Bekämpfung von Ölteppichen sind schädlicher als das Öl selbst, da viele von ihnen für Korallen giftig sind. Besser wäre es, Felsküsten und Sandstrände mechanisch zu reinigen – eine Methode, die freilich für die empfindlichen Korallen gerade nicht angewendet werden kann.

Entwicklung und Verschmutzung

DIE ÖLPEST EINDÄMMEN

Es gibt eine ganze Reihe von internationalen Übereinkünften und Verträgen gegen Umweltverschmutzung durch Schiffe, speziell durch Öl. Die wichtigste ist die 1970 formulierte *International Convention for the Prevention of Pollution from Ships*, als MARPOL bekannt, die von vielen Ländern unterzeichnet wurde. Sie fordert die Vertragsstaaten auf, mit ihrer nationalen Gesetzgebung die Verschmutzung durch Schiffe, die unter ihrer Flagge registriert sind, einzudämmen. Besonders gefährdete Regionen wurden als Schutzzonen ausgewiesen, in denen kein Öl abgelassen werden darf. Hafenanlagen müssen über besondere Einrichtungen zur Entsorgung von Ölabfällen verfügen. Das Rote Meer, der Persisch-Arabische Golf, die Golfe von Aden und Oman und das Große Barriere Riff sind bereits geschützt, der Golf von Mexiko und die Karibik dürften in Kürze in die Liste aufgenommen werden.

Neben vorbeugenden Maßnahmen sind Einsatzpläne für den Notfall erforderlich, damit auf Ölunfälle sofort reagiert werden kann. Sie sollten Angaben darüber enthalten, welche Flächen vorrangig zu reinigen sind, sowie Angaben über die Wind- und Strömungsrichtungen und die damit zu erwartende Ausbreitung des Ölteppichs. Besonders wichtig ist es, rasch festzustellen, welche Art von Öl ausgeflossen ist: In manchen Fällen ist Nichtstun die beste Lösung, dann nämlich, wenn Bakterien das Öl auf natürliche Weise abbauen können. In anderen Fällen muß sofort gehandelt werden, zum Beispiel indem der Ölteppich mit schwimmenden Barrieren umgeben und das Öl mechanisch abgepumpt wird, ehe es so verletzliche Lebensräume wie die Riffe erreicht.

Nachdem der Tanker *Oceanic Grandeur* im Jahr 1970 im Großen Barriere Riff auf Grund gelaufen war, erarbeitete die australische Regierung einen Plan, mit dem die Folgen von Tankerunfällen bekämpft werden können. Im Notfall stehen heute schwimmende Barrieren und ölabsorbierende Substanzen bereit. Der Plan zum Schutz des Großen Barriere Riffs – der in Australien kurz «Riffplan» heißt – wurde 1987 fertiggestellt. Wichtiger Bestandteil des Plans ist ein Computermodell, das den vermutlichen Weg eines Ölteppichs nachzeichnen kann: Informationen über Gezeiten, Winde, Art und

Links oben: Ölteppich auf dem Galeta Riff an der Karibischen Küste von Panama im Januar 1989, nachdem aus einer Raffinerie in Bahia Cativa Öl ausgelaufen war. Links: Ein ölverseuchter Strand im Saba Marine Park auf den Niederländischen Antillen, verursacht durch ein Leck im Tanker «Vista Belle» im März 1991.

Die faszinierenden Geschöpfe der Karibik sind durch die dort besonders häufigen Öltransporte gefährdet.
*Oben: Ein Husarenfisch (*Holocentrus rufus*). Rechte Seite: Ein Trompetenfisch (*Aulostomus maculatus*). Der Fisch nimmt zur Tarnung die Gestalt eines Hornkorallenzweiges an und lauert kleinen Fischen auf.*

Menge des Öls sind in das Programm eingespeichert, so daß im Ernstfall rasch gehandelt werden kann, ohne wertvolle Zeit mit der Ermittlung von Daten zu verlieren, deren Kenntnis für die wirksame Rettung der Riffe unabdingbar ist. Allerdings ist der «Riffplan» nur auf eine Tonnage von 2000 Litern Öl zugeschnitten. Durch das Riff fahren indessen Tanker mit einer Ladung von 10 000 Tonnen Öl.

Inzwischen ist für größere Schiffe ein Lotsendienst in Riffgebieten gesetzlich vorgeschrieben; Umweltschützer fordern jedoch ein generelles Fahrverbot für Tanker innerhalb des Großen Barriere Riffs. Nur damit könnten weitere Ölunfälle verhindert und das Risiko einer wirklich großen Katastrophe vermieden werden.

Verträge in der Art von MARPOL haben tatsächlich bewirkt, daß die Ölverschmutzung durch Schiffe zurückgegangen ist. Dafür nehmen die Ölschäden zu, die ihren Ursprung an Land haben. Die Schutzmaßnahmen der Ölgesellschaften sind lückenhaft und völlig ungeeignet, das Problem zu lösen. Es ist ganz entscheidend, daß die Ölgesellschaften während des gesamten Förderungsprozesses Schadstoffe vermeiden. Um das Große Barriere Riff vor Australien sind in dem ausgewiesenen Schutzgebiet, dem Marine Park, Probebohrungen nach Erdöl schon seit 1975 verboten, inzwischen gilt ein solches Verbot auch für den National Marine Sanctuary in Florida. Anderswo sind die Kontrollen der Erdölbohrstellen jedoch nicht ausreichend. Nicht zu unterschätzen ist schließlich auch die Luftverschmutzung, die durch Erdölbohrungen vor der Küste verursacht wird.

In den hochempfindlichen Regionen der Korallenriffe müßte die Erdölförderung grundsätzlich verboten werden. Denn ganz gleich, welche Schutzmaßnahmen auch getroffen werden: Solange das Erdöl Energielieferant Nummer eins ist, werden Korallenriffe – und nicht nur sie – von den schädlichen Auswirkungen bedroht sein.

Dabei ist es durchaus möglich, die Situation zu ändern: Ausgeklügelte Techniken können den Energieverbrauch deutlich senken, die Energie kann aus erneuerbaren Ressourcen gewonnen werden. Das Problem liegt schon lange nicht mehr im Mangel an technischen Möglichkeiten – es liegt im fehlenden politischen Willen.

Modernes Treibgut Plastikmüll

Dieselben Meeresströmungen, die Larven von Meereslebewesen durch die Ozeane verdriften, tragen heute auch eine andere, weniger wünschenswerte Last mit sich: Abfall, meist aus Plastik und nahezu unzerstörbar – die Überreste moderner Zivilisation. Die Mitglieder des *Center for Marine Conservation* in den USA, die alljährlich die Strände säubern, sammelten 1990 mehr als vier Millionen Stück Müll, über 64 Prozent davon aus Plastik. Kunststoffmüll treibt jahrelang im Meer und landet selbst auf den entlegensten Inseln und Atollen. Auf dem Ducie Atoll der Pitcairn Inseln – mitten im Pazifischen Ozean und fast 450 Kilometer von der nächsten bewohnten Insel und 4500 Kilometer vom Festland entfernt – sammelte eine Expedition 1991 an einem nur anderthalb Kilometer langen Strand 953 Abfallstücke: Bojen, Flaschen und mehrere hundert Plastikgegenstände.

Abfall kann Tiere töten. Fische, Vögel und Schildkröten verfangen sich in Angelschnüren aus Nylon, in Netzen und den Plastikringen von «Sechserpacks». Seevögel und Schildkröten verwechseln Plastikbeutel, -kugeln und andere Gegenstände mit Quallen, ihrer Beute, fressen sie und ersticken.

Riffe, die nahe unter der Wasseroberfläche liegen, ziehen zwangsläufig Treibgut und Müll an. Touristen besuchen selten Riffe, ohne einige Stücke Abfall zu hinterlassen. Taucher und Schnorchler wissen, wie häßlich Abfall in einem Riff aussieht. In kleinen Mengen bleibt er ohne nennenswerten Einfluß auf die Korallen. Auf Dauer oder in großen Mengen zerbricht und schädigt er die Kolonien. Bei Daymaniyat in Oman zerstörten verlorene und aufgegebene Wurfnetze, die sich in Korallen verwickelt hatten, mehr als die Hälfte der Korallenstöcke. Bei Musandam wurde 1990 festgestellt, daß ein Drittel der Riffe durch den Müll geschädigt war, den Fischer und kleine Handelsboote ins Meer «entsorgt» hatten. Eine kleine Auswahl: Linoleum, Plastikgegenstände, Angelgeräte, Farbtöpfe und 120 Hosen, die vermutlich von einem iranischen Handelsschiff über Bord gegangen sind.

Strahlende Riffe

Vor viereinhalb Jahrhunderten gab der portugiesische Forschungsreisende Ferdinand Magellan dem großen, östlichen Weltmeer den Namen «El Pacifico» oder «Der Friedliche». Es mag wie Ironie anmuten, daß gerade der Pazifik in unserem Jahrhundert in den Mittelpunkt intensiver militärischer Interessen rückte: als Testgebiet für Raketen und Bomben und als Standort zahlreicher Militärstützpunkte. Speziell Atomtests konzentrierten sich auf die Atolle von Bikini, Enewetak, Johnston, Kiribati, Moruroa und Fangataufa.

Die ansässige Bevölkerung in den amerikanischen, britischen und französischen Kolonien, weit entfernt von den Bewohnern der Industrieländer, hatten lange unter den Folgen dieser Aktivitäten zu leiden. Es klingt zynisch: Die westlichen Militärs setzten darauf, daß der politische Einfluß der dortigen Inselbewohner viel zu begrenzt sei, um sich wirksam den Tests zu widersetzen – die Lebensqualität dieser Menschen galt ihnen nichts. Viele Schäden gingen unmittelbar auf den Bau von Militärbasen, Flughäfen und Hafenanlagen zurück, die Atomtests jedoch stellten eine viel heimtückischere Bedrohung dar. Vielleicht sahen die frühen Polynesier das böse Geschick voraus, als sie den Namen Moruroa prägten: «Ort des Großen Geheimnisses».

Die Riffe hatten unter allen drei Formen der Atomtests zu leiden: den ober- und unterirdischen und den Unterwassertests. Es überrascht nicht, daß die Unterwasserexplosionen die größten Auswirkungen auf die Riffe hatten. Sie rissen große Bombenkrater in den Grund und vernichteten alles Leben darin, und sie schleuderten eine «Suppe» aus Sand und Korallensediment hoch, die noch lebende Korallen und andere Tiere unter sich begrub. Selbst wenn die Explosion in tiefem Wasser, weit unterhalb der lebenden Korallen, ausgelöst wird, können ihre Schockwel-

Bei Atomwaffentests wird ein großer Teil der Rifflebewesen getötet. Knochenfische – hier ein Schwarm Füsiliere (Caesio) – können die Explosion nicht überleben, da die gewaltigen Druckwellen ihre Schwimmblasen zerfetzen. Die Korallen werden zerschmettert und vom Riff gerissen.

Linke Seite oben: Weltweit wird das Meer als Müllkippe mißbraucht. Sogar die entlegensten Koralleninseln sind mit Plastikflaschen, alten Reifen und anderen Resten moderner Zivilisation übersät. Auf Mejato auf den Marshall Inseln spielen Kinder mit Teilen eines ausrangierten Autos.

Linke Seite unten: Atompilz beim Test einer Elf-Megatonnen-Bombe, die unter dem Codenamen Romeo im März 1954 auf dem Bikini-Atoll gezündet wurde.

len riesige Korallenblöcke zum Einsturz bringen.

Bei oberirdischen Tests versengt die Explosion die Polypen, sie verschmilzt Korallenskelette zu Kalkstein, verbrennt die Fische in flachen Lagunen und sendet Schockwellen durch das Wasser, die empfindliche Korallen zerbrechen und umwerfen. Fische überleben keine Form der Explosion, denn die Schockwellen bringen ihre Luftblasen, Lebern und Nieren zum Platzen, und sie werden unter zusammenstürzenden Höhlen oder herabfallenden Korallenblöcken begraben.

Amerikaner und Briten beendeten oberirdische Tests schon 1963 – unmittelbar nach einem eingeschränkten Atomteststop-Abkommen – und die Franzosen 1974. Auch ihre Unterwassertests haben die Nationen inzwischen eingestellt. Doch die unterirdischen Tests fanden in Französisch-Polynesien bis Anfang 1992 statt: Auf den Atollen von Moruroa und Fangataufa sind bis heute 196 Explosionen gezündet worden. Seit 1972 protestiert *Greenpeace* zusammen mit den Bewohnern aller pazifischen Länder gegen die französischen Atomtests im Pazifischen Ozean. Mit Erfolg: Im April 1992, kurz nach *Greenpeaces* neunter Protestfahrt nach Moruroa, setzte Frankreich seine geplanten Tests – zunächst allerdings nur bis Ende des Jahres – aus.

Von Moruroa sind besonders schwere Schäden durch die Tests bekannt. Eine Explosion schleuderte 1979 etwa eine Million Kubikmeter Korallen und Felsen von einer Seite des Atolls fort. Lawinen und Gezeitenwellen entstanden. Das Atoll gleicht heute einem Schweizer Käse, so sehr ist es durchlöchert: Inzwischen tauchen Risse an der Oberfläche auf, und die Radioaktivität könnte in die Umgebung entweichen. Jaques Cousteau hat 1987 die Lagune von Moruroa besucht und maß hohe Radioaktivität, die nur aus den unterirdischen Explosionen stammen konnte. Hohe Werte derselben Strahlung – Caesium-134 mit einer Halbwertszeit von zwei Jahren – fand *Greenpeace* im Oktober 1990 auch im Plankton außerhalb der Zwölfmeilenzone um das Atoll. Vieles deutet darauf hin, daß es von den Gezeiten aus der Lagune gewaschen worden war und höchstwahrscheinlich aus unterirdischen Kavernen stammte, in denen die Explosionen ausgelöst wurden.

Die Radioaktivität aus Testexplosionen wird zunächst von Phytoplankton und Algen aufgenommen, wandert dann aber über die Nahrungskette in zunehmender Konzentration über wirbellose Tiere und Fische bis schließlich zum Menschen. Strahlengeschädigte Menschen leiden unter einer ganzen Reihe von zum Teil schwersten Symptomen. Das zeigte der Atombombenabwurf auf Hiroshima im Zweiten Weltkrieg sehr drastisch, ebenso die Atomtests auf Bikini und Enewetak in den 40er und 50er Jahren, als die Einwohner der Marshall Inseln durch den radioaktiven Fallout der Tests verstrahlt wurden.

Die damaligen Schäden sind nicht gut dokumentiert, um so besser jene, die jüngste Unfälle und Lecks in Kernkraftwerken wie Tschernobyl verursacht haben. Unmittelbare Folgen sind Brechreiz und Blutungen. Die Überlebenden haben später unter Krebs, Fehlgeburten, Grauem Star, Sterilität und Leukämie zu leiden. Die Gefahr, daß Neugeborene mißgebildet sind, ist sehr groß. Die radioaktive Verseuchung von Rifforganismen, die zum Verzehr gefangen werden, kann durchaus zu vielen dieser Krankheiten beitragen. Der Zusammenhang wurde allerdings bislang kaum untersucht. Versuche, die Bewohner von ihren Eßgewohnheiten abzubringen, waren häufig zum Scheitern verurteilt. Es gab keine geeigneten Alternativen, denn das Sammeln und Essen dieser Tiere ist stark in kulturelle Verhaltensweisen eingebunden.

Die Auswirkungen der Radioaktivität auf das Riff und seine Organismen sind weniger gut belegt. Korallen scheinen direkt betroffen zu sein. Auf Enewetak reicherten sich hoch radioaktive, langlebige Isotope in den anorganischen Teilen des Riffs an. Einige Korallen konnten sich danach nicht mehr fortpflanzen.

Kollision: Schiffe und Riffe

Für die Schiffahrt waren Riffe schon immer ein natürliches Navigationsrisiko. Bislang interessierte verständlicherweise mehr die Bedrohung des Menschen durch die Riffe als umgekehrt die Bedrohung der Riffe durch die Schiffe. Läuft ein Schiff auf ein Riff auf, ist der Schaden im Riff gewöhnlich lokal begrenzt. Doch können solche Unfälle auch mit fatalen Zerstörungen enden, deren Folgen von langer Dauer sind. Als im Jahr 1990 ein japanisches Fischerboot vor Yap auf Grund lief, wurden 3000 Quadratmeter Riff direkt zerstört, weitere 500 Quadratmeter durch Korallenschutt beschädigt.

Die Straße von Tiran im Roten Meer ist wegen ihrer Schiffwracks berüchtigt, die sich am Meeresgrund aneinanderreihen. Diese Hauptschiffahrtsroute verbindet den Golf von Akaba mit dem eigentlichen Roten Meer. 1989 lief hier der Frachter *Sinafir* auf Grund und beschädigte 500 Quadratmeter eines Riffs; zwei Jahre später lief ein anderer Frachter, die *Maiflower*, in derselben Region auf Grund und zerstörte weitere 320 Quadratmeter. Auch wenn nur eine relativ kleine Fläche betroffen war, wird das Riff sicher 20 Jahre für seine Erholung brauchen.

Die Riffe der Florida Keys sind von der dort herrschenden hohen Verkehrsdichte auf den nahegelegenen Schiffahrtsstraßen besonders bedroht. Im Jahre 1984 lief der Frachter *MV Wellwood* auf das Molasses Riff im Key Largo Marine Sanctuary auf. Dieses kleine Riff war bei Tauchern und Schnorchlern sehr beliebt. Fast 1500 Quadratmeter des Riffs wurden zerstört und weitere 850 Quadratmeter beschädigt; unter dem Gewicht des Schiffes zerbrach sogar ein Teil des Riffunterbaus. Zunächst zog das Schiff viele Fische an, nachdem man aber das Wrack entfernt hatte, überwucherten Algen die beschädigte Region. Fünf Jahre nach der Havarie war gerade noch ein Viertel der ursprünglichen Fläche von Korallen besiedelt.

Küstenregionen mit Bedacht entwickeln

Die Erschließung von Küstenregionen für Tourismus, Industrie, Verkehr, Landwirtschaft oder einfach nur die Zunahme des Wohnungsbaus führen, solange sie nicht kontrolliert erfolgen, zu Schäden am Riff. Ohne eine integrierte Gesamtplanung, die alle menschlichen Aktivitäten und ihre Auswirkungen auf Meer und Riff berücksichtigt, ist dem sicher nicht entgegenzuwirken. Sie muß freilich auch die Bedürfnisse der Anwohner in Betracht ziehen.

«Entwicklung» ist unvermeidbar. Wichtig ist, daß sie die Auswirkungen auf die Lebensräume von Meer und Land bedenkt. Die ansässige Bevölkerung sollte die Initiative übernehmen und die Entwicklung so steuern können, daß jede schädliche Auswirkung auf ihr Leben oder ihre Umwelt so gering wie möglich bleibt.

Im Zweifel für die Umwelt

«Vorbeugen ist besser als Heilen» gilt in der Regel als vernünftiger Ansatz, die Gesundheit zu erhalten. Er gilt auch für die Gesundheit natürlicher Ökosysteme und letztlich unseres Planeten. Nachsorge und Reparatur von Schäden sind oft unmöglich. Wo doch, blockieren die enormen Kosten den Willen zur guten Tat. Vorbeugen heißt vereinfacht, Umweltverschmutzung gar nicht erst entstehen zu lassen. Unschädliche Produktionsmethoden müssen eingeführt, andere Schadstoffquellen zum Versiegen gebracht werden. Auch dann, wenn schlüssige, wissenschaftliche Belege, daß bestimmte Produktions- oder Handlungsweisen der Umwelt schaden, noch ausstehen. Zur Zeit beruht die Gesetzgebung in den meisten Ländern auf genau der umgekehrten Voraussetzung: Erst soll die Schädlichkeit einer bestimmten Maßnahme nachgewiesen werden, dann werden – wenn überhaupt – Kontrollmaßnahmen eingeleitet. Der vorbeugende Ansatz verlagert die Beweislast: Eine Entwicklungsagentur zum Beispiel, die eine möglicherweise schädliche Anlage plant, hätte dann die Unbedenklichkeit zu beweisen. Im Zweifel also: für die Umwelt.

Dieser Ansatz schließt ein, daß Betriebsgenehmigungen für bestimmte Entwicklungsmaßnahmen nur dann erteilt werden, wenn zuvor ihre Auswirkungen auf die Umwelt sorgfältig abgeschätzt wurden. Sobald Schädigungen möglich erscheinen, muß die Betriebserlaubnis so lange verweigert werden, bis ein aktzeptabler Alternativplan vor-

liegt. Der Prozeß solcher Untersuchungen und Analysen wird Umweltverträglichkeitsprüfung (UVP) genannt, und in vielen Ländern ist sie inzwischen obligatorisch, ehe eine Entwicklungsmaßnahme erlaubt wird. Unglücklicherweise werden diese Grundsätze sowohl in Industrie- als auch in Entwicklungsländern allzuoft unterlaufen. Manche UVPs berücksichtigen ein Projekt nicht mit all seinen Folgen, oder die Vorschrift wird schlicht umgangen. Häufig werden UVPs von Gutachtern angefertigt, die den Entwicklungsplanern nahestehen und somit nicht objektiv sind.

In vielen tropischen Ländern kommt hinzu, daß für die große Zahl von Entwicklungsprojekten zu wenig Fachleute zur Verfügung stehen, die UVPs erstellen können. Kurz: Das an sich gute Instrument funktioniert nicht so, wie es sollte.

Entwicklungsprojekte haben zahlreiche Auswirkungen, die alle von den Untersuchungen berücksichtigt werden müßten. Beispielsweise ist nur wenigen Menschen bewußt, daß sich Küstenlinien im Laufe der Zeit verändern: Sie sind einer natürlichen Drift der Sedimente unterworfen, die von Wellen und Strömungen von Ort zu Ort verlagert werden. Entlang einer natürlichen Küste sorgt dieser dynamische Prozeß ständig für viele verschiedene Lebensräume: Wird ein Teil der Küste gerade abgetragen, wird ein anderer durch Sande aufgeschüttet.

Entlang einer erschlossenen Küstenlinie mit Molen, Häfen und Hotels, mit Dämmen und Häusern direkt am Meer, mit künstlichen Kanälen durch die Lagunen, sind solche natürlichen Entwicklungen unterbunden. Das kann für die Ökosysteme einschneidende Auswirkungen haben. Wird die dynamische Natur einer Küste nicht schon im Planungsstadium berücksichtigt, können Häfen verschlicken und die Fundamente von Hotels und Gebäuden an der Küste unterhöhlt werden: Zu den ökologischen Konsequenzen kommen ökonomische hinzu.

Schon heute gibt es Techniken, bestimmten Umweltverschmutzungen und Biotopzerstörungen bereits an der Quelle Einhalt zu gebieten – diese Techniken müssen gefördert und weitere entwickelt werden. In vielen Ländern genießt eine entsprechende Ausbildung der ortsansässigen Bevölkerung hohe Priorität: Die betroffenen Menschen sollen Anträge für Entwicklungsmaßnahmen eigenständig bewerten können und aussagekräftige UVPs durchführen. Für die Inselbewohner im Pazifischen Ozean gibt es zum Beispiel Trainingskurse für UVPs. Die gültigen Richtlinien werden veröffentlicht, oft betreffen sie auch Korallenriffe.

Aber auch Ingenieure und Industrielle müssen ein besseres Verständnis dafür entwickeln, daß ihre Erschließungsmaßnahmen an der Küste die Gesundheit und Lebensfähigkeit der Riffe beeinträchtigen können.

Stranderosion in einem Feriendorf auf Jamaica: Sie wurde weder von den Besitzern noch von den Planern bedacht.

Linke Seite: Der Frachter «MV Wellwood», der im Jahr 1984 im Molasses Riff in Key Largo Meeresnationalpark, Florida, auf Grund lief.

Die Erschließung der Küsten und Inseln ist notwendig, wenn die Bevölkerung ihren Lebensstandard verbessern will. Auf vielen Inseln – zum Beispiel in Ebeya auf den Marshall Inseln – sehen die Menschen die Landgewinnung aus dem Meer als einzige Lösung, um mit dem Bevölkerungswachstum fertig zu werden. Sorgfältigere Planung und ein umfassendes Verständnis der Wirkungen auf Land, Meer und Menschen könnten die Schäden an Riffen und anderen Ökosystemen zumindest begrenzen.

Plädoyer für das Verursacherprinzip

Zum Schutz der natürlichen Lebesräume muß ein Prinzip zunehmend akzeptiert werden: daß derjenige, dessen Aktivitäten der Umwelt schaden, dafür bezahlen muß. Einmal muß er für die entsprechende Ausrüstung und Technologie sorgen, um der Belastung vorzubeugen. Zum anderen muß er für die Reparatur bereits verursachter Schäden aufkommen. In mehreren Ländern wurde dieses sogenannte Verursacherprinzip bereits in der Gesetzgebung festgeschrieben. Jeder, der einen natürlichen Lebensraum schädigt, muß ihn sanieren oder eine vergleichbare Fläche schützen. Reeder zum Beispiel haften heute für die Kosten, die bei der Beseitigung ausgelaufenen Erdöls entstehen, und sie müssen Ersatzzahlungen für den angerichteten Schaden leisten.

Es ist im Grunde nicht möglich, einen Riffschaden in Geldwert zu beziffern. Dennoch wird versucht, solche Abschätzungen vorzunehmen, um eine Reederei, deren Schiff auf Grund gelaufen ist, zu Ausgleichszahlungen verpflichten zu können.

Für den Tourismus genutzte Riffe haben naturgemäß einen hohen ökonomischen Wert. Das Molasses Riff in Florida, auf das die *MV Wellwood* aus Zypern auflief, wurde je Quadratmeter auf 2000 US Dollar geschätzt – wegen seiner Bedeutung als besonders beliebtes Tauchrevier im Key Largo National Marine Sanctuary ein bemerkenswert hoher Preis. Die Reederei verglich sich außergerichtlich mit der amerikanischen Regierung und zahlte für die beschädigten 1500 Quadratmeter mehr als sechs Millionen US Dollar. Davon flossen drei Millionen US Dollar in die Wiederherstellung des Riffs. Ein Baggerbetrieb in Florida hatte 1990 an eine Gemeinde eine Million Dollar zu zahlen, nachdem er einen Strand allzu unachtsam mit Sand aufgefüllt hatte: Die Pumpmaschinen hatten Riffkorallen auf einer Fläche von einem Hektar abgerieben. Auch hier wurde das Geld zum Schutz der Riffe verwendet. Hochgerechnet auf die gesamte Region haben die Riffe Floridas einen Wert von 15,75 US Dollar pro Quadratmeter, berechnet aus den direkten Einkünften aus Tauchen, Schnorcheln und Bootfahren. Werden zusätzlich die Einnahmen aus Reiseveranstaltungen und der Beherbergung der Riffbesucher berücksichtigt, dann erhöht sich der Wert sogar auf 85 US Dollar pro Quadratmeter. Wenn Fischfang und die lebenswichtige Funktion des Riffs beim Küstenschutz dazugerechnet würden, wäre ein noch höherer Wert anzusetzen.

Den monetären Wert von Riffen abzuschätzen, die Küstenbewohnern als Fischgründe und damit als Lebensgrundlage dienen, dürfte schwieriger sein. Dazu müßten detaillierte Fangstatistiken vorliegen, die in den meisten Ländern fehlen. Ein beschädigtes Riff auf Yap im Pazifischen Ozean wurde wie Ackerland auf 20 US Dollar pro Quadratmeter geschätzt: Man ging davon aus, daß beide einen gleichen Gegenwert an Nahrung liefern. Im Roten Meer verseuchte der Ölteppich eines Tankers einen 50 Kilometer langen Streifen an der saudiarabischen Küste. Ein Riff war in Mitleidenschaft gezogen. Bei der Regulierung des Schadens wurde der potentielle Fischereiertrag von 120 US Dollar zugrundegelegt. Für wissenschaftliche, ökologische oder ethische Qualitäten einen Preis festzusetzen, ist sicher noch viel schwieriger – einige abgelegene oder unberührte Riffe müßten aufgrund ihrer Seltenheit gigantische Summen erzielen.

Im Grunde gibt es keine Bewertung, die diesen Namen wirklich verdient. Ihre Ergebnisse hängen stark davon ab, wo das entsprechende Riff liegt und welche Informationen verfügbar sind. Dennoch kann eine solche Schätzung ein Indikator dafür sein, wie hoch der Naturschutzwert eines Riffs ist und welchen Stellenwert sein Schutz einnimmt.

Nur ein Notbehelf: Reparatur mit Draht und Superkleber

Gefahren für die Riffe zu vermeiden und für eine Verbesserung der allgemeinen Umweltbedingungen zu sorgen, sollte das vorrangige Ziel in der Sorge um die Riffe sein. Wenn es jedoch bereits zu Schäden gekommen ist, kann es sehr wichtig sein, die Regeneration des Riffs aktiv zu unterstützen. Es dauert gewöhnlich mehrere Jahrzehnte, bis sich ein geschädigtes Riff – wenn überhaupt – wieder bis zu seinem ursprünglichen Zustand erholt. Es ist aber möglich, es bei seinem Gesundungsprozeß zu unterstützen.

Korallen großflächig wiederanzusiedeln, hat sich vor allem wegen der erforderlichen langwierigen Arbeit unter Wasser als schwierig erwiesen. Wenn ein Hurrikan ein Riff zerstört, regeneriert es sich in der Regel aus abgebrochenen Korallenfragmenten. Wird ein Riff in Handarbeit mit Korallen wiederbesiedelt, müssen sehr viele Korallenfragmente ausgesetzt werden, denn nur einige davon überleben. Dabei setzt man die Korallenfragmente sorgfältig auf eine feste Unterlage auf – manchmal mit schnellbindendem Kleber – oder bindet sie mit Drähten an Metallpfosten. Am Ort der *Wellwood*-Havarie in Florida wurde schnellbindender Zement verwendet. Unbefestigt würden die Korallen in der Strömung hin und her geschoben und die Polypen rasch absterben.

In der Regel sind die Schäden, die von Hurrikanen an den Riffen angerichtet werden, zu großflächig, als daß eine Riffregion von Tauchern in Handarbeit wiederbesiedelt werden könnte. Gerade dies aber haben Taucher in freiwilliger Arbeit versucht, nachdem der Hurrikan «Gilbert» im Jahr 1988 die Riffe an der Südwestküste der Insel Cozumel, etwa zwölf Kilometer vor der mexikanischen Halbinsel Yucatan, verwüstet hatte. Nach dem Prinzip Versuch und Irrtum haben sie den Sand und Schutt, der an der Küste aufgewirbelt worden war und sich auf den Riffen abgesetzt hatte, entfernt und abgebrochene Korallenstücke wieder in den Riffen befestigt. Es besteht die begründete Hoffnung, daß sich die Riffe so leichter von den Hurrikanschäden erholen können.

Die aktive Wiederherstellung von Riffen ist dort sinnvoll, wo der Bestand sehr seltener Korallen bedroht ist, aus wirtschaftlichen Gründen auch dort, wo der Rifftourismus viel Geld einspielt. Wiederherstellungen dieser Art können auch hilfreich sein, wenn ein Schiff auf Grund gelaufen ist und der Schaden auf eine kleine Fläche beschränkt ist. Große Korallen, die zerbrochen oder weggeschoben worden sind, können wieder zusammengekittet werden. Ein Riff vor einem großen Hotel auf Moorea, Französisch-Polynesien, wurde beispielsweise durch den Aushub eines Bootskanals stark geschädigt: Korallen wurden wiederangesiedelt und der Schaden dadurch in Grenzen gehalten. Doch solche Maßnahmen sind in ihrer Wirkung beschränkt, längerfristige Folgen können heute noch nicht abgeschätzt werden.

Der beste und wirkungsvollste Schutz vor Schäden ist ausschließlich ihre Vermeidung.

Fünftes Kapitel

TRADITION UND KOMMERZ

Tintenfische werden auf der ganzen Welt für den Verzehr gefangen. Der hier gezeigte Tintenfisch stammt von den Turks und Caicos Inseln in der Karibik.

Ein typisches südostasiatisches Fischerdorf auf der philippinischen Insel Palawan. Seine Bewohner leben großenteils von den Riffen.

Der Krake ist ein listiges Geschöpf – voller Tricks, um seinen Feinden zu entkommen. Von Nerven gesteuerte Hautpigmente ändern seine Färbung, bis er mit der Umgebung zu verschmelzen scheint. Auch der Mensch stellt dem Kraken nach, denn er ist nahrhaft und ein guter Köder. Darum haben Krakenfischer stets ihre ganze Beobachtungsgabe darauf verwandt, die Gewohnheiten dieses Tieres kennenzulernen.

Im Pazifischen Ozean halten Fischer am Meeresboden nach Steinen Ausschau, die mit rosafarbenen Kalkalgen besetzt sind. Wachsen diese Algen nur auf der Steinunterseite, ist das ein sicheres Zeichen, daß ein vorbeischwimmender Krake die Steine mit seinen Saugnäpfen umgedreht hat. In der Nähe suchen die Fischer dann nach Bruchstücken von Muschel- und Krebsschalen, die der Krake manchmal vor seiner Wohnhöhle zurückläßt. Stöbern die Jäger ihn auf, harpunieren sie den hilflos in seiner Höhle sitzenden Oktopus. Hat er sich zu weit zurückgezogen, vertreiben sie ihn mit einem natürlichen Giftstoff aus seinem Versteck und fangen ihn schließlich im offenen Wasser. Das Gift stammt aus der Haut der Seegurke *(Holothuria atra)*, ebenfalls ein Riffbewohner.

FISCHEN MIT ANGELSCHNUR UND SEEGURKENGIFT

Mit Fischen, Krustentieren, Muscheln und Schnecken sind Korallenriffe die Ernährungs- und Lebensgrundlage für die Küstenbewohner vieler Länder. Auf pazifischen Atollen, die ohne Nutzung der Riffressourcen unbewohnbar wären, besitzen die Fischer über Jahrhunderte tradiertes Wissen und Erfahrung in ihrem Handwerk. Sie kennen viele der dort lebenden Arten besser als die Wissenschaftler.

Obwohl in manchen traditionellen Fischereigebieten der Riffe auch Fische der offenen See gefangen werden, ernähren sich viele Küsten- und Inselbewohner von Hunderten eßbarer Tierarten, die an und in küstennahen Riffen und Lagunen leben. Gerade dort macht sich die Erfahrung der Fischer bezahlt. Auf pazifischen Atollen machen Fische mindestens 20 bis 30 Prozent der Ernährung aus; mit Weich- und Krustentieren liefern die Riffe mehr als die Hälfte des täglichen Proteinbedarfs. In Südostasien steuern Fische bis zu einem Viertel der Proteinnahrung bei, an der Küste dürfte der Anteil deutlich höher sein. Die vielen eßbaren Arten spiegeln den

Tradition und Kommerz

Bambusflöße – hier bei Bolinoa auf den Philippinen – sind eines der einfachsten Hilfsmittel, um über flachen Riffdächern und Seegraswiesen zu fischen. Für die Fische werden sehr feine Netze benutzt, Weichtiere und Seeigel mit der Hand eingesammelt. Unten: Von allen Rifftieren sind Langusten bei Einheimischen wie bei Touristen am meisten begehrt. Der größte Teil der Fänge wird teuer an Restaurants verkauft oder exportiert.

außerordentlichen Reichtum und die biologische Vielfalt des Rifflebens wider.

Bei Bolinao auf den Philippinen fangen Fischer in ihrem Areal mehr als 150 verschiedene Arten; auf den Tigak Inseln Papua-Neuguineas sind es erstaunlicherweise sogar 250 Riffarten. Im Unterschied zum Fischfang in gemäßigten Breiten und dem offenen Meer, etwa von Thunfisch oder Kabeljau, dominieren so gut wie nie eine oder wenige Arten im Fang. Fische sind die wichtigste Nahrung, doch werden zahlreiche andere Arten mitverwertet: Seeschildkröten, Kraken, Muscheln, Schnecken, Garnelen, Langusten, Seeigel, Seegurken, Algen und Quallen. Nach einer eingehenden Untersuchung von elf Dörfern in Amerikanisch-Samoa bestand mehr als ein Drittel des Fangs im Riff aus Pilgermuscheln, Kraken, Schnecken und anderen wirbellosen Tieren.

Das Verständnis des Rifflebens ist für traditionelle Fischer lebenswichtig. Sie sind darauf angewiesen, das Verhalten und die Lebenszyklen ihrer Beute genau zu kennen: Wo fressen ihre Beutetiere? Wo laichen und brüten sie? Die Fischer müssen die örtlichen Gezeiten und Meeresströmungen und deren Einfluß auf das Freß- und Wanderungsverhalten der Riffbewohner kennen. Vom Wissen und der Geschicklichkeit der Fischer hängt das Wohlbefinden der Menschen ab, die an tropischen Küsten leben.

Bei vielen Riffischen ist das Laichen von der Mondphase abhängig. Während des Ablaichens versammeln sie sich nicht nur in großen Schwärmen – manchmal Zehntausende von Tieren –, sie sind dann auch träger und daher leichter zu fangen. Meeresbiologen «entdeckten» dieses Phänomen erst vergleichsweise spät, die mikronesischen Fischer wußten von ihm schon seit Jahrhunderten.

Als Bob Johannes in den 70er Jahren begann, dieses Wissen für sein Buch *Words of the Lagoon* zu sammeln, staunte er darüber, daß sein wichtigster Informant namens Ngiraklang wesentlich mehr mondphasenabhängige Laichzyklen von Fischen kannte als die Meeresbiologen der ganzen Welt bislang erkundet hatten.

In traditionellen Fischerkulturen ist die Jagd auf Prestige-Tiere wie Haie und Dugongs – im Indischen Ozean lebende Seekühe – sowie das Fischen vom Boot aus hauptsächlich Männersache gewesen. Dagegen ist die Arbeit der Frauen zwar weniger spektakulär, liefert aber einen hohen und vor allem regelmäßigen Beitrag zur Ernährung der Gemeinschaft. Mit den Kreiselschneckenarten verdienen sie sogar Geld. Bei Ebbe gehen die Frauen, oft mit ihren Kindern, aufs Riffdach hinaus, oder sie sammeln am Strand eine Vielzahl von wirbellosen Tieren, Algen und kleinen Fischen. In West-Samoa suchen sie beispielsweise nach Seeigeln, Schalen- und Krustentieren, Kraken, Quallen, Algen und Seegurken. Das Vorderende der Seegurken lassen sie im Riff zurück, weil es wieder zu einem vollständigen Tier heranwächst. Normalerweise übernehmen die Frauen auch die Weiterverarbeitung des Fangs: Sie säubern ihn, nehmen ihn aus und bereiten die Tiere zum Kochen oder für den Markt vor. Sie kennen die Tiere und deren Fortpflanzungszyklen sehr genau.

Je nach Form, Größe und Lebensgewohnheiten der bevorzugten Beute verwendeten die Fischer unterschiedliche Fangmethoden. Weit verbreitet ist der Fischfang mit Angelschnüren, wobei je nach Beute verschiedene Haken, künstliche oder lebende Köder eingesetzt werden. Netze werfen die Fischer entweder direkt innerhalb des Riffs oder von Booten in Rinnen und Lagunen aus, oder sie fischen mit sogenannten Wadenetzen, womit sie die Fische im flachen Wasser nahe am Strand einschließen. Langusten und kleinere Fische fangen sie vorwiegend mit runden Wurfnetzen.

Handspeere sind heute kaum noch in Gebrauch, im Gegensatz zu Harpunen. Schwimmer harpunieren unter Wasser größere Fische, zum Beispiel Zackenbarsche. Bis zur Erfindung der Taucherbrille vor etwa 50 bis 60 Jahren erforderte der Fischfang mit dem Speer große Fertigkeiten und viel Ge-

Haie werden von traditionellen Fischern, von Sportfischern und von der kommerziellen Fischindustrie gefangen. Die Bestände werden in vielen Regionen kleiner. Ob auch der Marderhai (Triaenodon obesus), der hier auf den Seychellen einen Eichhörnchenfisch (Myripristis) jagt, in seinem Bestand gefährdet ist, ist noch nicht sicher.

Unten links: In der Regel gehen Frauen und Kinder ins Riff, um Nahrung zu sammeln. Bei Niedrigwasser bieten die Riffdächer – hier in Kilifi, Kenia – ein reiches Angebot.

Unten: Einheimische in Oro Bay, der Nordprovinz von Papua-Neuguinea, fischen an flachen Stellen mit Wadenetzen. Zwar sind Frauen selten mit auf dem Boot, doch sie sind mit anderen wichtigen Aufgaben der Subsistenzfischerei betraut.

Die australischen Aborigines nutzen die Riffe seit Tausenden von Jahren als Nahrungsquelle. Hier kehren Fischer vom traditionellen Fischen mit Handspeeren zurück, das viel Geschick erfordert.

Auf Tarawa, Kiribati, werden wie auf vielen anderen südpazifischen Atollen Korallenblöcke dazu verwendet, auf den Riffdächern Fischfallen aufzustellen. Bei Flut schwimmen die Fische in die Fallen, bei ablaufendem Wasser können sie eingesammelt werden.

schick. Manchmal kauten die Fischer Kokosnüsse und spuckten das Öl auf die Wasseroberfläche: Durch die so entstandene Linse sahen sie die Fische deutlicher.

Fischgatter oder Reusen, die über Riffdächern oder in Gezeitenrinnen errichtet wurden, um die im Ebbestrom abziehenden Fische zu fangen, sind heute weitgehend verschwunden. Früher benutzten Fischer solche aus Stein oder Holz errichteten Fallen im Ozean recht häufig, doch inzwischen sind sie wegen ihres hohen Wartungsaufwands von Netzen verdrängt.

Tragbare Fallen, die an unterschiedlichen Plätzen im Riff aufgestellt werden können, sind besonders in der Karibik in Gebrauch. In ihrem Grundaufbau gleichen sie im wesentlichen noch den von afrikanischen Sklaven eingeführten Fallen. Form und Größe variieren lokal: Z-Fallen in Jamaica, S-Fallen in Kuba und Pfeilspitzenfallen in der östlichen Karibik. Kleinere Fische dringen auf der Suche nach Unterschlupf gewöhnlich zuerst in die Fallen ein und locken größere, wertvollere Fische an: nicht zuletzt Zackenbarsche oder Schnapper.

Manche Fischer verwenden natürliche Gifte aus Pflanzen und Meerestieren, zum Beispiel aus Seegurken. Auf dem Riffdach in Flachwassertümpel gelegte, aufgeschnittene Seegurken entlassen ihr Gift ins Wasser: Die vergifteten Fische treiben an die Oberfläche und lassen sich leicht einsammeln. In ähnlicher Weise macht die Derris-Wurzel *(Derris elliptica)* einen mühelosen Fischfang möglich. Den fischverzehrenden Menschen schadet das Gift offensichtlich nicht.

FISCHEN MIT NYLONNETZ UND DYNAMIT

Bargeldwirtschaft und Bevölkerungswachstum hatten zur Folge, daß nur noch wenige Küstenbewohner für ihren eigenen Lebensunterhalt fischen, das heißt sogenannte Subsistenzfischerei betreiben – es sei denn, sie leben in extrem abgelegenen Regionen. Der Fang der Kleinfischer dient nur noch teilweise der eigenen Versorgung. Was sie darüber hinaus fangen, verkaufen sie an die anderen Mitglieder der Dorfgemeinschaft oder an Touristenrestaurants. Doch im Vergleich zum kapitalintensiven, exportorientierten Fischfang – wie bei Thunfisch oder Garnelen üblich – ist der Fang von Riffischen nur in wenigen Gebieten kommerzialisiert. Von abgelegenen pazifischen Atollen gelangt der Fang selten auf die Märkte.

Da die Küstenbewohner häufig zu den Ärmsten der Bevölkerung gehören, ist Subsistenzfischerei immer noch von existentieller Bedeutung. In der Karibik, wo Tourismus und Industrie die wesentlichen Einkommensquellen sind, beschaffen noch etwa 60000 Kleinfischer im Nebenerwerb zusätzliche Nahrung für ihre Familien, oder sie verdienen etwas Bargeld hinzu. Unabhängig davon haben sich Art und Ausmaß der Rifffischerei in diesem Jahrhundert weltweit dramatisch verändert. Aufgrund importierter Nahrung und Konservendosen sind die Küstenbewohner nicht mehr wie früher von den Riffen abhängig. Gleichzeitig entwickelten sich der Tourismus und Exportmärkte für Riffarten wie Zackenbarsche und Langusten. Beides – beschleunigt durch die zunehmenden Lufttransporte – ist ein starker Anreiz, die Fischerei zu intensivieren.

Die moderne Technik veränderte die Art und Weise des Fischfangs radikal. Neue Methoden steigern die Fangquoten. Die Fischereiministerien gewähren den Fischern Ausbildung, Darlehen und Subventionen, damit sie ihr Fanggerät modernisieren und ihre Boote motorisieren können. Unglücklicherweise wirkt sich das langfristig oft negativ aus: In vielen Subsistenzkulturen ist der Fischfang eine Teilzeitbeschäftigung; die Menschen fischen nur, wenn es nötig ist. Ebenso wichtig sind ihnen Gartenarbeit oder soziale Aktivitäten. Deshalb können sie die normalerweise stabile Nachfrage des Exportmarktes kaum durch ein kontinuierliches

Produktangebot befriedigen. Ohnehin liegen viele Dörfer so weit ab, daß sie nicht regelmäßig von Frachtschiffen angelaufen und mit Eis versorgt werden können. Der Fang verdirbt.

Die neuen Technologien verändern nicht nur das Gemeinschaftsleben, sondern bedrohen durch Überfischung auch das ökologische Gleichgewicht – im Gegensatz zu traditionellen Fangmethoden, die den Lebensraum Riff behutsam nutzten. Da moderne Fangmethoden keine besonderen Kenntnisse vom Riffleben erfordern, ging das tiefe Verständnis für die Riffe mit den traditionellen Fertigkeiten verloren. Beides wäre heute für den Schutz der Riffe wichtig. Statt aus Pflanzenfasern geknüpften oder aus Kokospalmwedeln geflochtenen Netzen werden heute Nylonnetze verwendet. Gehen sie verloren oder werfen die Fischer sie weg, verfangen sich in ihnen alle möglichen Tiere. In Oman lagern seit der Einführung von Synthetiknetzen riesige Abfallmengen in den Riffen: Ortsansässige Tauchklubs entfernten bei einer Säuberungsaktion an einem einzigen Wochenende etwa zwei bis drei Kilometer Netz.

Heute werden Netze mit enger Maschenweite verwendet, so daß jedesmal auch Jungfische ins Netz gehen. Mit den feinen «Karukod»-Netzen werden auf den Philippinen verschiedene, sehr kleine Jungfische gefangen und zu Fischpaste verarbeitet. Auch die Fischer auf Madagaskar verwenden in den ausgedehnten Riffen bei Tulear im Südwesten neuerdings engmaschige Wadenetze. Die gefangenen Fische werden immer kleiner, und seit den 70er Jahren nehmen die Fangerträge und die Artenvielfalt ab.

Kaum ein einheimischer Fischer setzt Schleppnetze in Riffnähe ein, da die Korallen Netz und Ausrüstung beschädigen könnten. Große kommerzielle Fangflotten kümmert so etwas nicht. Obwohl einige Fischer immer noch Segelboote oder Einbäume verwenden, sind zunehmend Boote mit Außenbordmotoren auf dem Vormarsch, die den Aktionsradius mehr und mehr ausweiten. Taucherbrillen und Harpunen – oft auch die Hawaiianische Speerschleuder, die den Speer von einem Gummiband abschießt – haben die Wurfspeere ersetzt. Unterwasserlampen zum nächtlichen Harpunieren erweiterten die Möglichkeiten des Fischfangs noch mehr.

Mit dem Gebrauch von Tauchgeräten steigt die Menge der harpunierten oder mit der Hand gefangenen Fische drastisch an. Zugleich konnten die einheimischen Taucher auf der Suche nach Beute tiefer tauchen. Die Jagd mit Harpunen konzentriert sich auf große Fische. Nachdem die Sportfischerei mit Harpunen im Looe Key National Marine Sanctuary in Florida verboten wurde, verdoppelte sich die Zahl der Schnapper; die Zahl der Grunzer vervierfachte sich sogar.

In den meisten Ländern ist den Gerätetauchern das Harpunieren verboten, doch läßt sich das Verbot nur schwer durchsetzen. Die Malediven verbieten die Einfuhr von Harpunen. Vielleicht ist dies der beste Weg, Besuchern aus Übersee diese Art des Fischens zu verleiden. In vielen Riffen Hawaiis ist das Harpunieren noch erlaubt; wo es jedoch verboten ist, wie im Hanauma Bay Marine Life Conservation District, kommen deutlich mehr und größere Fische vor.

Transportable Fallen bestehen heute aus Holz- oder Metallrahmen, die nicht mehr mit geflochtenem Schilfrohr, sondern mit Drahtgittern bespannt werden. Vom Motorboot aus können doppelt so viele Fallen wie vom Kanu aus betreut werden. Traditionelle Fischfallen, die im Riff verloren gehen, zerfallen rasch. Die modernen, drahtbespannten Modelle dagegen bleiben intakt und treiben als Geisterfallen über das Riff, fangen Fische ein und zerbrechen Korallen.

Seit Jahrhunderten wurden im Pazifischen Ozean natürliche Gifte zum Fischfang eingesetzt, offensichtlich ohne Schaden für die

Trawler meiden in der Regel Riffe, um das Fanggerät nicht zu beschädigen. Wenn sie bei Korallenriffen fischen, fügen sie dem Ökosystem äußerst großen Schaden zu. Diesem taiwanesischen Fischdampfer sind als unbeabsichtigter «Beifang» eine große Menge Schwämme ins Netz gegangen.

Der zu den Zackenbarschen gehörende Epinephelus merra ist nicht nur in Moçambique, wo das Bild aufgenommen wurde, ein leichtes Ziel für die Speere der Fischer. Denn er liegt regungslos auf dem Meeresboden, um kleinen Fischen aufzulauern.

Riffe. Die heute im Handel erhältlichen, wirksameren Gifte hingegen töten Korallen, wirbellose Tiere und Fische. Die Produkte enthalten als Wirkstoff Natriumzyanid oder Chlorverbindungen. Sie dienen vor allem dem Fang von Aquarienfischen, doch in einigen Ländern, so auf den Philippinen, ist Natriumzyanid auch für Speisefische in Gebrauch. Mögliche Folgen für den Verbraucher wurden noch nicht untersucht. In der Karibik und auf Hawaii werden Langusten mit chlorhaltigen Bleichmitteln gefangen.

In der Karibik wird neuerdings versucht, die Schäden durch Fischfallen einzuschränken. Eingeführt werden Fallen mit biologisch abbaubaren, aus Pflanzenfasern gefertigten Fenstern, die im Wasser rasch zerfallen. Gehen solche Fallen verloren, entkommen die nachträglich gefangenen Fische.

Netze und Fallen dürfen eine Mindestmaschengröße nicht unterschreiten, damit Jungfische entschlüpfen können. Um die Vorschrift schneller durchzusetzen, ermöglicht es die jamaicanische Behörde den Fischern in der Discovery Bay, eine Falle mit kleiner Maschenweite gegen genügend Netzmaterial für zwei Fallen mit großer Maschenweite umzutauschen.

Zwei besonders zerstörerische Fangmethoden sind Dynamit- und *Muro-ami*-Fischerei – eine Art Treibjagd zu Wasser. Beide entstanden im Teufelskreis abnehmender Fangerträge, die ständig intensivere Fangmethoden nach sich zogen. Dynamit und *Muroami* werden in einigen der am stärksten ausgebeuteten Riffe der Welt eingesetzt, wo die Verlockung, niedrige Fangerträge auszugleichen, besonders groß ist. Explosionen im Riff, ausgelöst durch Dynamit oder andere Sprengstoffe, sind die vernichtendsten aller heute eingesetzten Fangmethoden. Doch die Fischer können große Mengen an Fisch in einem einzigen Beutezug zusammenraffen. Deswegen ist diese Methode insbesondere in Riffen, wo der Fischbestand so niedrig ist, daß Fischfang mit Schnur und Haken für den Lebensunterhalt nicht mehr ausreicht, sehr beliebt.

Die Bomben bestehen aus kleinen Pulverladungen in Flaschen oder aus Dynamit mit Zündschnüren. Dynamitfischerei mit Munition, die aus Restbeständen des Zweiten Weltkriegs stammt, breitete sich besonders im Pazifischen Ozean und in Südostasien aus. Dorfbewohner auf den Padaido Inseln in Irian Jaya, Ostindonesien, haben auf der Basis tausender scharfer Bomben, die von den Amerikanern gegen Kriegsende in die Lagune geworfen wurden, einen profitablen Industriezweig gegründet: Aus einer einzigen großen Bombe stellen sie Hunderte von kleinen Fischbomben her, verkaufen sie an Händler und verteilen sie so über die gesamte indonesische Inselwelt. Auf den Philippinen werden stickstoffhaltige Dünger oder im Bootsbau verwendeter, pulverisierter Harnstoffschaum mit kleinen Mengen Benzin oder Schießpulver zu explosiven Substanzen vermischt.

Eine ins Wasser geworfene, in einem Fischschwarm explodierende Bombe zerreißt die Schwimmblase der Fische und bricht ihnen die Knochen. Nach der Explosion werden die toten Fische mit Netzen oder mit der Hand eingesammelt. Gewöhnlich gehen weit mehr Fische zugrunde als letztlich «geerntet» werden.

Für das Dynamitfischen muß auch der Mensch einen hohen Preis zahlen, wenn die selbst hergestellten Bomben schon in der Luft detonieren und die Fischer verkrüppeln oder töten. In einigen Teilen der Philippinen hat jeder fünfte bis sechste Dynamitfischer einen oder beide Arme verloren, und eine beträchtliche Zahl von Fischern mußte ihr Leben lassen. Die Herstellung der Fischbomben erfordert Geschick: Die Mixtur muß bei genügend hoher Temperatur zünden, um

Dynamitfischerei schädigt nicht nur die Riffe, sie ist auch höchst gefährlich. Viele philippinische Fischer haben durch diese Praxis Gliedmaßen verloren.

Rechte Seite: Füsiliere (Caesio) suchen tagsüber in großen Schwärmen am Riffhang nach Plankton. Dadurch werden sie ein besonders leichtes Opfer des Muro-ami, einer Fischtechnik auf den Philippinen.

unter Wasser zu detonieren, aber nicht so schnell, daß sie schon in der Luft explodiert. Eine bierflaschengroße Bombe zerstört Korallen in einem Umkreis von drei Metern, eine der größeren Fünfliterbomben, die üblicherweise verwendet werden, in einem Umkreis von zehn Metern. Jahrzehnte vergehen bis zur Regeneration. Während der Fischfangsaison auf den Philippinen detonieren in den Riffen von Bolinao im Durchschnitt sechs Sprengsätze in der Stunde; mehr als die Hälfte der Korallen am Riffhang ist bereits zerstört. Hinzu kommt der Schaden durch die Zyanidvergiftung.

In Tansania schädigte die Dynamitfischerei das Saumriff einer kleinen, sandigen Insel so schwer, daß auch die Insel schließlich verschwand: Da das schützende Riff fehlte, spülten die Wellen die Insel fort. Die tansanischen Fischer zogen inzwischen weiter nach Norden und fischen jetzt in den Riffen Kenias mit Dynamit. Ein Riff bei Mwamba

Midjira, nahe der Südgrenze Kenias, wurde durch die Dynamitfischerei so geschädigt, daß in ihm, im Vergleich zu einem gesunden Riff, nur noch ein 20stel der Korallen und nur ein Zehntel der Fische vorkommen.

Obwohl die Dynamitfischerei fast überall in der Welt verboten ist, wird sie in Unkenntnis der Schäden noch vielfach weiterbetrieben, zumal das Verbot nur mangelhaft durchgesetzt wird. Auf den Philippinen sollen Schulungsprogramme den Fischern die alten, umweltgerechteren Fangmethoden wieder nahebringen. In Verbindung mit der *Melanesian Environment Foundation* sponsert *Greenpeace* ein Projekt zum Lesen- und Schreibenlernen und zur Bewußtseinsbildung, um Küstengemeinden in Papua-Neuguinea über die Gefahren und Probleme der Dynamitfischerei aufzuklären und mögliche Alternativen zu zeigen. In Indonesien wurden mit Unterstützung des *World Wide Fund for Nature* (WWF) Poster verteilt, die die ökologischen, ökonomischen und sozialen Auswirkungen der Dynamitfischerei darstellen. Um die Bombenwürfe zu beenden, wies die Regierung Entwicklungsorganisationen an, in den Dörfern kostenlos Angelschnüre und Haken zu verteilen, damit eine alternative Ausrüstung vorhanden ist. In St. Lucia in der Karibik wurde die Dynamitfischerei, zumindest im Bereich des Marina Islands Reserve, durch Gefängnisstrafen erfolgreich gestoppt. In dieser Region werden Fischer in die Verwaltungsarbeit miteinbezogen; verurteilen sie dann selbst die zerstörerischen Fangmethoden, dann übt das sozialen Druck auf andere Fischer aus.

Die *Muro-ami*-Fischerei ist zwar nur auf den Philippinen übliche Praxis, löscht jedoch außerordentlich wirkungsvoll sämtliches Riffleben in ihrem Umkreis aus. Vor dem Zweiten Weltkrieg führten die Japaner sie auf den Philippinen ein, um den Ertrag ohne den Gebrauch von Schleppnetzen zu erhöhen, die sich zu leicht im Riff verhaken. Bei dieser Methode schwimmen Hunderte von Jungen und jungen Männern mit «Treibleinen» über das Riff, die mit weißen Plastikfähnchen beflaggt und durch Korallenblöcke oder Felsen beschwert sind. Der Lärm der gegen die Korallen schlagenden Gewichte und die sich nähernde Wand aus Fähnchen treiben die Fische in ein halbrundes Netz – das *Muro-ami*. In diesem Netz fängt sich vom Doktorfisch bis zum Hai so gut wie alles: Übrig bleibt ein leeres, völlig ausgeraubtes Riff. Eine andere Methode, *Kayakas* genannt, erzielt die gleiche Wirkung mit Bambusstäben statt Treibleinen und Felsbrocken.

Obwohl diese Technik seit 1986 verboten ist, sind immer noch mindestens 30 *Muro-ami*-Boote oder -Mutterschiffe auf den Philippinen in Betrieb. Von den manchmal kaum zehn Jahre alten Jungen wird erwartet, daß sie für diese Arbeit alljährlich zehn Monate lang all ihre Kraft aufbieten – und das für einen armseligen Vorschuß von 200 bis 600 Pesos (14 bis 40 DM), der nur einen winzigen Teil der Fangprofite ausmacht. Vom *Muro-ami* hängt nach Schätzungen der Lebensunterhalt von 15 000 Menschen ab. Heute dringen die Boote weiter und weiter ins Südchinesische Meer vor, um neue, ergiebigere Riffe zu finden.

Jüngst wurde mit dem sogenannten *Pa-aling* eine Alternative zum *Muro-ami* erfunden, die nach dem gleichen Prinzip funktioniert, die Fische jedoch statt mit Gewichten an Treibleinen durch Preßluftblasen erschreckt. Selbst wenn die Methode die direkten Riffschäden reduziert: Im Falle ihres – noch nicht nachgewiesenen – Erfolges fördert auch sie den wahllosen Fang riesiger Mengen an Fisch und verschärft so das Problem der Überfischung.

Von der traditionellen Selbstversorgung zur kommerziellen Ausbeutung

In vielen Regionen konkurriert der auf Effizienz bedachte, kommerzielle Fischfang mit den lokalen Fischern. Die kommerziellen Fänger dringen sogar unrechtmäßig in die lokalen Fischgründe ein, die traditionell die Vorratskammer der einheimischen Bevölkerung waren, und beschleunigen auch hier die Überfischung. Boote mit Außenbordmotoren, mit denen einzelne Fischer auch abgelegene Fischgründe ansteuern können, sind teurer in der Anschaffung und Unterhaltung. Falls Subsistenzfischer – das heißt Fischer, die sich in erster Linie mit ihrem Fang ihre eigene Ernährungs- und Lebensgrundlage schaffen – sich die notwendige Ausrüstung nicht leisten können, müssen sie ihre Arbeitskraft verkaufen. Auf Haiti gehören die Boote Zwischenhändlern, die die Fischer ausbeuten und den Profit einstreichen. Im Golf von Lingayen auf den Philippinen arbeiten etwa 14 000 Fischer im Riff und erwirtschaften jährlich mehr als drei Millionen DM mit dem Fang von Fischen, wirbellosen Tieren und Algen. Obwohl damit theoretisch auf jeden Fischer 250 DM pro Monat entfallen, verdienen die Familien jeweils nur 30 DM.

Der größte Teil des Profits fließt in die Taschen der Zwischenhändler, die Verteilung und Vermarktung des Fangs kontrollieren.

Solange die Menschen nur fischten, um ihre Familien zu ernähren oder den lokalen Markt zu versorgen, konnten die Riffe den Nahrungsbedarf dauerhaft befriedigen. Doch die Kombination verschiedener Faktoren hat den Druck auf die Ressourcen in den Riffen beträchtlich erhöht: moderne Technologie, Exportmärkte, Tourismus-Gewerbe und das Bevölkerungswachstum, das nach Einschätzung von *Greenpeace* die Folge zunehmender Armut ist.

80 der etwa 100 Länder mit Riffen klagen über Überfischung. Die wachsende Küstenbevölkerung und der weltweit enorme Appetit auf Fisch und andere Meeresfrüchte sind die Ursache dafür, daß die Ausbeutung heute ein nie dagewesenes Maß erreicht hat, daß manche der geschrumpften Artenbestände ihr Existenzminimum zu unterschreiten drohen.

Die wertvollsten Riffische sind Zackenbarsche, Schnapper und Kaiserfische, die als Speisefische von den einheimischen Verbrauchern, dem Tourismusgewerbe und den Exportmärkten stark nachgefragt werden. Die Flachwasserarten – so der Rote und Gestreifte Zackenbarsch und die Gelbschwanzmakrele in der Karibik, der Pantherbarsch im Großen Barriere Riff – leben gewöhnlich in Tiefen bis zu 50 Metern, die Tiefwasserarten – etwa die Roten Schnapper der Karibik – an den äußeren Riffhängen in Tiefen bis zu 300 Metern. Diese Arten sind aus mehreren Gründen gefährdet: Sie sind groß – nicht selten einen Meter lang -, sie leben lange und wachsen langsam. Sind die Bestände einmal reduziert, brauchen sie sehr lange, um sich zu erholen. Zum Laichen sammeln sich die Fische oft zu Tausenden an bestimmten Plätzen: Für Fischer ideale Fanggründe, aber nur

kurzfristig. Auf den amerikanischen Jungferninseln haben sich während der letzten beiden Jahrzehnte beispielsweise kaum noch Zackenbarsche an den beiden dort bekannten Laichsammelplätzen eingefunden.

Schnapper und Zackenbarsche werden in allen Riffen der Welt immer seltener. Der Gestreifte Zackenbarsch ist in Puerto Rico, wo die Fangerträge bereits seit einem Jahrzehnt abnehmen, heute kaum noch zu finden. Der Fischfang konzentriert sich dort auf weniger gefragte Arten wie Papagei-, Soldaten- und Drückerfische. In Papua-Neuguinea gehen die kommerziell geringwertigen Seekaninchen heute zahlreicher ins Netz als Zackenbarsche und Schnapper. In Fischfallen auf Haiti, mit denen früher Zackenbarsche gefangen wurden, finden sich heute vor allem Papageifische, Schmetterlingsfische und Riffbarsche. In stark befischten Riffen auf Guam haben die großen Schnapper ebenso wie Papageifische und Doktorfische abge-

In einigen Ländern gehören die Bewohner von Fischerdörfern zu den ärmsten Gruppen der Gesellschaft. Die Menschen in den Dörfern um Santiago Island am Golf von Lingayen auf den Philippinen leben von der Hand in den Mund. Mit Bambusflößen und einfachen Segelbooten fahren sie jeden Tag zu Riffen und Seegraswiesen, um alles einzusammeln, was sie finden können. Jeder noch so geringfügige Überschuß, der nicht für die eigene Familie benötigt wird, wird verkauft. Kleine Kinder sind an der Arbeit beteiligt: Auf dem Bild rechts sortiert ein Mädchen den Seeigelfang.

Linke Seite oben: Die gestreiften Zackenbarsche (Epinephelus striatus) versammeln sich in großer Zahl, um gemeinsam zu laichen. In dieser Zeit sind sie für Fischer eine besonders leichte Beute. Linke Seite unten: Ein weiterer wertvoller Speisefisch ist der Rotkehlschnapper.

nommen. Die Überfischung greift jetzt auf die kleineren, weniger wertvollen Arten über. Die Fänge lassen nach, obwohl der betriebene Aufwand unverändert hoch ist.

Da die Erträge an Flachwasserfischen – an Zackenbarschen und Schnappern – abnehmen, versuchen die Fischer ihr Glück mit den Arten im tieferen Wasser. Fischereiministerien investierten beträchtliche Summen, um die Ausrüstung zu verbessern, und die Fischer wurden ermuntert, neue Fischgründe auszubeuten, häufig unterstützt durch multi- und bilaterale Hilfe und durch ausländische Investoren. Auf Hawaii, Französisch-Polynesien, Vanuatu und in anderen Ländern des Pazifischen Ozeans werden heute etwa 30 Tiefwasserarten an den äußeren Riffhängen und untermeerischen Rücken befischt; große Mengen werden auch in der Karibik gefangen. Die Tiefwasserarten scheinen gegen Überfischung aber genauso empfindlich zu sein wie ihre Leidensgefährten im Flachwasser: Die Fangerträge an Roten Schnappern beispielsweise sanken in US-amerikanischen Gewässern seit den 80er Jahren auf weniger als die Hälfte.

Viele Länder, insbesondere in der Karibik, importieren heute notgedrungen Fisch, um die wachsenden Touristenmärkte zu versorgen. Der Tourismus vervielfachte den Bedarf an hochwertigen Arten, vor allem an Schnappern, Zackenbarschen und Langusten: Mitte der 80er Jahre verzehrten die Bewohner von Touristenhotels auf Haiti jede Woche 135 bis 180 Kilogramm Fisch, 115 bis 160 Kilogramm Langusten und 90 bis 120 Kilogramm Schnecken. In der Karibik gehören Langusten und Schnecken heute zu den kommerziell wertvollsten wirbellosen Tieren des Riffs. In Belize machten die Langustenfänge 1989 wertmäßig bis zu zwei Dritteln des gesamten Fischfangs aus, was einer Summe von fast 27 Millionen DM entspricht. Obwohl die Langustenbestände in Teilen der Karibik, insbesondere um einige der kleineren Inseln, völlig ausgerottet wurden und viele Inseln Langusten nun importieren müssen, statt sie exportieren zu können, geht die Bejagung dort, wo noch Fänge möglich erscheinen, unablässig weiter.

Die Fechterschnecke (Strombus gigas), die in Seegraswiesen in Riffnähe lebt, war in der Karibik einst ein wichtiger Bestandteil des Speisezettels. Auf den flachen Sandbänken um die Bahamas, in Florida – wo die Keys als

Der Juwelenbarsch (Cephalopolis miniatus) gehört zu den rund 400 Zackenbarscharten. Die meisten dieser Arten sind Speisefische. Die Zackenbarsche verbringen ihre ersten Jahre als Weibchen, bevor sie zu Männchen werden. Werden zu viele Jungfische gefangen, wird das Gleichgewicht der Geschlechter gestört.

Rechte Seite oben: Die ausgewachsene Riesenmuschel (Tridacna) auf einem Riff von Belau, Vereinigte Staaten von Mikronesien, wird zu einem immer selteneren Anblick. Die meisten größeren Muscheln dieser Art sind mittlerweile überfischt, so daß nun auch Jagd auf die kleineren Exemplare gemacht wird.

«Schneckenrepublik» bekannt wurden – und auf den Turks und Caicos Inseln kam sie einst in sehr großen Beständen vor. Traditionell konnten die Fischer die Schnecken, im flachen Wasser watend, einfach mit der Hand einsammeln. Oder sie fuhren mit einem Boot hinaus, spähten durch einen Eimer mit Glasboden ins Wasser und holten die Schnecken mit einem Haken an einer langen Stange herauf. Im Laufe des letzten Jahrhunderts wurde ein so starker Raubbau betrieben, daß die meisten der großen Bestände heute verschwunden sind. Schnorchelausrüstungen und Boote mit Außenbordmotoren optimierten die Jagd auf Schnecken, und die Erfindung von Tauchgeräten versetzte nun selbst den Populationen im tieferen Wasser den Todesstoß. In manchen Regionen leben die verbliebenen Populationen in so tiefem Wasser, daß sie ohne Tauchgeräte gar nicht mehr zu erreichen sind. Heute gelten Schnecken als Luxus-Nahrung, die auf dem Weltmarkt und in Touristenrestaurants hohe Preise erzielen. Darum werden, trotz abnehmender Bestände, jährlich immer noch zehn bis 15 Millionen Schnecken gefangen.

Die sieben Arten der Riesenmuscheln, deren Fleisch sehr nährstoffreich ist, waren im pazifischen Raum seit langer Zeit eine wichtige Nahrungsquelle, wie aus der großen Menge von Gehäusen hervorgeht, die in prähistorischen Abfallhaufen gefunden wurden. Kleinere Muscheln dienten der täglichen Ernährung; die größeren wurden traditionell im Riff gesammelt und in flachen Lagunen als «Muschelgärten» angelegt. Ein Schmaus für besondere Zeremonien und Nahrungsreserve für Schlechtwetterperioden, wenn die Fischer nicht zum Fang ins Riff ausfahren konnten. In vielen Regionen verfallen die Muschelgärten, teilweise wegen der Seltenheit der Muscheln, teilweise deswegen, weil den Inselbewohnern heute konservierte Lebensmittel zur Verfügung stehen. An einigen Orten jedoch, etwa auf den Fidschi-Inseln, pflegt man Muschelgärten nach wie vor: für große Ratsversammlungen und Feste.

Die größte Nachfrage nach Riesenmuscheln stammt aus Restaurants in Asien, die jährlich 500 Tonnen Muschelfleisch verbrauchen. Der Schließmuskel bringt rund 150 DM pro Kilogramm. Er ist sehr geschätzt und wird häufig als Sushi zubereitet, mancherorts gilt er sogar als Aphrodisiakum. Das

übrige Fleisch veredelt Salate und Suppen. Riesenmuscheln wachsen langsam, sitzen im Riff fest und sind deshalb leicht zu finden. Das macht sie gegenüber allem Raubbau sehr verletzlich. Als die Bestände entlang der Pazifikküsten asiatischer Länder verschwanden, fielen die Boote der meist taiwanesischen Fischer – die den Handel mit Riesenmuscheln beherrschen – überall im Pazifischen Ozean in die Riffe ein. Um an die Muscheln zu gelangen, beuteten sie Fischgründe entlegener Regionen auch illegal aus, wo die örtlichen Dorfgemeinschaften ihre Riffe nicht überwachen können.

Die beiden größten Arten, *Tridacna gigas* und *Tridacna derasa*, sind heute in weiten Teilen Indonesiens, der Philippinen, Belaus, der Vereinigten Staaten von Mikronesien und Japans so gut wie verschwunden. Die Bestände in den meisten anderen pazifischen Ländern nahmen ab, und auf den Fidschi-Inseln ist *Tridacna gigas* seit kurzem ausgestorben. Über die Bestände der fünf anderen Arten ist weniger bekannt, doch daß auch an ihnen vielerorts Raubbau betrieben wurde, steht außer Frage.

Viele weitere Rifflebewesen, die früher weniger bedeutsame Nahrungsquellen waren, werden inzwischen intensiv befischt. Riffhaie wurden im Pazifischen Ozean traditionell wegen ihres Fleisches und ihrer Haut gejagt, doch gehörten sie nicht zur alltäglichen Nahrung. Für eine besondere Gelegen-

Zwei Stadien auf dem Weg, Trepang oder «Bêche-de-mer» herzustellen: Seegurkentaucher im Ashmore Riff, Nordwestaustralien (kleines Bild oben), wohin aus dem gleichen Grund seit dem 17. Jahrhundert auch indonesische Fischer kommen, und danach das Trocknen der ausgenommenen Tiere in der Sonne, das sie haltbar macht (kleines Bild unten).

heit mag ein Dorfoberster Haifleisch gewünscht haben, und in einigen Stammesgemeinschaften galt die Jagd auf Haie als Bewährungsprobe für die Fischer. Nie aber beeinflußte das gelegentliche Fangen von Haien ihren Bestand. Zur Zeit gibt es nur wenige Informationen darüber, wie sich der moderne, kommerzielle Haifang auf die Riffhaie auswirkt, doch ist bekannt, daß viele Haiarten intensiv befischt und viele Tausende wegen ihrer Rückenflossen gejagt werden. Ein Hai bringt bis zu 260 DM ein. Mancherorts nimmt die Zahl der Riffhaie bereits ab: In den Florida Keys gibt es heute weniger Zitronenhaie, da sie als Köder für den Krebsfang verwendet werden. Hai-Populationen vertragen keine intensive Bejagung: Haie bringen nur wenige, langsam wachsende Junge zur Welt.

Ausgenommene, getrocknete und geräucherte Seegurken sind als *Trepang* oder *Bêche-de-mer* bekannt und gelten bei den Chinesen als große Delikatesse. Aus den Rifflagunen der Philippinen, Indonesiens und Malaysias werden sie heute in großer Zahl in Restaurants nach ganz Asien exportiert. Um mit der steigenden Nachfrage Schritt zu halten, werden überall in den pazifischen Ländern kleine Fischereigebiete erschlossen, auch wenn sich die einheimische Bevölkerung selbst kaum von Seegurken ernährt. In Neukaledonien werden die Seegurken bei Ebbe vom Riff gesammelt. Bis vor kurzem bestand die Ernte vor allem aus *Holothuria scabra*, die als *Bêche-de-mer* von höchster Qualität geschätzt wird und je Kilogramm etwa 45 DM einbringt. Seit neuestem besteht der Fang vor allem aus *Actinopyga militaris*, für die Sammler nur 15 DM je Kilogramm erzielen – vielleicht ein frühes Zeichen für die allzu starke Entnahme wertvoller Arten.

Die besten Köderfische für den kommerziellen Thunfischfang sind Sardellen, die in Flußmündungen und schlammigen Küstenregionen zuhause sind. Wo sie fehlen, behilft man sich mit Sprotten und Sardinen oder mit kleinen Riffischen, die in Lagunen zu fangen sind. Die Fanggebiete liegen auf den Salomonen, Neukaledonien, um die Malediven und Sri Lanka. Zur Zeit scheinen die Bestände nicht abzunehmen, doch besteht die Sorge, daß die Jungfische anderer Speisefische mitgefangen werden. Dies wird langfristig nicht ohne Folgen für die Riffischerei bleiben.

In den letzten Jahren nahm die Sportfischerei sehr stark zu; besonders in Australien, auf Hawaii und in der Karibik ist sie bei Einwohnern und Touristen gleichermaßen beliebt. Obwohl große Hochseefische wie der Marlin besonders begehrte Beutefische sind, werden auch viele Riffische gefangen. In den 80er Jahren übertraf die Freizeitfischerei im Großen Barriere Riff die Beute der kommerziellen Fischer um das Dreifache. In einem einzigen Teil des Riffs belief sich der Fang in einem Jahr auf 2000 Tonnen. Zwischen den 60er und 80er Jahren nahm das Durchschnittsgewicht der Pantherbarsche im Barriere Riff um ein Kilogramm ab. In einigen Fanggründen ist dieser beliebte Fisch fast vollständig verschwunden.

Tausende von Amateuranglern bevölkern in Florida oder auf Hawaii an den Wochenenden oder während der Urlaubswochen die Riffe und tragen maßgeblich zur Ausrottung der Fischbestände bei. Besonders beliebt sind bei den Amateuren Langusten, da sie so einfach zu fangen sind. Und genau deshalb verringert sich ihre Zahl von Jahr zu Jahr. Nachdem ein Langustengebiet in Florida für den Fang gesperrt wurde, erholten sich die Bestände innerhalb von zwei Jahren nur auf 70 Prozent ihres ursprünglichen Umfangs. Obwohl viele Riffischer genau wissen, daß die Fischbestände abnehmen, ist es für Meeresbiologen schwierig, genaue Daten vorzulegen. Riffische erzeugen eine große Zahl von Jungfischen. Doch nur wenige Nachkommen erreichen die Geschlechtsreife, denn sie sind leichte Beute für Raubfische. Zu manchen Zeiten sind von einer bestimmten Art bloß einige Individuen im Riff. Lokale Populationen können zeitweilig sogar scheinbar «aussterben», aber solche Fluktuationen gehören zur Ökologie eines Riffs. Eine von Natur aus seltene Rifftierart ist freilich gegenüber Raubbau besonders empfindlich. Einzig wegen der Meeresströmungen, die im Plankton lebende Larven von Riffbewohnern über weite Strecken verdriften, besteht Hoffnung, daß überfischte Riffe sich durch die Sprößlinge noch nicht ausgebeuteter Riffe regenerieren.

Jede Überfischung hat für das Riff und für die von ihm abhängigen Menschen ernste Konsequenzen. Sind die Fänge so hoch, daß sich die Bestände an Fischen und wirbellosen Tieren nicht regenerieren können – was in einigen Gebieten bereits der Fall ist –, wird das ökologische Gleichgewicht gestört. Zukünftige Generationen von Fischern können sich anstrengen wie sie wollen: Sie werden immer weniger fangen.

Das erste Anzeichen dafür, daß der Fischfang ein tragbares Niveau überschreitet, ist die Größenabnahme gefangener Fische. Aufgrund der intensiven Fangmethoden überwiegen bereits Jungfische und kleine Arten. In manchen Fällen wird der Fischfang «zusammenbrechen», was bedeutet, daß eine bestimmte Art aus kommerzieller Sicht ausgestorben ist. Die Frage, wo die Grenze des nachhaltigen Fischfangs liegt, ist schwer zu beantworten. Fischereiwissenschaftler gehen davon aus, daß Riffe durchschnittlich eine nachhaltige Fangquote von 15 Tonnen pro Quadratkilometer und Jahr erlauben. Demnach könnten alle Riffe der Welt, sofern nachhaltig bewirtschaftet, zusammengenommen immerhin neun Millionen Tonnen Fisch, Krusten- und Weichtiere pro Jahr liefern – gegenwärtig etwa ein Zehntel des gesamten Fischfangs der ganzen Welt.

Welche Fischmengen ohne Schäden aus einem Riff entnommen werden können, wurde nur selten untersucht. Die spärlich verfügbaren Daten legen nahe, daß der Ertrag ungeheuer variabel ist. In einigen Riffen der Philippinen werden zum Beispiel jährlich 30 bis 40 Tonnen Fisch je Quadratkilometer entnommen. Auf einigen pazifischen Inseln belaufen sich die Fänge auf nur zwei bis vier Tonnen pro Quadratkilometer und Jahr. Solche Zahlen sagen ohne weitere Informationen nur wenig über die Gesundheit eines Riffs aus. Eine hohe Fangquote kann bedeuten, daß ein Riff mit reichlichem Fischbestand geringfügig befischt wird, aber genausogut, daß ein Riff mit geringem Fischbestand intensiv ausgebeutet wird.

Der intensive Fischfang hat komplexe Rückwirkungen, die das Riffleben unvorhersehbar beeinflussen und das gesamte Ökosystem verändern. Die Überfischung irgendeiner Art zieht entweder den drastischen Rückgang einer anderen Art nach sich, oder sie bewirkt gerade das Gegenteil: deren explosionsartige Vermehrung. Oft ist das der Anfang eines Dominoeffektes, der nach und nach alle Arten erfaßt. Werden die Populationen pflanzenfressender Fische, zum Beispiel Papagei- oder Doktorfische, dezimiert, so können sich die auf dem Riff wachsenden Algen ungehindert ausbreiten. Dabei verdrängen sie wiederum die Korallen.

Ein anderes Beispiel: In der Karibik macht der Königsdrückerfisch, Hauptfreßfeind der Seeigel, heute etwa zehn bis zwölf Prozent der Fangerträge im Riff aus. Deshalb ist zu befürchten, daß sich die Bestände der Seeigel vergrößern und aufgrund ihrer rabiaten Freßmethode Teile der Riffe mitabtragen. In vielen Teilen der Welt, darunter auch in der Karibik, im Roten Meer und in Kenia, geht mit der Überfischung der Riffe eine ungewöhnlich hohe Population an Seeigeln einher. Überfischung könnte sogar ein Faktor für die explosionsartige Vermehrung des Dornenkronenseesterns sein. Ursprünglich dachten Wissenschaftler, dafür sei die starke Dezimierung des Tritonshorns verantwortlich: Das wegen seiner dekorativen Schale im Handel begehrte Weichtier ist einer der wenigen Freßfeinde des Seesterns. Neuere Untersuchungen legen dagegen nahe, daß die Überfischung kommerzieller Speisefische, wie Kaiser- oder Drückerfische, ausschlaggebend sein dürfte. Denn sie ernähren sich von den Jugendstadien des Dornenkronenseesterns.

Marikulturen

Die Erträge einzelner Arten mit Hilfe bestimmter Techniken zu steigern, ist keine Erfindung unserer Zeit, sondern hat durchaus Tradition. Als eine frühe Form heutiger Meeresfarmen können zum Beispiel die traditionellen Muschelgärten gelten: Riesenmuscheln wurden im Riff gesammelt und in den dorfnahen, flachen Lagunen zusammengebunden, wo sie bis zur Erntereife wuchsen. Über viele Jahrhunderte fingen die Menschen Jungfische und Krustentiere, indem sie Mangrovensümpfe und Flußmündungen absperrten. In diesen künstlichen Teichen konnten sie ihre Beutetiere so lange aufziehen, bis sie groß genug für den Verzehr geworden waren. Dauerhaftere Teiche, in die Fische und Krustentiere eingesetzt wurden, dienten quasi als Vorratskammer.

Werden pflanzenfressende Arten überfischt – oben ein Papageifisch (Scarus capistratoides) –, machen sich Algen breit.

Linke Seite: Pantherbarsche (Plectropomus leopardus) sind nicht nur auf Heron Island, wo das Bild aufgenommen wurde, bei Freizeitfischern beliebt. Bei Heron Island haben sich die Bestände seit den 60er Jahren erheblich verringert.

Ist eine Region überfischt, können nur noch kleine, nicht für den menschlichen Verzehr geeignete Fische gefangen werden. Schmetterlingsfische (Chaetodon melannotus) bei Batangas auf den Philippinen.

Die sogenannte Marikultur – die gezielte Bewirtschaftung von Meerespflanzen und -tieren – hat in den Tropen wegen der dauernd steigenden Nachfrage nach Fischen und Meeresfrüchten immer mehr an Bedeutung gewonnen. Denn die natürlichen Bestände nehmen immer weiter ab, während die Bevölkerung wächst und der Export immer weiter expandiert. Die Marikultur von Riffarten bietet Arbeitsplätze, reduziert den Druck auf zu stark ausgebeutete Bestände, stellt eine verläßliche Proteinquelle und kann durchaus auch zur Aufstockung verarmter Riffe eingesetzt werden. Bereits heute wird eine beträchtliche Anzahl von Riffarten gezüchtet, und die Produktion durch Marikultur nimmt in den tropischen Entwicklungsländern Jahr für Jahr zu.

Leider aber hat die kommerzielle Marikultur, wenn sie zu intensiv betrieben wird, vielerorts einen ausgesprochen schädlichen Einfluß auf ihre Umgebung und den natürlichen Bestand der Riffarten: In Südostasien zum Beispiel, wo der Milchfisch *Chanos chanos* und die Geißelgarnele *Penaeus monodon* in großem Umfang gezüchtet werden, werden für die Teiche zur Aufzucht dieser Brackwasserarten großräumig Mangrovenwälder abgeholzt. Auf den Philippinen fielen mindestens 156 000 Hektar Mangrovenwald der Anlage von Milchfisch-Farmen zum Opfer. Mit den Mangroven verschwinden die Kinderstuben einiger in Riffen lebender Fische und Krebstiere, so daß deren Bestände abnehmen. Dadurch wiederum gibt es weniger Jungfische und Krustentiere, die gesammelt werden könnten, um die Marikultur-Teiche zu bestocken, und letztendlich geht die in vielen Regionen immer noch wichtige Subsistenz-Fischerei zurück.

Gerade die moderne, kommerzielle Marikultur wirkt sich außerordentlich schädlich auf die natürliche Fauna aus – wie von den Lachsfarmen des Nordens hinlänglich bekannt ist. Die Bestandsdichte von Tieren und Pflanzen ist in den Aufzuchtteichen weit höher als unter natürlichen Bedingungen. Häufig werden Dünger und Fischfutter zugegeben, um das Wachstum der gezüchteten Tiere oder ihrer Beute zu steigern. Chemikalien und Antibiotika zur Eindämmung von Krankheiten, die bei so dichten Populationen leichter entstehen und rascher übertragen werden, vervollständigen die Palette. Die Abwässer aus diesen Farmen belasten die Meeresumwelt, die chemischen Beigaben gefährden zudem die Gesundheit der Menschen, die solche Zuchttiere essen. Krankheiten breiten sich über die Farmen hinaus aus, und entkommene Farmtiere etablieren sich außerhalb ihres natürlichen Verbreitungsgebietes, verdrängen heimische Arten oder schwächen ihr Erbgut.

Für einige Rifflebewesen ist eine sorgfältige, nicht zu intensiv betriebene Marikultur durchaus denkbar, zumal wenn sie nicht zu groß ist und von der einheimischen Gemeinde verwaltet werden kann. Der Vergleich mit der Landwirtschaft bietet sich an: Traditionelle, kleinräumige Anbaumethoden haben in der Regel nur geringe Auswirkungen auf die Umwelt, wohingegen die großflächigen Monokulturen meist weitreichende und langfristige Konsequenzen für die Umwelt haben.

In einigen Teilen der Karibik hat das Sammeln von bestimmten Algen an natürlichen Standorten bereits dazu geführt, daß ihre Bestände abnehmen und die Preise anziehen. Glücklicherweise gehören diese Algen zu den tropischen Meeresarten, die sich besonders leicht in Farmen kultivieren lassen: Kleine Stückchen werden an Nylonfäden befestigt, die von Gittern – auch Flöße genannt – ins Riff oder die Lagune herabhängen. Die rote Alge *Euchema* wird in Südostasien, Japan und dem Pazifischen Ozean weiträumig kultiviert. Sie wird zu Alginaten oder Agar-Agar weiterverarbeitet, die als Eindickungsmittel in einer riesigen Produktpalette Verwendung finden: von Eis bis Schuhcreme und als Medium zur Mikrobenkultur in Krankenhäusern und Forschungsinstituten. Doch kann sogar Algenzucht zu Problemen im ökologischen Gleichgewicht führen. In Hawaii entwich *Euchema*, nachdem sie mehrere Jahre lang in Farmen kultiviert wurde, und vermehrte sich in der Umgebung der Farm so stark, daß der Fischbestand deutlich zurückging.

Als die Bestände der Fechterschnecken in der Karibik abnahmen, entstanden vielerorts als direkte Folge Farmen zu ihrer Zucht. Auf den Turks und Caicos Inseln gesammelte Eier entstammen einer Population aus 200 männlichen und 200 weiblichen Schnecken, die in einer Unterwasser-«Weide» gemeinsam in Gefangenschaft gehalten werden. In diesem geschützten Lebensraum, ohne Bedrohung durch Freßfeinde, finden die Schnecken

leicht zueinander, so daß weibliche Schnecken jährlich sechs- bis achtmal ihre Eipakete mit je einer halben Million Eier ablegen. Die Eier werden gesammelt und entwickeln sich in der Schneckenfarm weiter, bis die Jungschnecken groß genug sind, um in flachen Becken ausgesetzt zu werden. Bis zum Alter von sechs bis sieben Monaten leben sie dort von Algen, ehe sie in eine andere, größere Unterwasserweide freigelassen werden. Im Alter von drei bis vier Jahren schließlich werden sie geerntet.

Mit jungen Schnecken aus Brutanstalten der Turks und Caicos Inseln wurden auch einige Riffe der Karibik neu besiedelt. Einfach und billig wäre es, die Farmen in der Strömung zu solchen Regionen einzurichten, in denen die erwachsenen Schnecken sich später gut ansiedeln und leben können. Männliche und weibliche Schnecken könn-

ten, wie auf den Turks und Caicos Inseln, zusammen gehalten werden, doch statt daß ihre Eier gesammelt würden, sollten sie die naheliegenden Gebiete natürlicherweise wiederbesiedeln. Der Vorteil dieser Methode wären höhere Fortpflanzungsraten, da die Bedingungen für eine Vereinigung männlicher und weiblicher Schnecken in einem halbabgeschlossenen, natürlichen Lebensraum günstiger wären als im Gedränge einer Brutfarm.

Farmen für die Riesenmuscheln im Pazifischen Ozean könnten sogar das zukünftige Überleben von Rifflebewesen sichern helfen, denn sie liefern Ressourcen für die ansässige Bevölkerung und den Export. Sie dienten dann als Grundstock, um überfischte Riffe wieder aufzufüllen. Allerdings ist auch hier der Umfang das Maß aller Dinge: Eine zu intensive Unterwasser-Landwirtschaft birgt auch viele ökologische Gefahren in sich.

Der Ertrag ist mit Produktionsraten von bis zu 60 Tonnen Muschelfleisch pro Hektar und Jahr beträchtlich. Alle sieben Riesenmuschelarten werden kultiviert, doch die besten Resultate werden mit *Tridacna derasa* erzielt, eine der größten Muscheln. Erwachsene «Brutmuscheln» werden in Becken gehalten, in denen sie auch ablaichen; die Jungtiere werden für ein halbes bis ein Jahr in Becken mit fließendem Wasser großgezogen. Wenn sie etwa fünf Millimeter lang geworden sind, werden sie in Käfige oder

Ausgewachsene Riesenmuscheln, die in einem schwimmenden Tank auf den Marshall Inseln laichen sollen.

Linke Seite oben: Algenkultur in der Lagune von Majuro auf den Marshall Inseln. Linke Seite unten: Eine frisch in das Weidegehege einer Muschelfarm eingesetzte Fechterschnecke.

Mikroalgenkultur auf den Turks und Caicos Inseln. Die Algen sollen als Futter für Fechterschnecken dienen.

«Kinderstuben» übertragen, die in der Rifflagune treiben. In diesem Alter wachsen sie mit etwa vier bis zehn Zentimetern pro Jahr sehr schnell. Haben sie 20 Zentimeter erreicht, werden sie direkt im flachen Riff ausgesetzt. Solche Stellen werden nach den traditionellen Riesenmuschel-Gärten der pazifischen Inselbewohner auch heute noch als «Muschelgärten» bezeichnet.

Die wichtigsten Zuchtanstalten für junge Muscheln liegen auf Belau und auf den Salomonen, etwas kleinere Betriebe auch auf den Philippinen. Aus den Zuchtanstalten gelangen heute Tausende von Jungtieren in zahlreiche Länder Südostasiens und den gesamten pazifischen Raum; vielfach werden sie an Dörfer und Gemeinden geliefert, die ein deutliches Interesse an Muschelfarmen bekundet haben.

Die örtliche Bevölkerung wird dazu angeleitet, die jungen Muscheln in Becken abseits vom natürlichen Riff für einen Monat unter Quarantäne zu stellen. So wird der Verbreitung von Krankheiten vorgebeugt. Später werden die Muscheln an einem ausgewählten Ort ausgesetzt, und die Dorfgemeinschaft sorgt für ihren Schutz, bis sie eine zur Ernte geeignete Größe erreicht haben. Zur Förderung dieser Initiativen hat sich *Greenpeace* mit dem *International Centre for Living Aquatic Resources Management* (ICLARM) zusammengetan, um ein Handbuch zum Naturschutz und der Bewirtschaftung von Riesenmuscheln herauszugeben. Neben detaillierten Informationen über Methoden der Aufzucht wird in dem Buch auch deutlich darauf hingewiesen, daß sauberes Wasser und eine unzerstörte Riffumwelt unabdingbar für eine erfolgreiche Muschelernte sind.

Die ersten Riesenmuscheln wurden 1990 auf den Philippinen aus Zuchtfarmen in einem Riff eines Meeresschutzgebietes der Insel San Salvador ausgesetzt, das von einer Gemeinde vor Ort verwaltet wird. Inzwischen werden Muscheln noch in eine Reihe weiterer gemeinschaftlich betriebener Schutzgebiete eingeführt. Im Pazifischen Ozean reagierten die Dorfgemeinschaften besonders erfreut auf die Muschelfarmen, und ihr traditionelles System von Riffrechten und -eigentum stellt den Schutz der Muschelgärten sicher. Auf Yap wurden in mehr als 40 Dörfern Muschelgärten eingerichtet, und zahlreiche andere entstanden auf den Salomonen. Die Muscheln bieten Dorfgemeinschaften, die vorher vom Subsistenzfischfang abhängig waren, eine willkommene Einnahmequelle und sind ein wirkungsvoller Antrieb, mit der Küsten- und Meeresumwelt sorgfältig umzugehen und Belastungen durch Landwirtschaft, Industrie und Straßenbau zu vermeiden.

Die Einrichtung von Farmen für Riffische hat sich als schwieriger erwiesen: Nur einige von ihnen laichen in Gefangenschaft, und zu wenig ist über ihre Lebenszyklen bekannt. In Thailand und Malaysia dienen im Wasser treibende Netzkäfige der Aufzucht des Zakkenbarschs *Epinephelus tauvina*. Fische, die wie diese Riffbarsche ihre Eier auf einem Substrat ablegen, statt zu laichen, sind leichter zu züchten. Ungeachtet der praktischen Probleme, muß jedes Projekt zur Zucht von Fischen in Gefangenschaft sorgfältig durchdacht werden, um mögliche ökologische und soziale Konsequenzen abzusehen. Wirksame Überwachungsprogramme müssen den gewissenhaften Betrieb solcher Fischfarmen sichern.

Künstliche Riffe

Eine andere Methode, die Zahl verschiedener Rifftiere zu steigern, sind künstliche Riffe. Wahrscheinlich waren die ersten künstlichen Riffe – wenn auch unbeabsichtigt – Schiffswracks. Gesunkene Schiffe wirken wie ein Magnet auf zahlreiche Lebewesen und sind alsbald von den unterschiedlichsten Pflanzen und Tieren besiedelt. In tropischen Gewässern ähneln Wracks in ihrer Üppigkeit sehr bald schon Riffen. Ihr Metall bietet Korallenlarven einen glatten, harten Untergrund,

Riffische in Gefangenschaft zu züchten, ist schwierig. Leichter ist dies bei Riffbarschen, die ihre Eier auf dem Grund ablegen. Viele der gängigen Speisefische jedoch laichen unerreichbar mitten im Meer.

und in den Aufbauten finden Fische und wirbellose Tiere Schutz und Brutplätze.

Speziell für diesen Zweck gebaute, künstliche Riffe werden heute ziemlich häufig auf zerstörten Riffen oder in deren Nähe errichtet, um ihre Regeneration zu fördern. In dem zusätzlichen Lebensraum können sich mehr Larven niederlassen und Schutz suchen. Auf den Philippinen und in Thailand sind künstliche Riffe in vielen geschädigten Riffen mit abnehmendem Fischertrag angelegt worden. Sie werden von den örtlichen Fischerdörfern verwaltet. Trotz alledem kann ein künstliches Riff an Artenvielfalt und Lebensraumqualität niemals mit einem natürlichen Riff konkurrieren, weswegen deren Erhaltung immer höchste Priorität haben muß.

Künstliche Riffe lassen sich mit relativ geringem Aufwand aus lokalen Materialien herstellen. Gebilde aus Bambus sind in südostasiatischen Ländern beliebt und billig. Sie liefern Fischen einen guten Lebensraum; Korallen lassen sich allerdings nicht auf ihnen nieder. Vielen erscheint es sehr verlockend, Abfall als Baumaterial für die künstlichen Riffe zu verwenden. Doch meist enthalten

Vom Schiff zum Riff

Das *Greenpeace*-Schiff *Rainbow Warrior* hat sich – sieben Jahre nach seinem Untergang – zu einer Art künstlichem Riff entwickelt. Da es nicht in tropischen Regionen auf Grund liegt, haben sich dort zwar keine riffbildenden Korallen angesiedelt, dafür aber eine große Zahl subtropischer Pflanzen und Tiere. Französische Geheimdienstagenten zerbombten das Schiff 1985 im Hafen von Auckland vor der australischen Küste auf seiner Fahrt nach Moruroa, wo *Greenpeace* gegen französische Atombombentests protestieren wollte. Nach gründlicher Reinigung wurde es 1987 in der Matauri Bay vor Neuseeland nach alter Seefahrtstradition versenkt.

sie Schadstoffe, und die vermeintliche Hilfe verkehrt sich ins Gegenteil. Vielfach wurden Bündel aus alten Autoreifen verwendet: Sie sind im Überfluß vorhanden, und Korallenlarven lassen sich auch erstaunlich bereitwillig auf ihnen nieder. Doch die Reifen zerfallen allmählich und entlassen Schadstoffe ins Wasser, weswegen sie auf gar keinen Fall weiter mehr für diesen Zweck mißbraucht werden sollten.

In Florida hat es sogar ernstgemeinte Vorschläge gegeben, die Schlacke aus kommunalen Müllverbrennungsanlagen zum Bau künstlicher Riffe zu verwenden. Da solche Schlacke giftige Rückstände enthält, ist schon allein der Vorschlag unverantwortlich. Trotzdem startete ein amerikanisches Unternehmen im Jahr 1987 ein gefährliches «Experiment», um die Verwendbarkeit dieser Abfallstoffe zu überprüfen. Mit Zement zu Ziegelsteinen verfestigte Schlacke aus einem ölbetriebenen Kraftwerk wurde vor Vero Beach in Florida ins Meer geworfen. Ölasche enthält besonders viel des giftigen Schwermetalls Vanadium und eine Reihe anderer gesundheitsgefährdender Stoffe. Obwohl vom Unternehmen bestritten, ist das Risiko schädlicher Nebenwirkungen recht hoch. Die Crew des *Greenpeace*-Schiffes *Moby Dick* baute im Jahr 1991 ein Teil des Kunstriffes wieder ab und übte ferner Druck auf das Unternehmen aus, um den Rest zu entfernen. Der Erfolg dieser Aktion bestand allerdings nur in der Einstellung des «Experimentes», die restlichen Ziegelsteine lagern noch immer am Meeresgrund. Egal für welchen Zweck: Giftmüll darf grundsätzlich nicht ins Meer versenkt werden.

Heute gibt es eine Reihe anspruchsvoller, speziell für künstliche Riffe entworfener Bauteile. Sie sind zwar wirksam, aber auch sehr teuer. Auf den amerikanischen Jungferninseln wurden in Salt River Canyon vorgefertigte Betonbauteile dazu verwendet, Zackenbarsche anzulocken. Auf den Malediven wurde ebenfalls ein künstliches Riff aus Betonwürfeln, Beton-«Matratzen» und mit Pflastersteinen beschwertem Maschendraht errichtet – innerhalb einiger Monate war es von Algen, Fischen und wirbellosen Tieren besiedelt, und einige Korallen hatten sich darauf niedergelassen. Tiefgelegene Länder, wie die Malediven, versprechen sich von künstlichen Riffen dieser Art zusätzlichen Schutz vor Überflutung.

In Kuba werden Mangrovenzweige miteinander verflochten und unter Wasser als Gehege aufgestellt. 200 000 dieser Gehege liefern jährlich etwa 14 000 Tonnen Langusten im Golf von Batabano. Solche *Casitas* sollten jedoch wegen der starken Bedrohung der Mangroven nur mit Bedacht aus deren Zweigen gefertigt werden.

Ein weiterer Nachteil solcher *Casitas* wie auch anderer künstlicher Riffe: Sie können Arten aus benachbarten Riffökosystemen anziehen. Doch in manchen Fällen stellen solche künstlichen Riffe durchaus zusätzlichen Lebensraum, in dem sich Meereslebewesen fortpflanzen und gedeihen können.

Fische reagieren auch auf schwimmende Anziehungspunkte an der Meeresoberfläche oder unter Wasser. Auf Barbados locken Zukkerrohrbündel, die unter die Fischerboote gebunden werden, ganze Schulen von Fliegenden Fischen an. Auf Jamaica schwimmen manche Fischarten zu Fallen, die ein Stück weit ins Wasser hinabgelassen wurden.

Werden Schiffe oder Anker versenkt, richten sie in den Riffen zunächst großen Schaden an. Mit der Zeit aber bildet ihre harte Oberfläche die Basis für ein neues, künstliches Riff. Der Anker im Bild links wird schon bald nicht mehr zu sehen sein, wenn er von Korallen und anderen Riffbewohnern überwuchert sein wird. Barakuda-Schulen (Bild oben) suchen die Riffe auf, wo sie reichlich Beutetiere finden. Sie selbst wiederum sind eine schmackhafte Nahrung für Menschen und eine der Arten, die für die allerdings nicht ganz unproblematische Fischzucht in Frage kommen.

BEWIRTSCHAFTUNG UND VERWALTUNG VON RIFFEN

In der Vergangenheit beutete der traditionelle Fischfang die Riffe in der Regel nur soweit aus, daß der Bestand jeder Art sich selbst regenerierte. In abgelegenen Gegenden, insbesondere dort, wo Subsistenz-Fischfang betrieben wird, ist dies zum Teil immer noch der Fall. Selbst bei einer teilweise zu starken Nutzung konnten die Menschen in andere Gebiete weiterziehen, so daß sich das ausgebeutete Riff regenerieren konnte. Die breite Vielfalt der aus dem Riff entnommenen Arten half dabei, das ökologische Gleichgewicht zu erhalten.

In den Küstensiedlungen im Pazifischen Raum galten lokale Rechte für den Fang bestimmter Arten, die von Generation zu Generation innerhalb von Familien- oder Verwandtschaftsgruppen weitergereicht wurden. Zu den vorgeschriebenen Maßnahmen gehörten: Teiche als lebende Speisekammern; die Freilassung überzähliger Fische; Schonzeiten während der Laichsaison; Tabus oder Verbote, in bestimmten Gebieten zu fischen. Manche Regionen durften nur während der Schlechtwetterperioden befischt werden.

Überwacht wurden die Fischereirechte üblicherweise von den Dorfoberen, religiösen Führern oder in einigen Fällen auch von besonderen Fischerei-«Experten»; in manchen Gesellschaften stand dem König oder Häuptling die letzte Kontrolle zu. Bei Verletzung der Regeln drohte die Verbannung aus der Dorfgemeinschaft, Einzug des Fangs, Prügel- oder sogar Todesstrafe.

Außerhalb des pazifischen Raumes gab es solche strengen Verwaltungsregeln seltener. In der Karibik gilt der Fischfang als persönliche Beschäftigung, jeder darf per Gesetz überall fischen. In einigen Gebieten, wie auf Jamaica, können Fischer jedoch bestimmte Flächen im Bereich ihrer Dorfgemeinschaft und «Fischstrände» oder Landungsplätze für sich beanspruchen.

Dieses System hat wahrscheinlich der zu starken und weitflächigen Ausbeutung der Riffe vorgebeugt und ist einer der Gründe für den lange Zeit ungewöhnlich hohen Fangertrag. Im Indischen Ozean, an der Südostküste von Oman, weisen die Riffe von Barr al Hikman immer noch einen hohen Bestand der Fischarten auf, die an anderen Stellen des Landes bereits überfischt worden sind. Der Grund scheint vor allem darin zu bestehen, daß die Einwohner den kommerziellen Fischfang im Riff verbieten und ihn nur in Notzeiten für Ortsansässige erlauben.

Die Fischer in diesen Gemeinwesen wußten sehr gut, wie Fischgründe zu bewirtschaften sind. Heute geraten viele der alten Fischfangmethoden in Vergessenheit, oder sie sind – an manchen Orten – bereits verschwunden. In Barr al Hikman zum Beispiel brechen die Traditionen zusammen, weil Fischer, die die örtlichen Sitten nicht kennen oder respektieren, von auswärts ins Riff dringen. Wo immer noch bewährte Praktiken existieren, bieten sie eine fundierte Grundlage auch für die moderne Verwaltung der Rifffischerei. Fischer auf der Insel Woleai in den Vereinigten Staaten von Mikronesien verbieten in Riffen, die Anzeichen von Überfischung zeigen, den Gebrauch schädlicher Fangmethoden. Wie in anderen Teilen des Pazifischen Ozeans auch, gibt es hier eine lange Tradition des Fangs auf Zackenbarsche: Vor großen Festen, Hochzeiten oder Begräbnissen etwa, tun sich rund 40 Männer zusammen und gehen gemeinsam auf Fischfang. Sie bilden im seichten Wasser einen Kreis, treiben die Fische ins Innere und erlegen sie dort mit Speeren, oder sie schließen sie mit Wadennetzen und Treibleinen aus Kokosnußfasern ein – ein Vorläufer der modernen *Muro-ami* Methode. Durch diese Massenfischerei wird – wie mit modernen, intensiven Methoden auch – das Riff unvermeidlich schnell leergefischt.

Traditionellerweise hätten die Fischer solche Riffe bis zur Erholung für mehrere Monate oder länger als «Brache» liegenlassen. Heute jedoch folgen die Anlässe für einen solchen Fischzug bei wachsender Bevölkerung immer dichter aufeinander, und die Fischer müssen auf der Basis ihrer traditionellen Regeln längerfristige Bewirtschaftungsstrategien entwickeln.

In der Karibik und in weiten Teilen Südostasiens, wo der Fischfang jedem offensteht, gibt es heute Bestrebungen, eine Verwaltung auf kommunaler Ebene einzuführen. In einigen Ländern wird der Fang von Langusten und anderen Meeresorganismen bereits auf kooperativer Basis betrieben. Dieses System sichert Unparteilichkeit, verbessert die Effektivität der Verarbeitung und Vermarktung und verteilt die Profite gleichmäßig.

In Japan gibt es annähernd 4000 Kooperativen, die um Gemeinwesen gruppiert sind und über traditionelle Fischereirechte für bestimmte Gebiete verfügen. Diese Fischgründe dürfen nicht verkauft werden. Das hat die Regierung allerdings zuweilen nicht gehindert, den Kooperativen sehr große Summen für die Abtretung ihrer Rechte zu zahlen, wenn sie die Flächen für Landaufschüttungen oder andere Entwicklungsprojekte verwenden wollte.

Nach mexikanischem Recht dürfen Langusten, Schnecken und Garnelen nur von Kooperativen in besonders ausgewiesenen Gebieten gefangen werden. Bei Sian Ka'an an der Küste von Yucatan ist jeder Fischer dieser Kooperativen für den Schutz seines eigenen Territoriums verantwortlich. Zwischen Mitgliedern einer Kooperative können Territorien verkauft oder verpachtet werden; gewöhnlich werden sie aber innerhalb der Familien weitergegeben. Die Kooperative stellt bestimmte Regeln für Schonzeiten und Fangmethoden auf, sie kann einzelne Mitglieder ausschließen, wenn sie in den Territorien anderer Mitglieder gewildert haben. Durch eine solche gemeinsame Verwaltung werden deutliche Anreize gegeben, die Fangmethoden zu verbessern.

Wo die Küstenbewohner über keine Tradition verfügen, dürfte einiges an Überzeugungsarbeit erforderlich sein, um Einsicht und Verständnis für die Vorteile einer gemeinschaftlichen Verwaltung zu wecken und um das natürliche Mißtrauen und die Rivalität zwischen den armen Fischern zu überwinden. Einige Kooperativen scheiterten deswegen, weil sie für die ansässige Bevölkerung zu rasch eingerichtet wurden. Am besten funktioniert eine lokale Verwaltung mit nachhaltiger Nutzung, wenn kein Druck besteht, den Ertrag zu steigern.

Entwicklungsprojekte, häufig von Hilfsorganisationen oder ausländischen Unternehmen gefördert, die auf eine Maximierung des potentiellen Ertrages zur Erwirtschaftung von Devisen abzielen, machen den Fischfang oft zum Opfer seines eigenen Erfolges. Sie führen dazu, daß sich Ausrüstungs- und Bootseigentum in wenigen Händen konzentrieren, daß Naturschutzmaßnahmen auf Ablehnung stoßen und das Vertrauen in die heimischen Nahrungsmittel schwindet.

Vor nahenden Gewitterwolken steuern die Fischerboote die Lagune von Butaritari, Kiribati, im Südpazifik an. Doch die traditionellen Boote werden zunehmend durch moderne Motorschiffe ersetzt.

Linke Seite: Die Fischer von Hikkaduwa an der Westküste Sri Lankas fischen traditionell mit Haken und Leine.

Das Fischen mit Wadenetzen ist in den Flachwasserregionen des pazifischen Kiribati ein Volksfest.

Schutz- und Schongebiete

Eine der häufigsten Methoden, mit denen Riffe in traditionellen Gemeinschaften geschützt wurden, war die Einrichtung von «Tabu-Zonen». In ihnen war der Fischfang dauernd oder zu bestimmten Zeiten des Jahres verboten, so daß den Brutpopulationen der Rifflebewesen ein sicheres Refugium zur Verfügung stand.

Das Konzept von Schongebieten für den Fischfang ist in vielen westlichen Fischergemeinschaften in Vergessenheit geraten. Sowohl die kommerziellen wie die Freizeitfischer wenden sich häufig heftig gegen einschränkende Vorschriften. Nur wenn die Mitglieder einer Gemeinschaft einsehen, daß Schongebiete langfristig für alle von Vorteil sind, können sie bereitwillig wieder akzeptiert werden. Moderne Fisch-Schongebiete entstehen an vielen Stellen der Welt unter einer Vielzahl von Namen: Reservat, Park, Bewirtschaftungszone oder Schutzgebiet. Es gibt bereits Forderungen, mindestens ein Fünftel der Riffe Floridas und im Golf von Mexiko zu Schongebieten für Fische zu erklären.

In gemeinschaftlich verwalteten Meeresparks der Philippinen, in denen die heimischen Fischer nur schonende Fangmethoden einsetzen dürfen, gibt es immer auch kleine Schutzgebiete, in denen das Fischen zum Schutz der Brutbestände grundsätzlich verboten ist. Diese Praxis hat zu merklich besseren Erträgen geführt. In Pamilacan auf der Insel Bohol wurde 1985 ein Meerespark gegründet, und er wird seitdem von der ansässigen Bevölkerung verwaltet. Die Dichte und Artenvielfalt der Fische ist heute um einiges höher als in benachbarten, ungeschützten Riffen.

Daß sich die Fischbestände in Riffen erholen können, die unter Schutz stehen, hat Auswirkungen auf die ungeschützten Riffe. Auf Sumilon vor der Küste Cebus stiegen die Erträge der Fischer in den offenen Fischfanggründen deutlich, nachdem das Fischen in den Riffen auf der anderen Seite der Insel im Jahr 1974 ohne Einschränkung verboten worden war. Denn die Fische wandern aus den Schon- und Schutzgebieten auch in Gewässer, in denen gefischt werden darf.

Die gemeinschaftliche Verwaltung dieser kleinen Riffgebiete ist wesentlich für ihren Erfolg. Denn sie führt zu einer geänderten Einstellung der Gemeinschaft gegenüber der Erhaltung ihrer natürlichen Ressourcen. Am besten funktionieren jene Reservate, in denen die einheimischen Fischer unmittelbar an der Verwaltung beteiligt wurden, unterstützt durch Ausbildung und finanzielle Hilfe. Dieses Modell funktioniert darum so gut, weil die Beteiligten erfahren, daß ihnen aller Nutzen von Schutzmaßnahmen unmittelbar zugute kommt. Das Reservat von Sumilon scheiterte 1984 daran, daß etwa 100 Fischer dort eindrangen, um unter anderem Dynamit und *Muro-ami* einzusetzen. Innerhalb von zwei Jahren hatten sie den Fischbestand auf fast die Hälfte reduziert. Die Riffe waren in erster Linie von Fischern aus dem drei Kilometer entfernten Cebu genutzt worden, Sumilon selbst hat nur eine sehr kleine Gemeinde. Als Biologen der *Silliman University* beschlossen, ein Reservat in Sumilon einzurichten, wurden die Fischer zuvor nicht darüber aufgeklärt, wie sich die neuen Bestimmungen umsetzen ließen und wozu sie dienen sollen. Unverständnis über die Maßnahmen war die logische Folge. Ganz im Gegensatz dazu errichteten Fischer der Insel Apo, ebenfalls vor Cebu gelegen, in Eigeninitiative ein Reservat, das sie selbst verwalten. Sie verboten Gerätetauchern den Zutritt.

Schongebiete können auch auf bestimmte Jahreszeiten beschränkt errichtet werden. In diesen zeitlich begrenzten Reservaten können sich die Bestände von den kurzen, aber intensiven Fischfangzeiten erholen, laichen, und es können Jungtiere aufwachsen. Im Augenblick wird für das Barriere Riff von Belize ein neuer Bewirtschaftungsplan vorbereitet, der das Fischen an den Laichplätzen des Gestreiften Zackenbarschs *(Epinephelus striatus)* während der Laichzeit vollständig verbietet. Jedes Jahr im Dezember oder Januar, gleich nach dem Vollmond, versammeln sich dort zwischen 30 000 und 100 000 Zackenbarsche. Bis vor kurzem wurden diese Fischschwärme regelmäßig durch Fischer dezimiert, die aus Honduras kamen und illegal in den Gewässern von Belize fischten. Der Schutz dieses Gebiets während der Laichzeit wird letzten Endes der wachsenden Zahl der Fischer nutzen: Auch hier zeigt sich deutlich, daß die Erträge stabil bleiben oder sogar steigen, wenn sich die Fische in Schutzgebieten regenerieren können.

Fischfang-Reservate können unabhängig davon, ob sie durch eine Gemeinde verwaltet oder, wie der Marine Park im Großen Barriere Riff, von einer Regierungsstelle überwacht werden, als Meerespark kostengünstig mit Tourismus kombiniert werden: Die Präsenz von Besuchern und Parkwächtern schreckt illegale Fischer ab und erleichtert es, Schutzmaßnahmen durchzusetzen. Die Vermietung von Unterkünften dient den Fischern als zusätzliche Einkommensquelle. Doch ist diese Kombination natürlich nur dann sinnvoll, wenn Schäden durch den Tourismus vermieden werden. Außerdem sollte sowohl bei Einheimischen wie bei Besuchern ein Verständnis dafür entwickelt werden, daß Riffe und ihre Organismen auch um ihrer selbst willen – ungeachtet irgendwelcher wirtschaftlichen Vorteile – geschützt werden müssen.

Gesunde Riffe – Gesunde Fischerei

Sind Riffe durch andere Faktoren bereits geschädigt, ist auch der Erfolg von Fischerei-Reservaten und Schongebieten begrenzt. In Kenia sind zum Beispiel die Fischbestände in Riffen innerhalb der Meeresparks nicht größer als außerhalb. Schadstoffe, Schlick und übertriebene touristische Nutzung schädigen sie, gleichgültig ob sie nun geschützt innerhalb eines Parks liegen oder nicht. Werden auch noch Mangrovenwälder oder Seegraswiesen in der Nähe von Riffen beseitigt oder aufgeschüttet, um Land zu gewinnen, können die Fischbestände zurückgehen, weil ihnen die Lebensräume fehlen, in denen sie laichen und ihre Nachkommen geschützt vor Freßfeinden heranwachsen. Das Verschwinden dieser wichtigen Lebensräume kann ebenso schädlich sein wie die Überfischung des Riffs.

Zunächst kann auch ein totes Korallenriff einer gesunden Fischpopulation noch Schutz gewähren. Sind die Korallenskelette jedoch zusammengebrochen, verschwinden die Fische rasch. Zerbrochene Korallen bieten weniger Schutz, dicke Schlickschichten verstopfen die Spalten und Löcher. Wären die Riffe der Philippinen nicht so schwer geschädigt, so eine theoretische Abschätzung, könnten sie jährlich mehr als 150 000 Tonnen Fisch zusätzlich liefern und weitere 125 000 Arbeitsplätze in der Fischerei schaffen.

Einen wesentlichen Anteil an der Zerstörung der Riffe haben die Fischer selber zu verantworten. Die Verwaltungen von Fischereigebieten sollten daher vordringlich Überzeugungsarbeit leisten. Die Fischer müssen über die Schäden informiert werden, die sie oft unwissentlich anrichten, aber auch über alternative Befischungsmethoden aufgeklärt werden. Denn auch dann, wenn sie ihre Fangmethoden als zerstörerisch erkennen, wissen sie doch oftmals nicht um eine Alternative. Jene, die sich an die Bestimmungen halten, dürfen nicht benachteiligt werden, während andere, die sie übertreten, kurzfristig durch höhere Erträge scheinbar belohnt werden.

Beschädigte Riffe bieten Speisefischen und anderen Arten weniger Nahrung und Schutz. Zwei der betroffenen Arten sind der Kardinalfisch (im großen Bild oben) und der Habichtfisch (Paracirrhites forsteri) im kleinen Bild. Bei der Suche nach Beute huscht er von Koralle zu Koralle.

Linke Seite: Weißer Grunzer (Haemulon album) über einer Seegraswiese im Hol Chan Marine Reservat, Ambergris Caye, Belize. Fischen ist hier verboten.

Wieviel Fisch aus einem Riff?

Die Verwaltung der Rifffischerei ist eine sehr komplexe Aufgabe. Die Arten leben in den Riffen in engster Abhängigkeit voneinander und werden oft auch zusammen gefangen. Schon die Verwaltung einer solchen Fischerei, die sich oft – wie der Heringsfang in der Nordsee und der Thunfischfang im Pazifik und dem Indischen Ozean – auf eine einzige Art beschränkt, ist ausgesprochen schwierig. Der Druck der beteiligten Unternehmen auf die Regierungen ist groß, und über die Lebensweise der Fische und ihre Bestände ist meist viel zu wenig bekannt.

In vielen Ländern dürfen die Fischer nur mit einer Lizenz fischen, und es ist den Regierungen überlassen, über eine Beschränkung der ausgegebenen Lizenzen den Fischfang zu reduzieren. Dies nützt jedoch nur dann etwas, wenn auch entsprechende Kontrollen vorhanden sind. Der Erfolg von Kontrollmaßnahmen ist bis heute fraglich. In den Ländern, in denen eine große Zahl von Subsistenzfischern – mit oder ohne Lizenz – auf den Fischfang angewiesen ist, greifen solche Methoden allerdings schon gar nicht.

Über die Populationen und die Biologie der meisten Rifflebewesen ist immer noch zuwenig bekannt, um Fangquoten festzusetzen. Für das breite Spektrum der Arten in den Riffen wäre eine solche Methode auch schlicht nicht praktikabel. Lediglich für den auf bestimmte Riffarten spezialisierten Fang zu kommerziellen Zwecken können Quoten zusätzlich zu den erwähnten Verwaltungsbemühungen hilfreich sein. Solche Reglementierungen können jedoch nie die alleinige Lösung darstellen, und ihre Durchsetzung bleibt problematisch.

Größenbeschränkungen sind am besten für Weich- und Krebstiere geeignet, die noch lebend und unverletzt ins Wasser zurückgeworfen werden können, wenn sie die erlaubte Fanggröße unterschreiten. Die meisten Länder der Karibik schreiben zum Beispiel eine Mindestlänge von 8,5 Zentimetern für den Panzer der Langusten vor, und eiertragende Weibchen dürfen gar nicht gefangen werden. Trotzdem werden regelmäßig kleinere Individuen gefangen. In Belize werden sie direkt an Touristenrestaurants verkauft. So werden die lokalen Märkte und Häfen umgangen, in denen Aufsichtsbeamte die Fänge überprüfen könnten. Für Schnecken gilt eine erlaubte Mindestlänge von 18 Zentimetern oder ein Mindestgewicht von 225 Gramm ohne Gehäuse.

In vielen Ländern ist die Jagd auf Schnecken bereits völlig verboten. Doch ist der Schneckenfang als Freizeitvergnügen immer noch weit verbreitet und wird dann häufig über Quoten reguliert. Auf Saba auf den Niederländischen Antillen darf zum Beispiel jeder lizenzierte Hobbysammler jährlich maximal 20 Tiere entnehmen, auf den amerikanischen Jungferninseln dürfen Sportfischer täglich zwei Langusten und zwei Schnecken fangen.

Die Verwaltung von Riffischereien wird wahrscheinlich in den meisten Ländern nur dann erfolgreich sein, wenn jeweils mehrere Methoden kombiniert angewendet werden. Am allerwichtigsten ist es, daß die Fischergemeinden frühzeitig in die Verwaltungsprogramme eingebunden werden und ihre täglichen Belange genauso berücksichtigt werden. Sofern die einheimische Bevölkerung selbst ein althergebrachtes Interesse an der Betreuung der Meeresressourcen hat und die Vorteile geschützter Lebensräume und schonender Fangmethoden für ihre Fischbestände erkennt, ist ein Erfolg für die bedrohten Riffe viel wahrscheinlicher, als wenn auch noch so wohlmeinende Außenstehende irgendwelche Maßnahmen durchsetzen wollen.

Kostbarkeiten aus dem Meer

Seit prähistorischen Zeiten nutzen Menschen die Schalen von Muscheln und Schnecken in recht vielfältiger Weise: Als Schmuck, zur Dekoration, als Werkzeug und sogar als Zahlungsmittel. Von den variierenden Schalenformen fasziniert, schrieben die Insulaner ihnen magische und religiöse Eigenschaften zu. Die Eier-Kaurischnecke galt in Teilen des Pazifischen Ozeans als ein Symbol der Fruchtbarkeit. Auf Yap wurden Kegel- und Porzellanschnecken als Schaber verwendet, Schrauben- und Mitraschnecken als Äxte, das Tritonshorn als Trompete. Perlenmuscheln, Eier-Kaurischnecken und viele andere Arten dienten als Halsketten und Schmuck. Die Geld-Kaurischnecke war in

Linke Seite: Die Grunzer, die hier an imposanten Schwämmen vorbeischwimmen, sind hervorragende Speisefische. Die merkwürdigen Grunzlaute, die die Fische, verstärkt durch ihre Schwimmblase, erzeugen, gaben ihnen den Namen. Die Erhaltung ihrer Bestände ist zentraler Teil des Fischereimanagements, das am besten auf lokaler Ebene funktioniert und daher dort gefördert werden sollte.

Gelbe Fächerkorallen auf Belau im Pazifik. Sie werden in großem Maßstab gesammelt und als Schmuck verkauft.

vielen Ländern noch bis vor kurzem Währung, in Papua-Neuguinea war es die Perlenmuschel; ihr Name *Kina* hat sich in der heutigen Währung als Bezeichnung für große Geldsummen erhalten.

Traditionelle Handelsketten, die die Küstenbewohner Papua-Neuguineas mit Waren von anderen Inseln oder vom Festland versorgten, gebrauchten verschiedene Muscheln und Schnecken. Der «Kula-Ring» in der Gegend der Milne Bay bevorzugte Armreifen aus Kegelschnecken *(Conus leopardus)* und Halsketten aus Geld-Kaurischnecken und anderen Gehäusen.

In der Karibik diente das Gehäuse der Fechterschnecke als Werkzeug und – wie das Tritonshorn im Indischen und Pazifischen Ozean – als Trompete. Die Schalen von Riesenmuscheln wurden als Schüsseln und Becken für verschiedenste Zwecke eingesetzt: Die Insulaner der Torres-Straße fingen in ihnen das Regenwasser unter Palmen ein.

Die Europäer waren von solchen Schätzen der tropischen Meere seit langem fasziniert. Die Schalen von Riesenmuscheln schmücken als Brunnen und Weihwasserbecken Kirchen in der ganzen Welt – eines der größten Paare mit einem Gesamtgewicht von 250 Kilogramm steht in St. Sulpice in Paris. Während der Zeit der Entdeckungs- und Handlungsreisen brachten Seeleute Perlen, Muscheln und andere Raritäten aus fernen Ländern mit nach Hause. Zu Zeiten Königin Viktorias

Igelfische (Diodron hystrix) – Touristen-Nippes in Veracruz am Golf von Mexiko.

Rechte Seite: Kaurischnecken sind im Souvenirhandel besonders beliebt. Kaum jemand kennt das lebende Tier. Unter Wasser breitet es (im Bild Calpurnus verrucosus) den weichen Teil seines Körpers, den Mantel, aus und umhüllt mit ihm seine Schale fast vollständig.

Als Schutz für den Einsiedlerkrebs (Dardanus) nützt dieses Gehäuse mehr als wenn es auf dem Kaminsims stünde.

begeisterten sich die Engländer für solche Relikte «merkwürdiger» Tiere aus fremden Meeren, die sie in Schausammlungen sehen konnten.

Die Faszination, die von Korallen und Schnecken ausgeht, hat womöglich noch zugenommen. Der Handel mit Meeressouvenirs geht einher mit dem Wachstum der Touristenindustrie und ist jetzt ein Millionen Dollar schweres, internationales Geschäft. Wo immer ein Besucher ein Hotel in einer Ferienanlage der Tropen betritt, wird er einen Souvenirladen mit Tieren aus den Riffen finden: Exotische Schnecken, getrocknete Kugelfische und Seepferdchen, Seesterne, Perlmutt, Schmuck aus Schwarzen Korallen und ganze Korallenblöcke. Fliegende Händler am Strand decken den Bedarf der Tagestouristen von Kreuzfahrtschiffen. Der Handel beschränkt sich keineswegs auf Ferienanlagen in den Tropen. In den USA bieten große Warenhäuser auf Hunderten von Quadratmetern fast nur Meeressouvenirs an. In den Küstenstädten Großbritanniens gehören die Läden mit Raritäten aus dem Meer zum festen Urlaubsprogramm, obwohl die Herkunftsländer Tausende von Kilometern weit entfernt sind.

Zahlreiche Rifftiere – vor allem Schnecken, Perlenmuscheln und Aquarienfische – werden wegen ihrer Schönheit gejagt. Sie bringen viel Geld ein. Und je seltener eine Art ist, um so höher steigt ihr Preis. Das bedeutet, neben der intensivierten Fischerei für Nahrung, eine weitere Dezimierung der Riff-Lebewelt.

Schmuck aus Muscheln und Schnecken

Dekorative Schnecken sind heute beliebter denn je. Weltweit sind etwa 5000 Arten im Handel, die meisten von ihnen stammen aus den Riffen. Viele werden wegen ihres Seltenheitswertes von Schneckensammlern begierig gesucht. Die anderen, zu Schmuck, Kunsthandwerk und Kitsch verarbeitet, enden als trauriger Abklatsch ihrer einstigen Schönheit.

Jahrelang beherrschten die Philippinen den Handel mit Schnecken, doch auch Indonesien, Indien, Mexiko, Haiti und Kenia beteiligen sich daran. In den 80er Jahren erreichte der Export von den Philippinen mit durchschnittlich 3000 bis 4000 Tonnen pro Jahr seinen Höhepunkt. 1986 sanken die Exporte auf 1500 Tonnen ab, davon gingen mehr als 90 Prozent in die USA.

Allein in Florida gibt es Tausende von Einzelhändlern, die philippinische Schnecken verkaufen. Obwohl die meisten Schnecken in die USA, nach Japan und Europa exportiert werden, geht ein Teil auch in die Entwicklungsländer für den Handel mit Touristen. Länder, die die Entnahme von Schnecken aus den eigenen Riffen verbieten, führen die Gehäuse häufig aus anderen Ländern ein: Ironischerweise müssen die übermäßig belasteten Riffe der Philippinen auch noch Florida mit Schnecken versorgen, die dort nicht gesammelt werden dürfen.

Die Gehäuse vieler Muscheln und Schnecken werden für kunsthandwerkliche Arbeiten, zum Beispiel Intarsien, verwendet. Auch Knöpfe, Schmuck und dekorative Kästchen entstehen aus ihnen.

Perlmutt entsteht als dichte, schimmernde Schicht im Innern der Schalen mehrerer Molluskenarten. Über Jahrhunderte war es für dekorative Zwecke in vielen Ländern begehrt. Das dickste und dauerhafteste Perlmutt – und somit das wertvollste – stammt von der Kreiselschnecke *Trochus niloticus*, von den Perlenmuscheln *Pinctada maxima* und *Pinctada margaritifera* und von der Marmorierten Kreiselschnecke *Turbo marmoratus*, die in Riffen des Indischen und Pazifischen Ozeans beheimatet sind. Die wichtigsten Herkunftsländer sind Indonesien, Australien, die Salomonen, Neukaledonien, die Philippinen und Papua-Neuguinea; andere Länder im Südpazifik liefern geringere Mengen. Zur Weiterverarbeitung gelangt der größte Teil des Perlmutts nach Japan und Korea, obwohl die Salomonen und Vanuatu selbst Fabriken zur Herstellung grob zugeschnittener Knöpfe besitzen. Die Gehäuse werden zu den verschiedensten Formen verarbeitet, die matten äußeren Schichten abgeschnitten und abgeschliffen. Auch wenn die Nachfrage nach Perlmutt seit der Entwicklung von Kunststoffen zunächst zurückging, besteht heute wieder ein Bedarf – zum Beispiel an Perlmuttknöpfen, die Detergentien und häufiges Waschen besser vertragen als Kunststoff.

Die Gehäusesammler zerstören den Lebensraum der Tiere, nach denen sie suchen. Sie zertrampeln die Riffdächer, drehen Korallenstöcke um und setzen deren Unterseiten der Sonne aus, sie zerbrechen die Korallen versehentlich oder bewußt auf der Suche nach Muscheln und Schnecken. Inwieweit die intensive Entnahme von Mollusken das ökologische Gleichgewicht des Rifflebens beeinflußt, ist noch nicht nachgewiesen; doch wie beim Fang von Speisefischen dürften sehr wohl negative Auswirkungen für das Riff-Ökosystem zu erwarten sein. Das Sammeln des Gemeinen Tritonshorns *Charonia tritonis* im Großen Barriere Riff erschien zunächst mitverantwortlich für die explosionsartige Vermehrung der Dornenkrone, da diese Schnecke zu ihren wenigen natürlichen Feinden gehört. Dieser Zusammenhang wurde jedoch bislang nicht nachgewiesen.

Besonders vom Raubbau bedroht sind Mollusken, die gut sichtbar auf den Riffdächern leben: die Spinnenschnecken (*Lambis* spp.), die Eier-Kaurischnecke (*Ovula ovum*) und die seltenen Tritonshörner. Mollusken, deren Larven nicht im Plankton leben, können sich nicht weit verbreiten, so daß übermäßiges Sammeln ihren Bestand besonders gefährdet. Zum Beispiel legen Faltenschnecken aus der Familie der *Volutidae* Eier, aus denen direkt – ohne Larvenstadium – winzige Schnecken schlüpfen. In Australien leben 140 endemische Arten von Faltenschnecken; sie alle wären durch uneingeschränkte und intensive Sammeltätigkeit stark bedroht.

Die Bestände der Riesenmuscheln wurden in den meisten Ländern, vor allem wegen ihres Fleisches, dezimiert; auf den Philippinen werden sie noch immer in großer Menge wegen ihrer Schalen gesammelt – eine einzige Schale der Riesenmuschel ist für mindestens 100 US Dollar zu kaufen. Zöge man ihren ökologischen Nutzen im Riff in Betracht, wäre sie im Meer sicherlich ein Vielfaches wert.

An allen kommerziell wertvollen Perlmutt-Schnecken wurde Raubbau betrieben. Auf Belau, auf Yap, auf den Cook Inseln, in Neukaledonien und Australien haben die Bestände der Kreiselschnecken abgenommen. Sie sind besonders stark gefährdet, weil sie leicht zu sammeln sind und sie sich von einer übermäßigen Entnahme nur langsam erholen. Während ihres gesamten Lebens bewegt

In Florida steht auf das Sammeln von Meeresschnecken eine Strafe von 500 Dollar. Entsprechende Schilder sind bei den Riffen aufgestellt (Bild ganz oben). Doch das ändert nichts daran, daß sich auf den Florida Keys ein umfangreicher Handel mit Muscheln entwickelt hat (Bild oben). Sie werden vor allem von den Philippinen importiert, deren Riffe besonders stark ausgebeutet werden.

Kreiselschnecken (Trochus) werden traditionell von Tauchern vom Boden abgelöst. Einige der Taucher können die Luft unter Wasser erstaunlich lange anhalten. Doch je seltener die Tiere werden, um so größer wird die Versuchung, Sauerstoffflaschen zu verwenden. Das könnte dazu führen, daß die Schnecken in manchen Regionen ganz verschwinden.

sich eine Kreiselschnecke vielleicht 100 Meter weit fort, so daß die Chance für eine Neubesiedelung ausgeraubter Riffe äußerst gering ist. Marmorierte Kreiselschnecken, das bevorzugte Sammelobjekt japanischer Gerätetaucher, können ein Riff ebenfalls kaum neubesiedeln. Ihr planktonisches Stadium ist sehr kurz, sodaß sie nur sehr selten in neue Regionen driften. Wissenschaftler glauben, daß ihre heutige Seltenheit im Pazifischen Ozean eine Folge des Raubbaus in der Vergangenheit ist.

Zierkorallen: Schwarze und rote Schönheiten

Korallen werden vor allem zu Schmuck verarbeitet. Diesem Zweck dienen besonders Schwarze Korallen der Familie *Antipathidae* und die rote Edelkoralle *Corallium rubrum*, weniger hingegen riffbildende Arten. Korallen sind sowohl für den Handel mit Touristen als auch für den Export begehrt. Die Philippinen sind seit den 50er Jahren Hauptexporteur für Korallen, die der Dekoration dienen. Sie werden gemeinhin als Zierkorallen bezeichnet.

Die Sorge über die Auswirkungen des Korallensammelns in den Riffen führte 1977 zum Sammel- und Exportverbot. Trotz ungeheurer Anstrengungen, das Verbot durchzusetzen, schaffen Schmuggler noch immer Korallen in erschreckenden Mengen aus dem Land: Während die USA in den 60er Jahren etwa 200 Tonnen Zierkorallen jährlich importierten, wurde 1988 die Rekordmenge von 1456 Tonnen, vorwiegend von den Philippinen, erreicht.

Weitere Exporteure sind südostasiatische Länder – vor allem Indonesien – und einige pazifische Staaten, an erster Stelle Neukaledonien und die Fidschi-Inseln, die ihren Export noch steigern. Viele Länder mit Riffen importieren Schnecken, Muscheln und Korallen, um ihre eigenen Riffe zu schonen: Auf den Florida Keys und auf Hawaii, wo das Sammeln durch Bundesgesetz verboten ist, werden große Mengen karibischer und indo-pazifischer Korallen verkauft. Auch Deutschland und Japan importieren beträchtliche Mengen an Korallen. Jeder Käufer solcher Schmuckstücke fördert damit in seinem Heimatland den Raubbau an den Korallen.

Der Handel mit Zierkorallen konzentriert sich weitgehend auf reichlich vorhandene und weitverbreitete Arten. Dennoch schädigt das Sammeln großer Mengen von Korallen die Riffstruktur. In Neukaledonien, wo die langsam wachsenden Hirnkorallen besonders gefragt sind, übersteigt die augenblicklich gesammelte Menge die «tragbare» Rate um ein Zehnfaches, wenn man die Regenerationsfähigkeit eines Riffes zugrundelegt. Einige der entnommenen Korallenarten haben nur eine beschränkte Verbreitung. Entlang der pazifischen Küste Costa Ricas werden einige Arten mit kleinen Verbreitungsgebieten entnommen. Hier kann der Handel mit Zierkorallen zum Aussterben einer ganzen Art führen – vor allem dann, wenn die Riffe ohnehin unter Umweltverschmutzung leiden.

Die Philippinen exportieren ohne Rücksicht auf ihre Gefährdung große Mengen Zierkorallen nach Taiwan, wo sie weiterverarbeitet werden. Taiwan wiederum exportiert jährlich fast eine halbe Million Schmuckstücke aus Schwarzen Korallen in die USA, den Hauptabnehmer.

Über den Raubbau an Schwarzen Korallen gibt es vor allem aus der Karibik zahlreiche Berichte. Auf den Philippinen ist die übermäßige Entnahme regelrecht ein Skandal. Wie die Steinkorallen wachsen auch die

Auf den Philippinen werden die Korallen für den Souvenirhandel nach dem Sammeln (oben links) in Stapeln getrocknet (oben rechts).
Meeresschnecken, Fächerkorallen, ein getrockneter Kugelfisch und ein kleiner Hai werden auf den Cayman Inseln zum Verkauf angeboten. Die Auswirkung des Souvenirhandels mit Meerestieren auf die Bestände der Rifftiere werden nach wie vor unterschätzt.

Schwarzen Korallen nur langsam und brauchen Jahre, um ihre volle Größe zu erreichen. Da nur die dickeren Zweige und Hauptstämme als Material für Schmuckstücke taugen und viele der feineren Zweige weggeworfen werden, ist die Verschwendung ausgesprochen groß. *Greenpeace* appelliert daher dringend an jeden möglichen Käufer, zukünftig auf den Erwerb von Korallen-Souvenirs – im Urlaub ebenso wie im heimischen Kaufhaus – zu verzichten.

Handel mit Aquarienfischen

Das Halten von Aquarienfischen ist ein beliebtes Hobby in der industrialisierten Welt. Allein in Großbritannien gibt es etwa fünf Millionen Haushalte mit Aquarien. Obwohl Süßwasserfische immer noch am beliebtesten sind, weil billiger und leichter zu halten, werden hunderte, meist aus Riffen stammende Meeresfischarten gehandelt. Am beliebtesten sind Schmetterlingsfische, Engelfische, Doktorfische, Lippfische, Halfterfische, kleine Meerbarsche, Eichhörnchenfische, Riffbarsche und Drückerfische. Die USA importieren die weltweit größte Menge an Tropenfischen, etwa 80 Prozent davon stammen von den Philippinen. Weitere wichtige Lieferanten sind Hawaii, Sri Lanka, die Fidschi-Inseln und die Malediven.

Eines der Hauptprobleme des Handels mit Aquarienfischen ist nicht das bloße Fangen der Fische, sondern der den Riffen zugefügte Schaden, da vorzugsweise Natriumzyanid

Schmetterlingsfische (hier Chaetodon semilarvatus) sind beliebte Aquariumfische. Meist überleben sie die Gefangenschaft nicht sehr lange, weil lebende Korallen ein wichtiger Teil ihrer Nahrung sind.

Rechte Seite: Rotzahndrückerfisch (Odonus niger) sind wegen ihres prächtigen Aussehens bei Aquariumbesitzern besonders beliebt. Doch die meisten Aquarien sind zu klein, als daß ein erwachsenes Tier in ihnen leben könnte.

In einer Reihe von Ländern werden Aquariumfische noch immer mit Hilfe von Natriumzyanid gefangen, obwohl diese Methode verpönt ist.

zum Fang eingesetzt wird. Auf den Philippinen wird dieses Gift seit den 60er Jahren zum Sammeln von Aquarienfischen verwendet. Natriumzyanid schädigt Leber, Nieren und Geschlechtsorgane der Fische. Bis zu 80 Prozent der Fische sterben an den Folgen der Vergiftung. Zahllose andere Pflanzen und Tiere im Riff sind betroffen, und in Regionen, in denen Natriumzyanid in großer Menge ins Meer gelangt, tötet es bis zu 80 Prozent der Korallen.

Neben den negativen Folgen, die der Aquarienhandel für Riffe und Rifftiere hat, nimmt er auch ein hohes Maß an Verlusten in Kauf, da die Fische während des Einsammelns und des Transports falsch behandelt werden. 70 Prozent aller nach Großbritannien eingeführten Rifffische sterben innerhalb eines Jahres an den Folgen von Streß und Krankheiten, und mindestens zehn Prozent sterben schon auf dem Transport in die Bestimmungsländer.

Eine schnell wachsende Branche des Aquarienhandels bedient auch einen sogenannten «Bedarf» an Mini-Riffen oder lebenden Korallen, nicht nur für private Sammler, sondern auch für kommerzielle und öffentliche

Aquarien. Dabei ist bekannt, daß es grundsätzlich schwierig ist, lebende Korallen in Aquarien zu halten. Die Einfuhr lebender Korallen in die USA stieg von 900 Stück im Jahr 1984 auf etwa 40000 im Jahr 1988; die Herkunftsländer sind hauptsächlich Haiti, Indonesien und andere asiatische Staaten.

Weil einzelne Kolonien schwer am Leben zu erhalten sind, geht der Trend in den USA zu «lebenden Felsen»: große Klumpen von Riffsubstrat, an denen Korallen und andere wirbellose Rifftiere haften. Ihre Überlebenschance ist etwas größer, und sie halten das Aquarium sauber, weil die zahllosen Tiere, die den Felsen überziehen oder in ihm leben, das Wasser filtrieren. Aquarianer verwenden in der Regel etwa 3,5 Kilogramm Korallenfelsen auf vier Liter Wasser. Die Folge: Große Flächen der Riffe Floridas sind bereits kahlgeschlagen.

Überlegtes Souvenirgeschäft

Allzuoft wird der Schutz der Rifftiere von den Fischereiministerien und Regierungsstellen vernachlässigt, da sie den hohen finanziellen Gewinn unterschätzen, den bestimmte Arten im Souvenir- und Aquarienhandel erzielen. Bislang sind nur spärliche Informationen über das Ausmaß der Ausbeutung und die Probleme verfügbar, die durch übermäßiges Sammeln entstehen.

Darum sollten die Verwaltungsmethoden, die sich beim Fang von Speisefischen mancherorts bewährt haben, auch bei anderen Rifflebewesen angewandt werden. Anzustreben ist, daß alle, zu welchem Zweck auch immer gefangenen Arten einer integriert arbeitenden Aufsichtsbehörde unterstehen. Bestimmte Arten sind sowohl für den Nahrungsmittel- wie den Souvenirhandel wertvoll; beides muß aufeinander abgestimmt werden. Die Fechterschnecke wird sowohl wegen ihres Fleisches als auch wegen ihres Gehäuses geschätzt, doch die traditionelle Methode, an das Fleisch zu kommen, besteht darin, die Schale aufzubrechen. Dadurch verliert das Gehäuse seinen Wert für den Souvenirhandel. Andererseits wird das Fleisch der Muscheln, die als Souvenir verkauft werden, oft weggeworfen.

Die Ausfuhr nicht eßbarer Riffarten – bestimmte Schnecken, Perlenmuscheln und Korallen – kann für die Küstenbewohner in Entwicklungsländern einen beträchtlichen Teil ihres Einkommens ausmachen. Wird die Sammeltätigkeit fachgerecht verwaltet, ist sie für das Riff weniger schädlich als der Fang von Speisefischen. Da Perlen als Einzelstücke einen hohen Wert haben, könnten Perlenmuscheln eine schonender auszubeutende Riffressource sein als Fische, die in den komplexen Nahrungskreisläufen des Riffs eine Schlüsselstellung einnehmen. Ein solche Betrachtungsweise darf aber nicht dazu verleiten, alle Lebewesen nach wirtschaftlicher Nutzbarkeit einzuordnen.

Unter Umständen könnte die kunsthandwerkliche Verarbeitung von Schneckenhäusern geringere Folgen für die Mollusken-Populationen haben als der Handel mit Ziergehäusen, weil auch zerbrochene und abgenutzte Gehäuse verwendet werden. Das Kunsthandwerk würde Arbeitsplätze und

Oben: Ein Stapel weggeworfener Fechterschnecken auf den Bahamas – das Fleisch wurde durch ein Loch in der Schale entfernt, so daß die Gehäuse für den Souvenirhandel wertlos wurden.

Rechte Seite: Das Sammeln von Hirnkorallen für den Souvenirhandel ist für das Riff besonders schädlich, da sie sehr langsam wachsen, so daß sich das Riff nach ihrer Entfernung nur ganz allmählich erholen kann. Das Bild zeigt eine lebende Hirnkoralle, die ihre Polypen auf Nahrungssuche ausgestreckt hat, und zwischen ihnen einen vorbeischwimmenden Schleimfisch.

Links: Aufgestapelte Riesenmuschelschalen auf den Philippinen. Sie sind für den Export in die USA bestimmt.

bessere Verdienstmöglichkeiten schaffen: Gut gearbeitete Schmuckstücke bringen mehr Geld ein als unbearbeitete Gehäuse. Der Handel mit Ziergehäusen schafft dagegen wenige Arbeitsplätze, denn die Schnecken werden nur gesammelt und exportiert. Schmuckstücke und Kunsthandwerk aus Schwarzen Korallen und anderen Riffprodukten sollten am Ort hergestellt und an Touristen verkauft werden, so bleibt dem Hersteller ein größerer Teil des Gewinns. Hat sich ein Exportmarkt entwickelt, sollte er eher auf Endprodukten heimischer Handwerker als auf dem Export des Rohmaterials beruhen.

Auf den Fidschi-Inseln erließ das Fischereiministerium eine Reihe von Richtlinien zur Verwertung von nicht-eßbaren Rifflebewesen. Zwar erhielten sie nie Gesetzescharakter, scheinen aber gut zu funktionieren – vielleicht weil sie in Zusammenarbeit mit der einheimischen Bevölkerung erarbeitet wurden.

Das Sammeln von Riffkorallen ist überall auf den Inseln verbreitet. Doch ehe ein neues Sammelgebiet erschlossen wird, werden vorbereitende Gutachten eingeholt. Die Exportmengen dürfen jährlich 100 000 Koralleneinzelstücke nicht überschreiten. Nachuntersuchungen haben gezeigt, daß dadurch weniger als ein 20stel der Korallen entnommen wurde. In bestimmten Riffen dürfen nur lizenzierte Sammler Aquarienfische fangen, mit feinmaschigen Keschern oder Sperrnetzen. Sie fangen robustere Fischarten und behandeln die Tiere vorsichtig, um die Verlustrate zu senken. Das mindert den Druck auf die Wildbestände. Die Sterberate der von den Fidschi-Inseln exportierten Aquarienfische liegt nach offiziellen Schätzungen bei nur 0,5 Prozent. Die Sammler von Riffprodukten müssen die Erlaubnis der traditionellen Riffeigner einholen und deren Vorschriften beachten. Alle Fänge werden überwacht.

Auf den Philippinen vermitteln Schulungsprogramme alternative, weniger schädliche Fangmethoden für Aquarienfische. In Verbindung mit der *Haribon Foundation*, einer Naturschutzorganisation der Philippinen mit Sitz in Manila, ermöglichte die *International Marinelife Alliance* (IMA), heute umbenannt in *Ocean Voice International*, 300 Sammlern eine Ausbildung, von denen nun viele ihrerseits weitere Trainingskurse abhalten. Die von der IMA erstmals 1984 entwickelte Methode des «Netzmannes» ist denkbar einfach: Der Sammler schwimmt, nur mit einem feinmaschigen Sperrnetz, einem kleinen Kescher und einem Sammelbeutel ausgerüstet, ins Riff. Er richtet sein Sperrnetz auf, treibt die ausgewählten Fische vorsichtig hinein, fängt sie mit dem Kescher und verwahrt sie in seinem

Sammelbeutel. Er sucht jeden Fisch einzeln aus und fängt ihn behutsam – ganz im Gegensatz zum wahllosen Einsprühen eines Riffs mit Natriumzyanid.

Während drei Tagen an Land lernen die Sammler, die Fische richtig zu pflegen, außerdem werden sie mit Sicherheitsbestimmungen beim Tauchen und mit Grundprinzipien der Riffökologie und des Naturschutzes vertraut gemacht. In weiteren sieben Tagen lernen sie, die Theorie in der Unterwasser-Praxis anzuwenden.

Das Netzmann-Projekt begann 1984. Doch bald protestierten die philippinischen Exporteure heftig, die am Verkauf von Natriumzyanid an die Sammler fast genausoviel verdient hatten wie am Verkauf der Fische nach Übersee. Sie schreckten selbst vor Morddrohungen gegen Sammler und Ausbilder nicht zurück, weshalb die Kurse eine Zeitlang eingestellt werden mußten. Der Regierungswechsel, das wachsende Umweltbewußtsein im Land und die von Teilen der internationalen Aquarien-Industrie geäußerten Sorgen führten zur Wiederaufnahme der Kurse. Das Projekt wird vom *Bureau of Fishery and Aquatic Resources* gefördert. Einer der Hauptexporteure aus Manila unterstützte sogar einen Kurs, weil er in Zukunft «umweltverträglich gefangene Fische» vermarkten möchte.

Bis alle der schätzungsweise 1500 Sammler des Landes die neue Methode angenommen haben, wird noch viel Zeit vergehen. Viele von ihnen leben auf weit verstreuten Inseln, und es ist schwierig, die Mittel für die Kurse zu beschaffen. Die IMA möchte das Netzmann-Projekt auf andere Länder ausweiten.

Die Aquarienfisch-Industrie richtete auch dann weniger Schäden an, wenn die Aquarienfisch-Jäger angemessen bezahlt und regelmäßig beschäftigt würden. Das könnte sie motivieren, nicht nur die hochwertigen und empfindlichen Arten zu fangen, die aufgrund des Raubbaus schließlich verschwinden würden. Sobald ökologische und soziale Kosten einkalkuliert werden, steigen auf den internationalen Märkten zwangsläufig die Preise – was dem realen Wert der Ware Aquarienfisch näherkommen würde. Doch selbst bei bester Umweltverträglichkeit erscheint es kaum gerechtfertigt, der Natur in großem Maßstab Tiere und Pflanzen zu entnehmen – zu bloßen Sammlerzwecken.

Schutz auch für Ungeniessbare

Welche Rolle Schutzgebiete für die Bewirtschaftung nicht eßbarer Rifftiere spielen könnten, wurde noch nicht gründlich untersucht. Möglicherweise würden dadurch die Brutpopulationen der Tiere geschützt, die eine «seßhafte» Lebensweise haben und oft sehr spät geschlechtsreif werden. Sie könnten zudem günstigere Bedingungen für jene Arten schaffen, die nur bei hoher Individuendichte erfolgreich laichen.

Schutzgebiete für die Kreiselschnecke wurden auf Belau, den Vereinigten Staaten von Mikronesien und den Cook Inseln eingerichtet. In Französisch-Polynesien gibt es ein Schutzgebiet für Kreiselschnecken, das im dreijährigen Turnus genutzt wird. Doch wie bei vielen anderen Schutzgebieten im Meer, ist die Wilderei nur schwer zu kontrollieren. Die Tiere wandern schließlich aus und verteilen sich außerhalb der Brutplätze. Daher sollten Schutzgebiete im Rahmen eines umfassenden Fischerei- und Küstenverwaltungsplans entwickelt werden.

Quoten und Mindestgrössen

Das Problem von Quoten und Mindestgrößen ist für Zierfische ähnlich schwer zu lösen wie für Speisefische. Größenbeschränkungen für Kreiselschnecken, Perlenmuscheln und Marmorierte Kreiselschnecken gelten zwar bereits in vielen Ländern des Pazifischen Ozeans, wurden aber zu oft willkürlich festgelegt. Auf Belau gilt für den Fang von Kreiselschnecken eine Mindestgröße von 7,6 Zentimetern, Vanuatu hat neun und Guam 10,2 Zentimeter festgesetzt. In vielen Fällen wäre auch eine Obergrenze der Fanggröße sinnvoll, da große, alte Tiere oft besonders fruchtbar sind. Außerdem ist ihr Gehäuse meist von Würmern durchlöchert und somit von geringerem kommerziellen Wert. In Neukaledonien dürfen Kreiselschnecken beispielsweise nur in einer Größe zwischen neun und zwölf Zentimetern gesammelt werden. Da die Tiere bei einer Größe von sieben Zentimetern geschlechtsreif werden, verbleiben in der Brutpopulation sowohl genügend jüngere als auch ältere, große und fruchtbare Tiere.

Für Schwarze Korallen und Riffkorallen sind Mindestgrößen ebenfalls wichtig. Auf Hawaii gilt für die Kolonien Schwarzer Korallen eine Minimalgröße von 1,20 Metern Höhe oder 2,5 Zentimetern Stammdurchmesser. Trotzdem haben sich die Bestände in Gegenden, in denen Korallen früher geplündert wurden, nicht erholt, obwohl sie heute viel weniger gesammelt werden. Für einige Arten von Riffkorallen wurden zwar Mindestgrößen errechnet, doch wurden sie nie verbindliche Praxis. Doch da die Riffkorallen ohnehin extrem belastet sind, sollte das Sammeln von Zierkorallen gänzlich verboten werden.

Seit einiger Zeit gelten in Florida Quoten für das Sammeln von Aquarienfischen. Sammler dürfen täglich maximal 75 Engelfische entnehmen, Boote 150 – wobei offen bleibt, was günstiger ist. Je Boot dürfen maximal 75 Schmetterlingsfische gefangen werden. Wie jedoch oft bei solchen Vorschriften, sind die Zahlen völlig willkürlich, da es keine Daten darüber gibt, wie viele Schmetterlings- oder Engelfische ohne Schaden für das Gleichgewicht des Riffes entnommen werden dürfen. Vielleicht sind die Quoten viel zu hoch.

Neubesiedlung von Riffen aus Marikulturen

Die Vor- und Nachteile einer Aquakultur von Rifftieren gelten im Prinzip auch für die Aufzucht nicht eßbarer Rifflebewesen. Wegen ihres hohen Wertes erscheint die Kultur von Perlmutt-Arten besonders attraktiv. Kreiselschnecken lassen sich relativ leicht aufziehen, weil sich die Larven von Dotterreserven ernähren, also nicht gefüttert werden müssen. Außerdem ist das Larvenstadium – in der Aquakultur die heikelste Phase – nur kurz. Jungtiere, die sich gerade niedergelassen haben, ernähren sich von Plankton und sind leicht in Becken zu halten. Marmorierte Kreiselschnecken sind in Japan bereits kultiviert worden, doch ließ sich die Technik anderswo nicht erfolgreich einführen.

Perlenmuscheln wurden jahrzehntelang wegen ihrer Perlen, nicht aber wegen ihrer Schalen kultiviert. Die Produktion von Perlen aus Gold- oder Silberlippen-Seeperlmuscheln *(Pinctada maxima)* begann 1898 in Japan und wird nun in mehreren Ländern Asiens und in Australien betrieben. Zuchtperlen entstehen, indem ein «Kern» oder ein

Der Graue Kaiserfisch (Pomacanthus arcuatus) ist ein beliebter Aquarienfisch. Die Fangquoten für den Handel mit ihm wurden in Florida begrenzt.

kleines Stückchen Schale in den Körper einer Perlmuschel eingesetzt wird. Die Muschel umlagert den Fremdkörper mit Perlmuttschichten, bis schließlich eine Perle entstanden ist.

Von Japan aus wurde die Technik in den 60er und 70er Jahren auf den Tuamotu-Archipel in Französisch-Polynesien und die nördlichen Cook Inseln eingeführt und bei der Großen Seeperlmuschel *Pinctada margaritifera* angewandt. Schwarze Perlen, wegen ihrer Seltenheit in der Natur als «Königin der Perlen» bezeichnet, sind sehr begehrt. Deshalb avancierten Farmen der Großen Seeperlmuschel in Französisch-Polynesien zur wertvollsten Meeresressource des Landes: Ihr Export in die USA erzielt jährlich 34 Millionen US Dollar. Auf den Cook Inseln entspricht die Perlenproduktion jährlich einem Wert von elf Millionen US Dollar; dies ist mehr als das Doppelte dessen, was alle anderen Exportprodukte zusammen einbringen. Die größte, jemals auf den Cook Inseln gefundene Perle wurde 1989 für 9000 US Dollar verkauft. Der Laich oder die jungen Larven der Perlmuscheln werden wild gesammelt und in «Flößen», einer Art schwimmender Inseln, in ruhigen Atoll-Lagunen aufgezogen.

Die natürlichen Bestände geschlechtsreifer Perlmuscheln, denen Kerne eingesetzt werden könnten, sind bereits erschöpft und lassen heute keine Ausweitung der Perlenzucht zu. Es ist jedoch gelungen, Perlenmuscheln zum Ablaichen in Becken zu bringen – diese Praxis hat sich in Japan für die Goldlippen-Seeperlmuschel bewährt.

Wie eßbare Arten, können auch Perlmutt liefernde Arten in neuen Riffen ausgesetzt oder dazu verwendet werden, Riffe mit geplünderten Populationen wiederzubeleben. Teilweise gelungen ist dies mit der Kreiselschnecke, die zuerst in den späten 20er Jahren von Belau nach Chuuk verpflanzt wurde. Von dort aus wurde sie auf einer Reihe weiterer Inseln und Atolle in Mikronesien eingeführt. Eine ähnliche Serie von Einfuhren gab es von Neukaledonien bis nach Französisch-Polynesien. In vielen dieser Länder ist die Kreiselschnecke eine bedeutende Ressource geworden. 1939 wurden auf Chuuk fast 7000 Kreiselschnecken gesammelt und an vier Standorten in Pohnpei ausgesetzt. Seit damals hat sich die Art im gesamten Barriereriff ausgebreitet, in dem es sieben Schutzzonen gibt; heute läßt sich eine nachwachsende Menge von einer Tonne pro Jahr entnehmen. Das bringt dem Land im Export jährlich 500 000 US Dollar ein.

Trotz des vordergründigen Erfolgs solcher Bemühungen ist es wichtig, auf potentielle Gefahren wie eingeschleppte Krankheiten oder Parasiten zu achten. Unerwünschte Konkurrenz mit einheimischen Arten könnte das ökologische Gleichgewicht des Riffs ernsthaft gefährden. Bei jeder Einfuhr sollten daher Quarantänezeiten eingehalten werden: Vorrangig sollte immer der Schutz einheimischer Arten sein, verbunden mit einer ausnahmslos nachhaltigen Nutzung.

Das Artenschutzabkommen

Eines der zur Zeit wichtigsten Hilfsmittel, den Handel mit wildlebenden Arten zu überwachen, ist das Washingtoner Artenschutzabkommen – *Convention on International Trade in Endangered Species of Wild Fauna and Flora* (CITES) –, das heute (1992) 112 Länder ratifiziert haben. Die Artenlisten teilen sich in mehrere Kategorien auf: Anhang I erfaßt die besonders bedrohten Arten und verbietet jeglichen Handel mit ihnen. Anhang II betrifft sogenannte gefährdete Arten, für die ein gewisser Handel zugelassen bleibt. Doch sollen alle kommerziellen Transaktionen sorgfältig überwacht werden, indem für jede Sendung Genehmigungen vorgeschrieben und die entsprechenden Papiere gründlich überprüft werden.

Bis heute sind vergleichsweise wenige Meeresarten von CITES erfaßt. Von den Rifflebewesen fallen alle Meeresschildkröten unter die Kategorie des Anhangs I, das heißt: Mit ihnen oder mit aus ihnen hergestellten Produkten dürfen Länder, die das Artenschutzabkommen unterzeichnet haben, keinerlei internationalen Handel treiben.

Im Anhang II sind alle Riffkorallen, Schwarzen Korallen und Riesenmuscheln aufgeführt. Ein Handel mit ihnen oder ihr Export ist also aus den Unterzeichnerländern nur mit Genehmigung möglich. In mehr als 100 Ländern der Welt wachsen Riffe. Bislang haben nur etwa 20 von ihnen nationale Gesetze zur Handelseinschränkung oder zum -verbot mit Riffkorallen, Schalen und Gehäusen. Andere Länder müssen und werden hoffentlich bald folgen. In den Ursprungsländern wächst die Erkenntnis, daß sie ihre Ressourcen vor dem scheinbar unersättlichen Appetit der Verbraucherländer schützen müssen. Die Vorschriften von CITES können nur durchgesetzt werden, wenn die

Pilzkorallen (Fungia) wurden besonders häufig als Meeressouvenirs gesammelt, so daß sie nun in die Liste des Internationalen Artenschutzabkommens CITES aufgenommen werden mußten. Pilzkorallen wachsen nicht in Kolonien. Jeder «Pilz» – den Namen hat die Koralle von dem pilzähnlichen Lamellenmuster auf ihrer Unterseite – ist ein einzelner großer Polyp.

nationale Gesetzgebung dies unterstützt und weltweit die notwendigen Mittel bereitgestellt werden. Bisher ist dafür kein Ansatz erkennbar. Ein Beispiel: Der Korallenschmuggel von den Philippinen, wo die Exporte seit 1977 verboten sind, ist ein lange bekanntes Problem. Mitglieder der *Marine Conservation Society*, einer britischen Naturschutzorganisation, untersuchten in den späten 80er Jahren den Handel mit Meeressouvenirs in ihrem Land. Dabei entdeckten sie, daß eine große Warenhauskette Korallen von den Philippinen verkaufte, obwohl CITES dies verbietet. Weitere Nachforschungen ergaben, daß die Korallen wahrscheinlich mit gefälschten Papieren exportiert wurden. Die Warenhauskette reagierte sofort, indem sie alle 700 Meeressouvenirs aus ihren Läden zurückzog.

Die Befürchtung, daß der illegale Korallenhandel trotzdem weitergeht, bestätigte sich 1991, als der britische Zoll bei der zufälligen Kontrolle eines russischen Frachters zwei Tonnen Korallen von den Philippinen beschlagnahmte. Bei einer nachfolgenden Razzia in einem Warenhaus in Lincolnshire fanden die Ermittler weitere 15 Tonnen philippinischer Korallen. In Großbritannien hat die *Marine Conservation Society* Richtlinien für Importeure und Verkäufer von Meeressouvenirs herausgegeben. Auch in anderen Ländern sollten die Konsumenten auf solche Regelungen drängen und auf jeglichen Kauf entsprechender Waren verzichten.

Es gibt Bestrebungen, das Fangen von Aquarienfischen über die Handelskanäle zu steuern. Einige Importeure in Amerika nehmen nur noch Fische an, die ohne Schädigung des Lebensraums und ohne Gebrauch von Giften gesammelt wurden. Sie handeln nicht mit Arten, die in Gefangenschaft wohl kaum überleben dürften.

Um die Sterberaten zu senken, sind auch eine bessere Überwachung der Fänge, besserer Transport und die richtige Behandlung der Fische notwendig. Der Handel mit Arten, die sich nur schwer in Gefangenschaft halten lassen, sollte eingestellt werden. Zu ihnen gehören Schmetterlingsfische und besonders Korallen, für die es einen täuschend ähnlichen, künstlichen Ersatz gibt. Insgesamt sollte Handel nur dann erlaubt sein, wenn die betreffende Art und die mit ihr in natürlichen Kreisläufen verbundenen Pflanzen und Tiere nicht geschädigt werden.

TOURISMUS IN RIFFEN

Passagiere des Kreuzfahrtschiffes «MS Seaward» werden für einen Schnorcheltrip ans Ufer der Cayman Inseln gebracht.

Die Reste einer Hirnkoralle, die im Saba Marine Park, Niederländische Antillen, von einem Anker in Stücke gerissen wurde.

Durch die Stille des frühen tropischen Morgens läuft das 42 000-Tonnen-Schiff *MS Seaward* auf seiner wöchentlichen Tour zur Insel Grand Cayman vorsichtig in den Hafen von Georgetown ein. Während sich der riesige Anker platschend ins Wasser senkt, entwerfen die 1500 Passagiere Pläne für den Tag.

Mindestens 100 von ihnen entscheiden sich für Schnorcheln. Sie wollen die berühmten Korallenriffe der Cayman Inseln sehen. Eine Flotte kleiner Boote bringt sie ans Ufer, und bald schon schwimmen sie mit Taucherbrille und Schnorchel im flachen Wasser, um die Korallen zu bewundern. «Führer werden Sie auf Ihren Unterwasserreisen durch üppige Korallenriffe und Schwärme von Fischen in allen Farben des Regenbogens begleiten», versprechen die Broschüren der Kreuzfahrtschiffe.

Ein paar 100 Meter weiter hat der Anker der *MS Seaward* inzwischen im 20 Meter tiefen Wasser Halt gefunden. Die schwere Ankerkette schleift über das Riff. Obwohl der Tag ruhig ist und keine Strömung an dem Eisen zerrt, spannt sich die Kette und verschiebt sich mit jeder Bewegung des Schiffes hin und her. Sie zerschmettert die Korallen unter sich und gräbt allmählich einen bis zu zwei Meter breiten Kanal in den Grund. Weiter vom Anker entfernt kann sie noch weiter schwingen und stößt im Umkreis von mehreren Metern selbst große Korallenstöcke krachend vom Riff. Wolken aus zerschmetterten Korallenteilchen rieseln in einer zentimeterdicken Schicht auf die Korallen nieder. Korallenstöcke werden aus dem Riff herausgequetscht und liegen kopfüber neben tief starrenden Löchern; andere werden regelrecht skalpiert, von ihren Oberflächen wird das lebende Gewebe vollständig abgekratzt, und das kalkweiße Skelett liegt bloß. Direkt unterhalb des Schiffs, wo die Kettenbewegung am größten ist, hat sie wie ein durch Butter schneidendes Messer einen Teil des Riffs einfach abgetrennt.

Mit einbrechender Dämmerung lichtet die *MS Seaward* ihren Anker und bereitet sich auf die Reise zum nächsten Anlaufhafen vor. An Bord tauschen Passagiere ihre Erlebnisse

Kokospalmen am Lagunenstrand des südpazifischen Abaiang, Kiribati – ein Anblick, der dem Traum vieler Menschen von tropischen Stränden entspricht. Gegenwärtig wird Kiribati nur von wenigen Touristen besucht, aber Szenarien wie diese werden bald der Vergangenheit angehören.

Rechte Seite: Die Riffe rund um Florida ziehen jedes Jahr Tausende von Touristen in die Karibik. Mindestens die Hälfte von ihnen schnorchelt oder taucht bei den Riffen, um sich am Anblick der farbenprächtigen Riffbewohner zu erfreuen. Im Bild Hornkorallen (Pseudopterogorgia).

aus. Der nächste Tag bringt eine neue Insel, ein anderes Riff – und eine weitere Verankerung der MS Seaward.

Etwa 30 Kreuzfahrtschiffe besuchen regelmäßig die Cayman Inseln, und ihre Anker und -ketten haben die meisten Riffe im Hafen von Georgetown in einen Haufen Korallenschutt verwandelt. Im Spott Riff an der Südseite von Grand Cayman, wo die Kreuzfahrtschiffe manchmal auch bei schlechtem Wetter vor Anker gehen, zerstörte 1985 ein Schiff an einem einzigen Tag in einem unberührten Riff eine Fläche in der Größe von fünf Tennisplätzen. 18 Monate später gab es immer noch keine Anzeichen für neues Korallenwachstum.

Der Touristenboom

Wahrscheinlich hat der Tourismus die Ölindustrie bald als weltweit größte Gewerbebranche überholt. Für die Wirtschaft der meisten Gastländer, sowohl in Industrie- wie Entwicklungsländern, spielt er eine zentrale Rolle. In Entwicklungsländern, insbesondere in kleinen Inselnationen und in Ländern mit besonderen Naturschönheiten, darunter die Riffe, sehen die Menschen im Tourismus eine der wenigen Hoffnungen, ihren Lebensstandard zu verbessern.

Vielerorts ist der Tourismus bereits heute der wichtigste Devisenbringer. Etwa 100 Millionen Touristen besuchen jährlich die Karibik, die meisten aus den Vereinigten Staaten. In einigen Ländern der Region macht der Tourismus zwischen 40 und 70 Prozent des Bruttosozialproduktes aus. Auf den Turks und Caicos Inseln erreicht der Tourismus, inklusive der damit zusammenhängenden Bauarbeiten, beispielsweise 60 Prozent des Bruttosozialproduktes. Der Fischfang trägt nur zehn Prozent bei.

Sanft wiegende Palmen, sandige Strände, kleine Inseln und die Korallenriffe der tropischen Küsten ziehen moderne Urlauber magisch an. In Australien werden jährlich etwa 800 Millionen US Dollar für den Meerestourismus ausgegeben. Der Touristenstrom zum Großen Barriere Riff wächst pro Jahr um 30 Prozent, seit die 1983 eingeführten Hochgeschwindigkeits-Katamarane Hunderte von Passagieren auf Tagestouren ins Riff hinaus führen. Heute gibt es mehr als ein Dutzend solcher «Big Cats». Sie fahren die Touristen zu im Riff verankerten Plattformen, von wo aus sie tauchen und schnorcheln können. Nichtschwimmer können in Glasbodenbooten die Unterwasserwelt erleben. Der US-Sonnenstaat Florida erwirtschaftet alljährlich einen Umsatz von 1,6 Milliarden US Dollar allein durch Rifftourismus. Mehr als zwei Millionen Menschen pro Jahr besuchen den John Pennekamp Coral Reef State Park und das Key Largo National Marine Sanctuary in Florida.

Amerikanische Taucher geben jährlich geschätzte 286 Millionen US Dollar in der Karibik und auf Hawaii aus, und etwa 600 000 buchen jährlich einen Tauchurlaub in Übersee. Auf Hawaii betragen die jährlichen Ausgaben von Gerätetauchern zur Zeit etwa 20 Millionen US Dollar. Auf den Cayman Inseln wuchs die Zahl der ausländischen Besucher von gerade 3000 jährlich in den 60er auf über 500 000 in den späten 80er Jahren an, und mindestens die Hälfte davon tauchte oder schnorchelte in den Riffen der Inseln. Die bunte, üppige Unterwasserwelt und die glitzernden Korallenstrände in den Atollen der Malediven ziehen jährlich über 160 000 Besucher an, und die Zahl der Ferienanlagen stieg von zwei im Jahr 1972 auf mehr als 60 im Jahr 1992.

In vielen Entwicklungsländern sind die wirtschaftlichen Vorteile des Tourismus nicht so groß wie sie auf den ersten Blick erscheinen mögen. Die Struktur des Tourismusgewerbes beruht darauf, daß die Hotels, Charterfluglinien und Reisebüros ausländischen Reiseveranstaltern gehören. Die Gewinne werden aus dem Gastland exportiert und kommen nicht der einheimischen Bevölkerung zugute. In einigen Fällen landet nicht einmal ein Viertel der Urlaubseinnahmen in dem Land, das die Touristen besuchen. Darüber hinaus werden Devisen häufig zum Import von Luxusgütern, Nahrung und Getränken verwendet, die der Tourist erwartet, so daß den ärmeren Ländern noch weniger Einkommen aus dem Tourismus verbleibt. Während die Profite nach Übersee abfließen, bleiben Probleme wie Niedriglöhne, Mangelernährung, unzureichende Wohnungen, Alkoholismus, Kriminalität und der Raubbau an der Umwelt im Land zurück. Die Bruttoeinkünfte aus dem Tauchtourismus werden in Bonaire auf 21 Millionen US Dollar geschätzt, das entspricht der Hälfte des Bruttoinlandproduktes der Insel. Doch die Hälfte

der Hotels und der Tauchunternehmen gehört Ausländern, fast ein Viertel der Arbeitskräfte kommt aus dem Ausland. Trotzdem würde Bonaire mit dem Tauchtourismus die Hauptstütze seiner Wirtschaft verlieren.

Urlauber bleiben häufig in ihren Touristensiedlungen isoliert, streng abgeschirmt von den örtlichen Problemen, zu denen sie allzuoft unwissentlich beitragen. Zwar schafft der Tourismus Arbeitsplätze, den Landeseinwohnern werden jedoch meist nur niedere, schlecht bezahlte Dienste angeboten. Die Entwicklung des Tourismus treibt die Bodenpreise und die Lebenshaltungskosten in die Höhe, so daß die einheimische Bevölkerung aus ihren Häusern vertrieben wird. Manchmal werden Dorfbewohner sogar zwangsweise umgesiedelt, um Platz für neue Ferienanlagen zu schaffen. Wenig später sind ihre Dörfer von Umweltverschmutzung, Lärm, Straßen und häßlichen Betonsiedlungen geprägt.

Auf Hawaii wurden Hotels auf alten Begräbnisstätten an der Küste erbaut, mehr als 20 Golfplätze sind in Planung. Sie werden den Hawaiianern den freien Zugang zur Küste nehmen, wo sie traditionsgemäß ihre Netze auswarfen und Zwiesprache mit ihren Naturgeistern, den *omakuhas*, hielten. Die Hawaiianer nennen die Super-Ferienanlagen, die heute die Küstenlinien der Insel verschandeln, «neue Plantagen» – wahrscheinlich in Anlehnung an frühere Sklavenwirtschaft. Für sie hat der Tourismus keine Freiheit, sondern wirtschaftliche Abhängigkeit gebracht; ihre heiligen Küstenflächen gingen ihnen verloren, die von fundamentaler Bedeutung für ihre kulturelle Tradition sind.

Die einheimische Kultur eines Landes wird häufig zugunsten des Tourismus untergraben und ausgebeutet, reduziert zu einer Bühnenshow nach Tisch, mit Darbietungen und Tänzen – wann und wo, das bestimmt das Tourismusmanagement und nicht länger die Tradition; die Tänze verlieren für die Menschen, die sie auf Geheiß zur Show stellen müssen, ihre Bedeutung. Westliche Werte korrumpieren und zerstören die Gemeinschaftsmoral. Die Folgen: Prostitution, Straftaten und bettelnde Kinder. Die teure Infrastruktur – Flughäfen, Hotels und Straßen – beansprucht Mittel, die dringend für ein verbessertes Gesundheitswesen oder die Ausbildung benötigt würden.

Die Folgen des Tourismus: Müll und zerstörte Landschaft

Die Auswirkungen des Tourismus auf die Umwelt sind allzuoft verheerend. Die Tourismusbranche vermarktet den Tropenurlaub beständig mit dem Image des Paradieses und unzerstörter Natur, doch die Wirklichkeit sieht anders aus: Dem in den letzten beiden Jahrzehnten immer stärker gestiegenen Tourismus in tropische Entwicklungsländer entspricht ein fast schon explosiver Bauboom, um die notwendigen Ferienunterkünfte und Infrastruktureinrichtungen bereitzustellen. So reihen sich Strandhotels, Ferienanlagen, Golfplätze, Yachthäfen, Straßen, Einkaufszentren und Flughäfen an der Küste entlang – sie zerstören und bedrohen die produktivsten Ökosysteme unseres Planeten.

Mit dem Tourismus geht unvermeidlich der Bau von Flughäfen einher. Gibt es keinen anderen Platz, werden sie auf das Riffdach gebaut. So geschah es beim Internationalen Flughafen von Hulule, nahe Male, der Hauptstadt der Malediven. Außer der direkten Zerstörung durch die Rollbahnen, erzeugt ihr Bau große Mengen an Schlick, der die nahegelegenen Korallen mit großer Sicherheit abtöten wird.

Schlecht gebaute Küstenstraßen werden leicht vom Regen abgespült, eine weitere Quelle für die Verschlickung und die Zerstörung der Riffe. Auf bewohnten Inseln waren Korallenfelsen traditionelles Baumaterial. Jetzt werden sie in großem Maßstab für den Bau von Touristenhotels abgebaut. Mangrovensümpfe werden ausgebaggert, um Platz für Hafenanlagen und Yachthäfen zu schaffen. Der aufgewirbelte Schlick erstickt wiederum vieles Leben im nahegelegenen Riff, und mit den Mangroven wird die Kinderstube für viele Rifforganismen zerstört – ein entscheidender Teil in den eng miteinander vernetzten Riffökosystemen. Flächen mit Seegraswiesen werden zur Sandgewinnung genutzt und damit weitere, eng mit dem Riff verbundene Lebensräume zerstört.

Über die Korallen gebaute Molen und Docks beeinflussen häufig Strömungen und Wasserzirkulation im Bereich der Riffe. Damit können sich sowohl der Charakter der Küste selbst als auch die Lebensbedingungen im Riff ändern. Hotels haben meistens unzureichende Kläranlagen, so daß nahegelegene Riffe ernsthaft belastet werden. Tauchboote, Yachten und Kreuzfahrtschiffe, die keine Speichertanks besitzen und vielfach ihr Abwasser direkt in die Lagune entlassen, tragen das ihre zur Verschmutzung bei.

Überall im Pazifik, in Asien und in der Karibik breiten sich Golfanlagen aus. Sie benötigen riesige Mengen an Wasser, Dünger und Pestiziden. Zusätzlich zu den Umweltschäden, die sie durch die Zerstörung von Lebensräumen, nachfolgende Erosion und Wasserverschwendung erzeugen, sind

Folgen des Tourismus

Wo jedes Plätzchen für den Tourismus verbaut wird, sind Mangroven häufig die ersten Opfer. Sie werden herausgerissen oder ausgebaggert, Bauten treten an ihre Stelle. Das relativ trübe Wasser, in dem Mangroven gedeihen, macht sie für Taucher uninteressant, doch bieten sie gerade deswegen Jungtieren idealen Schutz.

Linke Seite: Ein überfüllter Strand in Waikiki auf der hawaiianischen Insel Oahu. Der Strand wurde zu Beginn des Jahrhunderts als Ferienziel berühmt – das erste Strandhotel wurde im Jahr 1901 gebaut. Seitdem hat die Erschließung das Bild der Küste völlig verändert; Erosion und Veränderungen der Meeresströmung waren die Folge.

Ein Bootsanker richtet in einem Dickicht der Koralle Acropora vor der Ostküste von Malaysia verheerende Schäden an.

sie eine Bedrohung für die Riffe: Ihre Abwässer mit allen darin enthaltenen Chemikalien werden – zumindest auf kleinen Inseln – ins Meer, das heißt zu den Riffen geleitet.

Schnecken und Korallen sind als Souvenirs bei Touristen sehr beliebt, und mit der Zahl der Besucher wächst natürlich die Nachfrage. Auch in Ländern weitab von den Riffen wurde das Interesse an solchen Souvenirs geweckt, wo sie als schicke Dekorationsstücke verkauft werden. Korallen, Schneckenhäuser, getrocknete Kugelfische und andere Riffprodukte dienen der Zierde in Hotelzimmern, Foyers und Restaurants. Eines der berüchtigtsten Beispiele ist der Cowrie Grill im Manila Hotel auf den Philippinen, dessen Wände mit tausenden Gehäusen von Kauri- und anderen Schnecken bedeckt sind.

Langusten, Zackenbarsche und Schnapper gehören zum Standard eines Speiserestaurants in den tropischen Touristenzentren. Die Preise schnellen in die Höhe, kaum ein Einheimischer kann sich diese Luxusgüter noch leisten. Mit dem Tourismus wächst der Druck auf die Fischereigebiete im Riff.

Gerätetauchen oder Schnorcheln, Segeln, Bootfahren und Sportfischerei sind inzwischen als Freizeitangebote selbstverständlich geworden und ziehen immer mehr Touristen in ihren Bann. All diese sicher faszinierenden Aktivitäten können jedoch das Leben im Riff stark beeinträchtigen. In mehr als der Hälfte aller Länder mit Riffen hat der Tourismus in der einen oder anderen Weise dem Lebensraum Riff geschadet. Solange nicht ernsthaft versucht wird, weitere Schäden zu vermeiden, wird sich die Situation durch den weiter anwachsenden Tourismus verschlimmern.

ANKERSCHÄDEN IN DEN RIFFEN

Kreuzfahrtschiffe verursachen zwar die schlimmsten Ankerschäden, da ihre schweren Ankerketten die Korallen zerschmettern und Wolken von Sediment aufwirbeln. An jedem Tag des Jahres lassen jedoch auch Tausende von kleineren Booten aller Art, von Yachten bis zu Glasbodenbooten, ihre Anker ins Riff hinab. Auf den amerikanischen Jungferninseln ankern jedes Jahr 30 000 Boote im Nationalpark. Bevor kürzlich Bojen verankert wurden, an denen die Boote festmachen können, richteten sie wesentlichen Schaden im Riff an. Einige der am meisten besuchten Riffe der Welt befinden sich in Florida. Fast zwei Millionen Besucher tauchen alljährlich im John Pennekamp Coral Reef State Park und dem Key Largo National Marine Sanctuary. Die fünf am besten zugänglichen Riffe können an betriebsamen Sommerwochenenden bis zu 6000 Besucher anlocken; an beliebten Ankerplätzen, wie Dry Tortugas, werden dabei beträchtliche Korallenflächen zerstört.

Um es den Besuchern besonders bequem zu machen, ankern Tauchboote oft direkt über den Riffen. Und um das Versprechen, «unberührte Riffe» zu besuchen, auch wirklich erfüllen zu können, müssen die Boote in immer entferntere Regionen fahren. Waren sie dann einige Male dort, sind die Korallenriffe sehr bald nicht mehr «unberührt». Ein trauriges Beispiel dafür sind die Tubbataha Riffe auf den Philippinen. Gelegen in der Mitte der Sulu-See, 150 Kilometer von Palawan entfernt, der östlichsten Insel der Philippinen, ziehen diese abgelegenen Riffe heute zahlungskräftige Touristen an: Etwa eine Million US Dollar bringen die 1988 unter Schutz gestellten Riffe den Veranstaltern jährlich allein durch Tauchtouristen ein. Die Tauchboote, die die Region besuchen, werden schon Monate im voraus von japanischen, amerikanischen und europäischen Tauchern gebucht. Trotz ihrer Abgeschiedenheit und der zeitlich eingeschränkten Tauchmöglichkeiten – Tauchgänge können wegen des Monsuns nur von März bis Juni durchgeführt werden – haben sich die Tubbataha Riffe zum wichtigsten Tauchrevier der Philippinen entwickelt. In den fünf Jahren seit Bestand des Schutzgebietes hat sich der Zustand der Riffe merklich verschlechtert, schätzungsweise ein Viertel der Korallen wurde beschädigt: teilweise durch Dynamitfischerei, doch vorwiegend durch die regelmäßigen Besuche der Tauchboote.

SCHÄDEN DURCH TAUCHER UND SCHNORCHLER

Während der letzten zehn Jahre hat die Zahl der Gerätetaucher enorm zugenommen – moderne Ausrüstung und neuentwickelte Lehrmethoden machen das Tauchen zu einem immer ungefährlicheren und leicht erlernbaren Sport. Fernsehfilme über die faszinierende Unterwasserwelt haben den Trend noch verstärkt. Heute gibt es in den Vereinigten Staaten, in Großbritannien, Deutschland und Japan Hunderttausende von Gerätetauchern, viele von ihnen verbringen ihren Urlaub in tropischen Riffen.

Im Vergleich zur Meeresverschmutzung durch Öl, Sedimenteintrag, Abwässer und Müll hat das unbesonnene Verhalten eines einzelnen Tauchers im Riff nur minimale Auswirkungen; die kumulative Wirkung der Zerstörung durch große Zahlen von Tauchern und Schnorchlern kann jedoch beträchtlich sein. Tauchführer überall in der Welt wissen von ehemals unberührten

Als dieses Foto 1984 im Tubbataha-Riff auf den Philippinen aufgenommen wurde, waren Riffhang und -krone fast vollständig von Korallen verschiedenster Arten bewachsen. Solche natürliche Vielfalt droht in den Tropen immer mehr verloren zu gehen.

Fischfütterung

Die Beobachtung von Fischen macht für Rifftaucher einen Großteil der Faszination aus. Es war unvermeidlich, daß Taucher und Tauchführer damit begannen, Fische zu füttern. Heute ist die Fütterung von Fischen in vielen von Touristen besuchten Riffen üblich. Im Großen Barriere Riff fressen riesige, jeweils 110 Kilogramm schwere Zackenbarsche den Tauchern aus der Hand. Die Fütterung zahmer Riffmuränen gilt inzwischen schon gar nicht mehr als etwas Besonderes, so verbreitet ist sie. In Bonaire muß ein Tauchlehrer schon fünf Muränen gleichzeitig füttern, um Aufmerksamkeit zu erregen.

Auf den Malediven und den Bahamas werden schon seit Jahren Haie von den Tauchern gefüttert. Auf den Cayman Inseln gibt es eine regelrechte «Stechrochen-City»: Mehr als 20 dieser imposanten Fische kommen dort regelmäßig zusammen, um den Tauchern aus der Hand zu fressen. Diese Stelle ist zu einer Hauptattraktion geworden. Bis zu 150 Schnorchler finden sich täglich ein, um mit den verspielten Rochen Kontakt aufzunehmen. Zusätzlich zu diesen einerseits spektakulären, andererseits fragwürdigen Veranstaltungen gibt es weltweit in touristischen Regionen zahlreiche Stellen, an denen Fische an Handfütterung gewöhnt sind.

Durch die Handfütterung vermehren sich einige Fischarten verstärkt und stören die Bestände anderer Arten. Auf der anderen Seite können die zahmen Fische von der Fütterung abhängig werden und sind dann leichte Beute für Fischer. Das Futter enthält wenig oder gar keine Nährwerte: Die Palette der mitgebrachten «Leckerbissen» reicht von Brot über Bisquits, Kuchen, Kartoffelchips bis hin zu Tiefkühlerbsen und Käse – nicht gerade eine «fischgerechte» Kost und eher schädlich als nützlich. Mancherorts dürfen Fische daher nur noch mit speziellem Fischfutter gefüttert werden – was freilich nur ein Problem der gesamten Palette löst.

Eine der Folgen der Fischfütterung ist, daß Taucher gelegentlich von Fischen angegriffen werden, die Futter erwarten. Von den Napoleon-Lippfischen im Roten Meer ist bekannt, daß sie Tauchern über lange Strecken folgen und sie manchmal – ohne äußeren Anlaß – angreifen. Auch Muränen haben schon Taucher angegriffen und wurden von diesen aus Angst getötet.

Viele Taucher wollen lieber ein Riff in seinem Naturzustand kennenlernen, ohne von zahmen Fischen bedrängt zu werden. Der einzige Weg, sicher zu sein, daß eine Fütterung den Fischen nicht schadet, ist schlicht: mit ihr aufzuhören.

Fischfütterung

Oben: Ein Taucher fotografiert in Australien Graue Riffhaie (Carcharhinus), die er mit einem Köder angelockt hat.

Rechts: Auf Bali werden Sergeantenfische (Abudefduf saxatilis) und Schmetterlingsfische von einem Taucher gefüttert. In vielen Ferienregionen ist es inzwischen verboten, Fische zu füttern – zum Wohl der Fische und zur Sicherheit der Taucher.

Tauchgebieten zu berichten, deren jetzt zerbrochene und verschlickte Korallen nur noch einen schwachen Abglanz der ehemals reichhaltigen Riffwelt darstellen.

Das Rote Meer ist eines der meistbesuchten Tauchreviere der Welt. Mit der raschen Erschließung der ägyptischen Sinaiküste in den späten 80er Jahren kamen die Taucher in Scharen. In den vier beliebtesten Tauchrevieren im Ras Muhammad Marine Park – jährlich werden dort über 75 000 Tauchgänge durchgeführt – sind weitaus mehr Korallen abgebrochen, gelockert und teilweise abgestorben als in den weniger häufig besuchten Nachbargebieten. Zuweilen sind die Zerstörungen als regelrechte «Tauchstraßen» in zehn bis 20 Metern Tiefe sichtbar.

Auf den amerikanischen Jungferninseln stiegen die Besucherzahlen des Unterwasserreviers im Nationalpark an der Trunk Bay Beach von 20 000 im Jahr 1966 auf über 170 000 im Jahr 1988. Trotz Überwachung durch Parkaufseher hat sich der Zustand des Riffes durch den Abbruch von Korallen und illegales Sammeln von Souvenirs sichtlich verschlechtert.

Taucher beschädigen Korallen dadurch, daß sie auf ihnen stehen, gegen sie stoßen, mit ihren Flossen versehentlich auf sie schlagen, daß sie ihre Tiefen- und Druckmesser über das Riff schleifen lassen oder sich an ihm festhalten. Ein Taucher kommt während einer halben Stunde unter Wasser durchschnittlich siebenmal mit Korallen in Berührung, ergab eine Untersuchung in Florida, am häufigsten mit den Flossen. Schon ein

leichter Druck auf das lebende Gewebe einer Korallenkolonie kann den Schleim beschädigen, der die Tiere vor Infektionen und Schmutz schützt. Besonders Unterwasserfotografen sind dafür berüchtigt, daß sie auf der Suche nach einer optimalen Aufnahme keine Rücksicht auf die empfindlichen Korallen nehmen. Auch große Schwämme wurden

Opfer der Fotografen: Bis vor kurzem war es in der Karibik eine beliebte Unsitte, in oder auf Schwämmen für ein Erinnerungsfoto zu posieren. Die Schwämme erlitten Schäden oder starben ab. Tauchführer haben schließlich für das Ende dieser Praxis gesorgt.

Schnorchler und Taucher wirbeln Sediment auf und stören die Lebewesen des Riffs. Schnorchler erzeugen beim Wassertreten beträchtliche Trübungen. Durch Höhlen schwimmende Taucher beeinträchtigen das Meeresleben durch die ausgeatmete Luft: Sie sammelt sich in Form großer Blasen an der Höhlendecke, so daß empfindliche Pflanzen oder Tiere auf dem Trockenen sitzen und getötet werden.

Taucher laufen oft mit ihrer Ausrüstung von der Küste über das Riffdach oder durch die Lagune, um zum Tauchgebiet zu gelangen. Manche Ferienanlagen bieten sogar geführte Riffwanderungen bei Ebbe für diejenigen an, die nicht schnorcheln können oder wollen. Bis jetzt gibt es keine schlüssigen Beweise, daß Wanderungen zu den Riffen zwangsläufig Schäden hervorrufen müssen. Zu unterschiedlich sind die Befunde. Nach-

Ganz oben: Weil Tausende von Menschen Tagestouren zu den kleinen Meeresschutzgebieten in El Garafon, Mexiko, unternehmen, sind die Riffe so gut wie tot.
Mitte: Eine Hirnkoralle (Colcophylia natans) auf den Turks und Caicos Inseln mit deutlichen Schäden: Vermutlich haben Menschen auf ihr gesessen oder gestanden.

Rechte Seite oben: Riffwanderer mit einem Führer auf Heron Island, Australien. Da sie jedesmal auf dem gleichen Weg laufen, bleibt der Schaden begrenzt.

Rechte Seite unten: Dieser prächtige Schwamm gehört zu den Arten, die immer wieder unter der Rücksichtslosigkeit der Taucher leiden müssen, die für ein Foto auf ihnen posieren.

Links: Moostierchen, Schwämme und Algen siedeln an der Unterseite des Großen Barriere Riffs. Um leben zu können, müssen sie rundum von Wasser umgeben sein, so daß sie absterben, wenn die Luftblasen von Tauchgeräten zu ihnen aufsteigen.

dem eine Stelle des Großen Barriere Riffs, die zuvor zu 41 Prozent mit lebenden Korallen bewachsen war, nur 18mal überquert worden war, waren nur noch auf sieben Prozent der Fläche lebende Korallen vorhanden. In anderen Regionen dagegen, in denen seit 40 Jahren Riffwanderer von Führern begleitet werden, konnten keine gravierenden Schäden an den Riffen beobachtet werden.

«Sanfter Tourismus» – ein Werbetrick?

Ein «Öko-» oder «Sanfter Tourismus» wird heute vielfach als Lösung für viele von der Tourismusindustrie verursachten Übel angesehen. Sofern richtig durchgeführt, kann ein ökologisch verträglicher Tourismus den Schutz der natürlichen Ressourcen tatsächlich weitgehend sicherstellen und den Einheimischen wirtschaftliche Vorteile bringen. Dazu gehört vor allem, daß die Zahl der Touristen insgesamt stark eingeschränkt wird. Zu oft allerdings wird der Begriff «Sanfter Tourismus» als grünes Deckmäntelchen für schädigende Urlaubsaktivitäten benutzt. Unter der Annahme, daß Naturbetrachtung als solche umweltverträglich ist, werden «Ferien in der Natur» oder Safaris gern als sanfter Tourismus bezeichnet. Das muß längst nicht stimmen – und einige Formen des angeblich «sanften Tourismus» schaden der Umwelt und der einheimischen Kultur weit mehr als sie nützen. Expeditionen in die Wildnis stören oft die Wildtiere,

hinterlassen Abfall und Trampelpfade. Diese Art von «Naturtourismus» macht heutzutage einen großen Teil des Tourismus in der Karibik aus: Er konzentriert sich auf Strände und Riffe und war der Natur bislang alles andere als zuträglich.

Ein großer Teil der Schäden, die den Riffen und anderen Ökosystemen der Küste durch den Tourismus zugefügt werden, geht auf Entwicklungsprojekte großen Stils zurück. Das Argument, groß angelegte Ferienanlagen für Touristen würden die Störungen der Umwelt durch Konzentration vieler Menschen auf relativ kleinem Raum vermindern, muß bezweifelt werden. Derzeit werden Küstenerschließungen weder sorgfältig geplant, noch werden die Auswirkungen von Entwicklungsmaßnahmen auf die Umwelt angemessen überwacht. Ein verkraftbarer Tourismus wäre viel eher durch kleinere Ferienanlagen zu erreichen, die sich in die Landschaft und den örtlichen Baustil einfügen.

Unter den richtigen Rahmenbedingungen könnte Tourismus sogar von Vorteil für die Riffe und die Küstenbewohner sein. Die Tourismusbranche muß sich verantwortlich dafür zeigen, die von ihr mitverschuldete Zerstörung der Küstenökosysteme zu verhindern. Das sollte nicht zuletzt im Interesse gerade derjenigen sein, deren Geschäft von den Naturattraktionen abhängt. Einige Küstenhotels, zum Beispiel auf Bora-Bora in Französisch-Polynesien, sind der Gesetzgebung durch die Einrichtung von Meeresschutzgebieten in nahegelegenen Riffen zuvorgekommen.

Ebenso sollte den Hotels daran gelegen sein, für genügend Anlegebojen in den Riffen zu sorgen und die Riffe und Küstengewässer nicht mit ungeklärten Abwässern zu belasten. Bewährt haben sich Initiativen, die die Besucher mit Informationsmaterial versahen. So wird in den Ferienanlagen einer internationalen Hotelkette auf den Seychellen und in Djibouti eine «Besucherordnung» verteilt, die von der *Marine Conservation Society* herausgegeben wurde.

Um die Riffe wirksam vor der Zerstörung durch Touristen zu schützen, müssen verschiedene Maßnahmen miteinander kombiniert und, je nach Situation, unterschiedliche Schwerpunkte gesetzt werden.

Mitspracherecht für die Dorfbewohner

Damit sanftere Formen des Tourismus erfolgreich sein können, müssen die einheimischen Gemeinden verstärkt an der Entwicklung und Verwaltung des Tourismus beteiligt werden. Die Einheimischen müssen eindeutige Vorteile für sich darin sehen, ihre Küstenlandschaften zu erhalten.

Die *Philippine Tourism Association* (PTA) hat für die Philippinen das Konzept des «Hinterhof»-Tourismus entwickelt. Auf der Insel Balicasag wurde ein kleines, für Taucher bestimmtes Strandhotel errichtet. Die Dorfbewohner arbeiten dort und sind an seiner Leitung beteiligt; die Gewinne fließen in Naturschutzmaßnahmen. Taucher, die in der geschützten Zone tauchen wollen, müssen dafür extra bezahlen. Die zusätzlichen Arbeitsplätze in der Ferienanlage und die Einrichtung eines Schutzgebietes, in dem

Eine Yacht hat auf Koh Phi Phi, Thailand, festgemacht. Der Tourismus hat hier in den letzten Jahren rapide zugenommen, weil immer mehr Menschen der überfüllten Nachbarinsel Phuket zu entfliehen suchen.

nicht gefischt werden darf, haben die Belastung durch Fischfang reduziert. Die Folge: Zahl und Artenvielfalt der Fische nahmen auffällig zu. Touristen, die dort Urlaub machen, sind in der Regel von den Riffen und dem Schutzgebiet begeistert und setzen sich, zusammen mit den Einwohnern, engagiert für den Schutz der Riffe ein.

Auf einigen anderen Inseln gehen die Bewohner ebenfalls dazu über, die Betreuung der Besucher selbst in die Hand zu nehmen. Auf Pohnpei in den Vereinigten Staaten von Mikronesien wurde in der Ortschaft Enipein Pah im Jahr 1988 die *Enipein Pah Marine Park Cooperation* gegründet, die die Aufgabe hat, den Tourismus zu fördern. Die *US Job Training Partnership* unterstützte das Projekt mit einem Zuschuß, der dazu verwendet wurde, ein Ferienzentrum einzurichten und Kanus zu bauen. Nun bieten die Bewohner ihren Gästen Tagestouren zu den Riffen und in die Mangroven an.

Auf der Thailändischen Insel Koh Samui fördern die Gemeinden den Tourismus unter anderem durch ein «Korallenfest», bei dem zugleich darauf aufmerksam gemacht wird, wie wichtig der Schutz der Riffe ist. Im Koh Phi Phi Nationalpark beim Isthmus von Kra gehen die Pläne dahin, die Verantwortung für den Küsten- und Meeresschutz den Anrainergemeinden zu übergeben. Die bekanntesten Inseln des Parks sind die Zwillingsinseln Phi Phi Don und Phi Phi Ley. Nur Phi Phi Don ist bewohnt: Hier siedeln seit mehreren Generationen Angehörige der malaischen Bajau und einige Moslemfamilien.

Die Schäden, die Touristen im Park verursacht haben, sind in den letzten Jahren immer bedrohlicher geworden. Nachdem zu Beginn der 80er Jahre Besucher nur vereinzelt kamen, droht der Nationalpark heute an der Touristenflut zu ersticken. Während der Saison werden kaum noch Fische gefangen: Die Einwohner, die zuvor von Subsistenzfischerei gelebt hatten, haben ihre Boote umgerüstet, um die Touristen um die Inseln zu fahren. Mit den Besucherströmen stiegen die Bodenpreise auf das Siebenfache. Dies verlockte viele einheimische Bewohner dazu, Grundstücke an ausländische Hotelunternehmer zu verkaufen. Den neuen Besitzern scheint weniger am Schutz der Riffe gelegen zu sein als der Ortsbevölkerung: Die Entwicklung nimmt inzwischen auch auf die Waldschutzgebiete keine Rücksicht mehr.

Die Parkverwaltung steht nun vor der Aufgabe, das Verständnis für den Umweltschutz zu wecken, ohne den Handlungsspielraum der Bewohner einzuschränken. Schon bei ersten Gesprächen, an denen neben den Bewohnern auch Reiseveranstalter beteiligt waren, wurde deutlich, daß die ortsansässige Bevölkerung sehr wohl wußte, wie wichtig der Schutz der Korallenriffe, der Strände und der Küstengewässer ist. Es war eine naheliegende Überlegung, die Bewohner an allen weiteren Maßnahmen zu beteiligen, die schlimmere Zerstörungen verhindern können. Zugleich wird das Bemühen unterstützt, Arbeitsplätze für die Bevölkerung im blühenden Touristengeschäft zu schaffen.

Auf den Fidschi-Inseln haben eine Reihe von touristischen Entwicklungsgesellschaften ganze Inseln von den Ortsgemeinden gepachtet und sie zu Ferienanlagen ausgebaut. Doch alle Vorhaben können nur in enger Zusammenarbeit mit den Gemeinden verwirklicht werden, die den jeweiligen Plänen zustimmen müssen und die Höhe der Pacht festlegen. So verknüpfte die Gemeinde auf Namenalala in der Korosee ihre Zustimmung zu einem Ferienzentrum, das fünf Prozent ihrer Landfläche einnehmen würde, mit der Bedingung, daß von den Betreibern ein Schutzgebiet eingerichtet wurde, das den Hauptteil der Insel und die nahegelegenen Riffe einbezieht.

Mit diesem Schutzgebiet sahen es die Einwohner am besten gewährleistet, daß ihre traditionellen Fischgründe verschont bleiben und nicht illegal befischt oder Schildkröteneier und Riesenmuscheln in ihnen gesammelt werden würden. Sie schlugen vor, das Fischen nur außerhalb der Schutzzone zu erlauben, und boten an, als Fischereiaufseher zu arbeiten. Ähnliche Vereinbarungen wurden auf den Inseln Tai und Luvuka in der Nadi Bay getroffen.

In vielen Ländern entsteht Tourismus auf Dorfebene. Die Besucher wohnen entweder in Wohnhäusern der Einheimischen oder in bescheidenen, kleinen Ferienanlagen – vorzugsweise aus lokalen Materialien und im einheimischen Stil erbaut. Dies erleichtert die Kontakte zwischen Gästen und Gastgebern, und in der Regel verbleibt ein größerer Anteil der Profite in der Dorfgemeinschaft.

Zuweilen verhindern kulturelle Gründe diese Form des integrierten Tourismus: Zwar sind die Einheimischen zur Arbeit im Tourismusgeschäft durchaus bereit, sie achten aber auf eine größere Distanz zu den

«Sanfter Tourismus»: Fahrt durch die Mangroven im Enipein Marine Park, Mikronesien.

Touristen. Auf den Malediven wurden die Urlaubssiedlungen zum Beispiel abseits der Dörfer auf gesonderten Inseln errichtet. Nicht nur Platzmangel war der Grund, sondern der islamische Lebensstil der Malediver sollte nicht von westlichen Werten beeinflußt werden. Jeder Insel in den Atollen wurden einander ausschließende Funktionen zugeordnet: Einige stehen vollständig dem Tourismus zur Verfügung, andere bleiben dagegen den Einheimischen vorbehalten; einige Inseln werden für industrielle und kommerzielle Nutzung erschlossen; einige wenige ursprüngliche und unberührte Inseln bleiben sich selbst überlassen. Dieses System verringert nicht nur soziale Spannungen, es nützt auch den Riffen, da sich die verschiedenen Formen der Belastungen verteilen und nicht alle an einem Ort konzentriert werden.

Meeresparks – Schutzgebiete im Ozean

Eine Möglichkeit zur Kontrolle und Verwaltung des Tourismus in Küstenregionen besteht in der Einrichtung von maritimen Schutzgebieten – in Anlehnung an das englische «Marine Park» auch Meerespark genannt. Einige geschützte Flächen stehen der Öffentlichkeit nur beschränkt zur Verfügung, in anderen wird ein sorgfältig geplanter Tourismus zugelassen. Dort sollen Informationszentren und Unterwasserlehrpfade der Aufklärung über die Gefährdung der Riffe dienen und das Verantwortungsgefühl für ihre Erhaltung fördern.

Es mag auf den ersten Blick überraschend sein, daß in Teilen des Schutzgebietes um das Große Barriere Riff Speerfischen und sogar kommerzieller Fischfang erlaubt sind. Verschiedene Zonen im Meerespark dienen unterschiedlichen Zwecken. Damit werden Konflikte zwischen Bevölkerungsgruppen, die das Riff jeweils unterschiedlich nutzen wollen, vermieden oder zumindest reduziert. Etwa 35 der 2900 Bandriffe in dem Park werden touristisch genutzt. Obwohl dies eine relativ kleine Zahl ist, müssen gerade hier erste Schritte zu ihrem Schutz eingeleitet werden: Die Riffe sind leicht zugänglich und hatten daher besonders unter Fischfang und Freizeitnutzung zu leiden.

Ursprünglich war man auf den Gedanken gekommen, Zonen einzurichten, um mit den Problemen des Überfischens fertigzuwerden. Doch die im letzten Jahrzehnt mächtig angewachsenen Touristenströme in die Riffe ließen es sinnvoll erscheinen, auch für die touristische Nutzung Zonen festzulegen. Während in manchen Zonen geschnorchelt und getaucht, in anderen auch gefischt werden darf, bleiben einige Gebiete für den Tourismus vollständig gesperrt.

Auch viele kleinere Schutzgebiete können für den Tourismus in Nutzungszonen gegliedert werden. Auf den Niederländischen Antillen wurde 1987 um Saba, einen kleinen, erloschenen Vulkan, der sich direkt aus dem Meeresboden erhebt, ein Meerespark gegründet. Der Park umgibt die gesamte Insel und ihr Saumriff, er erstreckt sich von der Hochwasserlinie bis zu einer Tiefe von fast 70 Metern. Innerhalb des Parks gibt es Zonen für die Freizeitgestaltung, eine Zone zum Fischen und Tauchen und eine sogenannte «Allzweckzone». Es wird erhofft, daß sich der Park finanziell selber tragen kann. Er konnte zwei Jahre, nachdem er eingerichtet worden war, immerhin schon die Hälfte der anfallenden Kosten erwirtschaften. Der Rest wurde von der Regierung in Form eines Zuschusses übernommen.

Die Haupteinnahmen stammen von den Gebühren, die die Parkbesucher zu bezahlen haben. Von Tauchern und Schnorchlern – im Jahr 1990 betrug ihre Zahl 3500 – wird jeweils ein Dollar verlangt, Reiseveranstalter zahlen einen monatlichen Pauschalbetrag. Es ist daran gedacht, Yachten nicht mehr gebührenfrei im Park ankern zu lassen. Schließlich haben sich die Parkverwalter noch eine besondere Werbestrategie einfallen lassen, um zu Geld zu kommen: Ausländische Besucher können dem Verein *Friends of Saba Marine Park* beitreten – und Spenden, mit denen sie ihn bedenken, zu Hause von der Steuer absetzen.

Meeresparks erzielen oft beträchtliche Einkünfte aus dem Tourismusgeschäft: durch Eintrittsgebühren, Spenden und Konzessionen für Tauchlehrer oder Läden. In Bonaire auf den Niederländischen Antillen besuchen jährlich 18000 Taucher den Meerespark. Über 90 Prozent der Taucher zeigten sich bereit, so ergab eine in den Jahren 1990 und 1991 durchgeführte Untersuchung, eine Gebühr für die Parkverwaltung zu zahlen, 16 Prozent würden sogar Gebühren bis zu einer Höhe von 50 US Dollar akzeptieren. Seit Januar 1992 wird pro Besucher eine Gebühr von 10 US Dollar verlangt, was die laufenden jährlichen Kosten von 150 000 US Dollar für den Park mühelos decken dürfte. Der Natio-

nal Park and Biosphere Reserve auf den amerikanischen Jungferninseln bringt jährlich – bei Kosten von zwei Millionen US Dollar – mehr als 23 Millionen US Dollar Gewinn ein.

In Belize wurde im Jahr 1987 das Hol Chan Meeresschutzgebiet eingerichtet, das in der Nähe der beliebten Touristeninsel Ambergris Caye liegt. Bevor das Gebiet geschützt wurde, war es stark überfischt, Souvenirsammler und ankernde Boote hatten die Riffe geschädigt. Seit die Besucher Eintrittsgebühren zu zahlen haben, ist genügend Geld vorhanden, etwas für den Schutz der Riffe zu tun: Anlegebojen werden vertäut, die Riffe können überwacht und Schulungsprogramme für Fischer oder Reiseleiter durchgeführt werden.

Die magische Anziehungskraft der Meeresparks ist gerade ihr Problem. Das Versprechen, unberührte Riffe zu sehen, zieht oft mehr Besucher an als der Park verkraften kann – und das Gebiet wird ebenso geschädigt, als sei es gar nicht unter Schutz gestellt worden. Die Zahl der Parkbesucher effektiv zu kontrollieren, ist oft schwierig. Um die Zahl der Taucher und Boote zu limitieren, muß allerdings eine entsprechende Infrastruktur mit Aufsehern und Wachbooten gegeben sein.

Der Krater von Molokini auf Hawaii gehört zu einem beeindruckenden, halb versunkenen Vulkan mit ausgedehnten Flachwasserriffen, mitten im Meeresarm zwischen den Inseln Maui und Kahoolawe gelegen. Seine Ernennung zum Marine Life Conservation District trug wesentlich dazu bei, daß er als Tauchrevier bekannt wurde, und schon bald war er der am stärksten besuchte Ort auf Hawaii.

Von einer Handvoll Tauchboote, die in den frühen 80er Jahren vor Molokini ankerten, wuchs die Zahl der Boote auf 30 bis 40 pro Tag an. Sie entlassen Hunderte von Schnorchlern und Tauchern in die Riffe. Einer der Bootsveranstalter weiß zu berichten, daß heute wegen der bloßen Zahl der dort tauchenden Besucher Schlieren aus Sonnenöl rings um den Krater treiben. Zahme Fische fressen aus der Hand, zerstörte Korallen sind die Regel, seltene Schnecken sind verschwunden. Auch die Riesenmantas, die sich regelmäßig an bestimmten «Putzstationen» im Riff von Putzerfischen die Parasiten ablesen ließen, bleiben heute aus.

Die Hanauma Bay auf Oahu, Hawaii, hatte ebenfalls unter der Anziehungskraft zu leiden, die sie auf zu viele Touristen ausübte. Sie wurde 1967 zum Marine Life Conservation District ernannt – und erst dadurch für Touristen interessant. In den späten 80er Jahren stieg die Besucherzahl in dieser winzigen Bucht nahe dem Strand von Waikiki in der Hochsaison oft auf 10 000 pro Tag; heute gibt es in den flachen Regionen so gut wie keine lebenden Korallen mehr. Um den Riffen eine Chance zur Erholung zu geben, wurden Vorschriften erlassen, wonach nicht mehr ganze Busbesatzungen gleichzeitig den Park besuchen dürfen. Kommerzielle Schnorcheltouren sind verboten, und der Park wird regelmäßig einmal pro Woche zur Wartung geschlossen. Beschränkungen der Besucherzahl und ähnliche Maßnahmen müßten in Meeresparks weit häufiger sein, damit nicht ihr Sinn ins Gegenteil verkehrt wird.

Viele der von Touristen verursachten Schäden entstehen eher zufällig. Wenn die Besucher verstehen, wie ein Riff funktioniert und wie empfindlich es ist, verhalten sie sich weit vorsichtiger und verantwortungsbewußter. Im Großen Barriere Riff sind geführte Schnorcheltouren besonders beliebt. Die Leitung des Meeresparks verteilt reichhaltiges Informationsmaterial an Ferienanlagen, Reiseveranstalter und Medien. An einigen Orten, wie auf Green Island in Australien, Grand Cayman und Buck Island auf den amerikanischen Jungferninseln und in Eilat am Roten Meer, wurden Unterwasserlehrpfade angelegt – entsprechend den Naturlehrpfaden, die in Landschafts- und Naturschutzgebieten an Land weit verbreitet sind. Die Besucher können ihnen mit Schnorchel und Tauchgerät folgen und die Meeresflora und -fauna mit Hilfe von wasserfesten Informationstafeln auf dem Meeresboden kennenlernen.

Die sicher sinnvolle und mancherorts auch erfolgreiche Einrichtung von Schutzgebieten darf nicht dazu verleiten, außerhalb solcher Gebiete den sorgfältigen Umgang mit der Natur zu vernachlässigen – auf dem Land ebenso wie im Meer. Zerstörungen und Verschmutzungen muß in allen Bereichen vorgebeugt werden.

PROGRAMME FÜR SANFTEN TAUCHTOURISMUS

In den vergangenen Jahren hat sich bei vielen Tauchern ein Wertewandel eingestellt. Der Trend geht weg von ausbeuterischem Verhalten, wie Speerfischen und Andenkenjagd, zu eher milden Formen der Nutzung: Unterwasserfotografie oder auch nur die bewundernde Beobachtung der Lebewesen im Riff. Im Zuge des allgemein gestiegenen Umweltbewußtseins befassen sich heute immer mehr Taucher bewußt mit den schädlichen Auswirkungen ihrer Aktivitäten auf das Meeresleben. Die meisten Taucher sind hochmotiviert und versuchen, Beschädigungen am Riff zu vermeiden – um gerade das zu erhalten, was sie fasziniert: möglichst naturbelassene Riffe. Der gute Wille der Taucher alleine reicht allerdings nicht, wenn nicht zusätzlich gut eintrainierte Tauchkenntnisse vorhanden sind.

Auch die Tauchindustrie, Tauchführer, professionelle Tauchlehrer und Bootsbetreiber müßten – in ihrem eigenen Interesse – eine wichtige Rolle bei der Erhaltung der Riffe spielen. Die Untersuchung eines führenden amerikanischen Tauchmagazins ergab, daß die Qualität des Tauchgebietes das wichtigste Kriterium bei der Auswahl eines Urlaubsortes ist, viel wichtiger als zum Beispiel der Preis: Taucher sind bereit, gesunde Riffe und reichlichen Fischbestand auch finanziell zu honorieren.

Einheimische Tauchführer sehen mehr und mehr ein, daß ihr zukünftiger Wohlstand von gedeihenden Riffen abhängt. Manch einer von ihnen steht in vorderster Front, wenn es darum geht, Maßnahmen gegen die Zerstörungen durch einzelne Taucher zu ergreifen. Tauchführer und -lehrer sind das kritische Glied in der Ausbildung

Linke Seite: Zwei Bilder aus dem Saba Marine Park auf den Niederländischen Antillen, wo in manchen Riffbereichen Freizeitbetätigungen ganz verboten sind. Oben: Die Riffkrone gehört zu den ertragreichsten Zonen im Riff. Unten: Korallen (Dendrogyra cylindrus), gelbe Ziegenfische (Mulloidichthys martinicus) und eine Gruppe von Schwämmen bieten einen prächtigen Anblick.

Die Hanauma Bay auf Oahu, Hawaii. Als Rest eines teilweise ins Meer versunkenen Kraters ist die Hanauma Bay der zum Schnorcheln und Tauchen beliebteste Ort von Hawaii. Doch die große Zahl der Besucher gibt Anlaß zu ernsthafter Sorge. Um die Schäden zu begrenzen, die der Tourismus den Riffen und seinen Bewohnern zufügt, haben die Behörden die Besucherzahlen drastisch begrenzt.

von Tauchern: Sie vermitteln ihren Schülern erste Einblicke in die Unterwasserwelt und dienen als Vorbilder. Ihr eigenes Verantwortungsgefühl gegenüber der Unterwasser-Umwelt wird sich in der Einstellung der Tauchschüler widerspiegeln. Ihre Bedeutung dafür, ihre Schüler zu sorgsamem und verantwortungsvollem Verhalten unter Wasser anzuleiten, muß sehr hoch eingeschätzt werden.

Die weltweit größte Vereinigung von Tauchtrainern ist die *Professional Association of Dive Instructors* (PADI), deren weltweit 1400 Ausbildungszentren jährlich über 400 000 Menschen das Gerätetauchen beibringen. Da sich PADI bewußt ist, welchen Einfluß ihre Lehrer auf das Tauchverhalten haben, hat die Vereinigung mit dem Projekt AWARE ein Zehnjahresprogramm gestartet, das Taucher über Gefährdung und Schutzmöglichkeiten der Unterwasserwelt aufklären soll. AWARE umfaßt Kurse über das Leben im Meer und über Umweltrecht, aber auch direkte Aktionen zum Schutz des Meeres in Zusammenarbeit mit lokalen Interessensgruppen. Aus der Sporttauchergemeinschaft soll, so lautet das Ziel von PADI, eine aktive Naturschutzbewegung werden.

Eine Möglichkeit, die von Tauchern ausgehenden Gefahren zu reduzieren, besteht darin, «Grüne Verhaltensmaßregeln» auszuarbeiten und zu verbreiten. Die Taucher lernen selbst, ihr Verhalten zu ändern und Schäden zu vermeiden. In den Vereinigten Staaten hat PADI die Broschüre *Zehn Gebote, wie ein Taucher die Unterwasser-Umwelt schützen kann* herausgegeben und verteilt sie an ihre Mitglieder. Auch *Greenpeace* hat eine entsprechende Broschüre mit Regeln für Taucher und Bootsbesitzer in Französisch-Polynesien auf Maohi, Französisch und Englisch herausgegeben.

Tauchern wird zunehmend bewußt, daß die Riffe geschützt werden müssen. Denn sie wissen, daß Bilder wie dieses sonst bald verschwunden sein werden.

Rechte Seite: Ein Schnorchler will sich für ein Foto vor einer Korallenkolonie in Pose setzen. Jede Berührung durch den Taucher wird unweigerlich die Polypen der lebenden Koralle zerstören.

Besonders wirkungsvoll könnten professionelle Taucher dazu beitragen, die Riffschäden zu verringern. Sie können Schnorchlern und Tauchern zeigen, wie sie ihren Auftrieb und die Flossen kontrollieren, um Berührungen des Riffs zu vermeiden. Es kommen zu viele Neulinge noch vor Abschluß des Trainings in die Riffe. Stattdessen sollten sich Taucher jeweils nur den Tauchrevieren zuwenden, die ihrem Können angemessen sind; die Unerfahrenen sollten empfindliche Standorte meiden.

Da Taucher, die Handschuhe tragen, viel häufiger Korallen und Riffe berühren als solche ohne Handschuhe, schreiben viele Tauchzentren das Tauchen ohne Handschuhe vor. Auf den Cayman Inseln sind Handschuhe in den besseren Tauchrevieren um Little Cayman und Cayman Brac nicht erlaubt. Viele Naturschutzgruppen fordern, daß ein Riff niemals berührt werden sollte. Unter Aufsicht kann eine Berührung mit der bloßen Hand allerdings eine beeindruckende Erfahrung sein. In Australien veranstalten Meeresbiologen geführte Schnorcheltouren für die Besucher der Big Cats und halten die Menschen dazu an, Rifflebewesen, die dadurch keinen Schaden nehmen, anzufassen und aufzuheben. Ohne eine solche Anleitung sollte allerdings jeder die Hände vom Riff und seinen Lebewesen lassen.

In Flachwasserriffen ist die Gefahr besonders groß, daß Schnorchler, Taucher und Boote gegen die Riffe stoßen. Wie empfindlich sie gegen Berührung sind, hängt nicht zuletzt von der Art der Korallen ab, die auf ihnen wachsen. Während massive Korallen eine relativ große Toleranz haben, sind verzweigte Korallen äußerst zerbrechlich.

Tauchveranstalter beginnen zu begreifen, daß die intensive Vermarktung ausgewählter Tauchreviere ein Fehler ist, da jedermann dort tauchen möchte und der Standort schnell verdorben ist. Auf den Cayman Inseln sind berühmte Tauchstandorte wie Bloody Bay Wall auf Little Cayman und Tarpon Alley auf Grand Cayman inzwischen so überlaufen, daß sich manche Veranstalter aus taktischen Gründen weigern, Taucher dorthin zu bringen. In der Konkurrenzsituation der Tauchbranche auf den Cayman Inseln, die sich stark nach dem Interesse ihrer Kunden richtet, ist dies eine mutige Entscheidung, die von *Greenpeace* sehr begrüßt und unterstützt wird.

Verteilen sich die Taucher auf mehrere Tauchreviere, wird die Auswirkung auf ein bestimmtes Riff reduziert. Auf Grand Cayman finden beispielsweise etwa 80 Prozent aller Tauchgänge in Riffen auf der Westseite der Insel statt, wo es in der Nähe von Hotels und Ferienanlagen etwa 30 Tauchveranstalter gibt. Rund 150 000 Tauchgänge pro Jahr belasten diese Riffe sehr stark. Wären größere, schnellere Boote vorhanden, die Taucher auch zu den relativ wenig besuchten Riffen auf den übrigen Seiten der Inseln bringen könnten, ließe sich der Druck reduzieren. Eine solche Aktion müßte allerdings gut überwacht werden: Andernfalls würde nur die Gesamtzahl der Taucher in allen Riffen wachsen – die Riffe wären nicht weniger, sondern noch mehr Riffe stärker belastet.

Werden die richtigen Riffe ausgewählt, kann die Konzentration von Tauchern und Schnorchlern an einem Ort allerdings auch gewisse Vorteile bieten. Im Großen Barriere Riff müssen die Hochgeschwindigkeits-Katamarane, die jeden Tag Hunderte von Menschen zu den Riffen hinausbringen, dort ankern, wo das Riff tief genug liegt und vor zufälliger Beschädigung geschützt ist. Während der Ausfahrt werden die Passagiere über

Naturschutzmaßnahmen im Riff informiert. Selbst wenn Hunderte von Menschen ins Wasser springen, sind die potentiellen Auswirkungen geringer als wenn zahlreiche Einzelreisende mit ihren Booten in den Riffen umherfahren, Abfall über Bord werfen und auf weiten Flächen des Riffs fischen oder Andenken sammeln.

TOURISTEN ALS UMWELTSCHÜTZER

Sporttaucher sind für den Naturschutz von Riffen eine wertvolle Hilfe, indem sie die entsprechenden Organisationen oder Behörden über beobachtete Schäden informieren. Gruppen wie *Earthwatch*, eine gemeinnützige Organisation, ermöglichen Freiwilligen auf bezahlten Urlauben die Mitarbeit an wissenschaftlichen Expeditionen. Taucher beteiligen sich dadurch direkt an Naturschutzmaßnahmen im Riff. *Earthwatch* hat an mehreren Riff-Projekten mitgearbeitet, darunter an einer Riffkartierung in Bonaire, an der Unterstützung eines Zuchtprogramms für Riesenmuscheln in Tonga und an Riffuntersuchungen auf den Fidschi-Inseln.

Taucher können in Großbritannien Mitglied der *Coral Cay Conservation* werden, einer gemeinnützigen Organisation, die die Regierung von Belize dabei unterstützt, Pläne für eine umweltbewußte Verwaltung der Küstenregionen beim Barriere Riff zu entwickeln.

Auf South Water Cay, einer kleinen Koralleninsel im südlichen Teil des Barriere Riffs, waren schon 84 Freiwillige an einer Untersuchung über die Auswirkungen von Tourismus und Fischfang beteiligt. Die Insel wird wahrscheinlich unter Schutz gestellt werden.

Auf Trinidad und Tobago gründeten auf den Inseln beheimatete Taucher im Jahr 1986 die *Crusoe Reef Society*. Das Ziel der Vereinigung ist es, den Schutz des Buccoo Riffes an der Westspitze von Tobago sicherzustellen, zur Zeit das einzige Meeresschutzgebiet des Landes. Studenten der Universität Glasgow in Schottland helfen ihnen, Projekte zu entwickeln, mit denen die steigenden Touristenzahlen bewältigt werden können.

Das *Institut für Tropische Meeresforschung* im britischen York leitet ein sogenanntes Reefwatch-Programm: Einzelne Taucher, die irgendwo in der Welt Urlaub

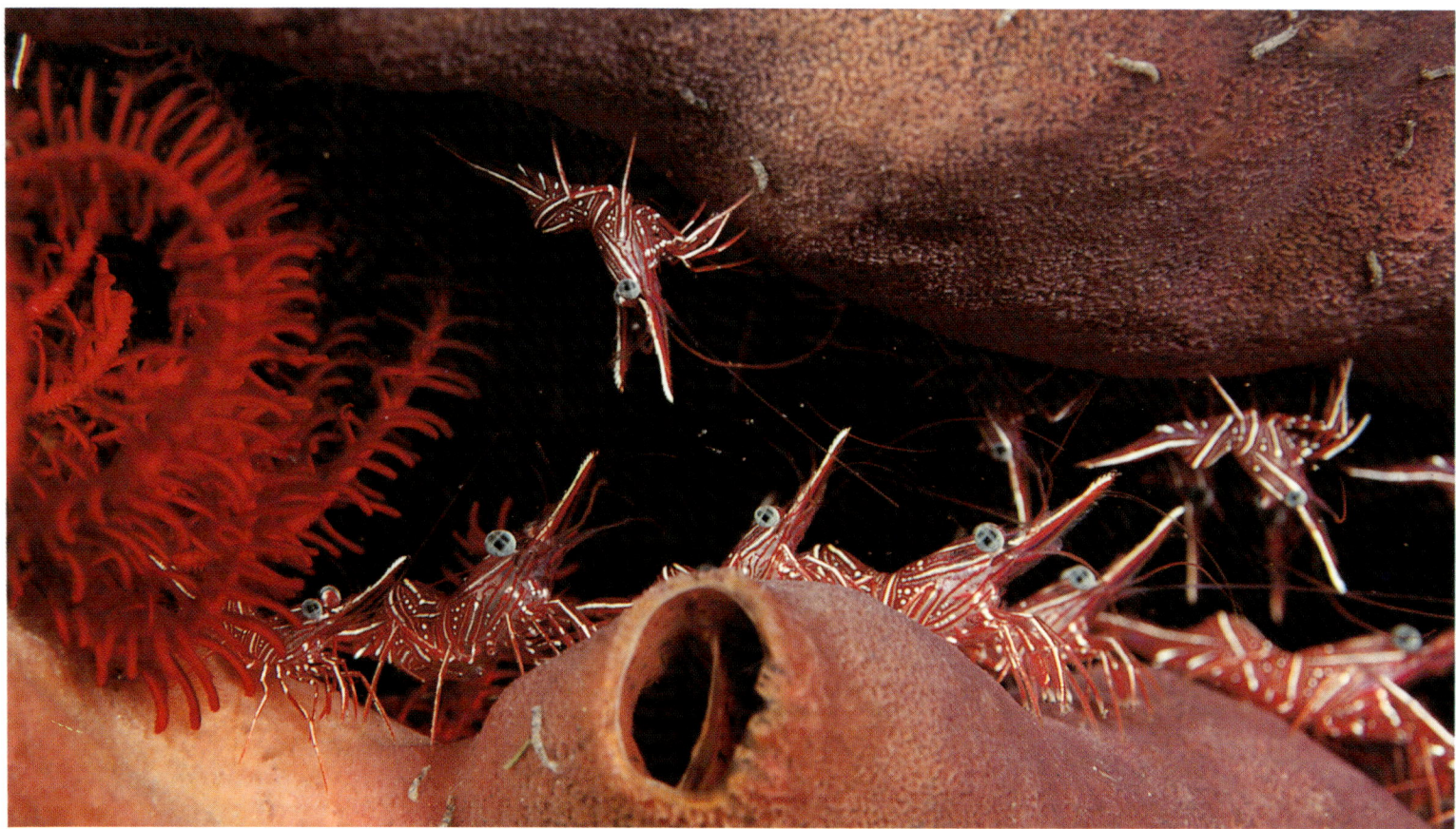

machen, können Check-Listen mit sich führen und Informationen sammeln. Sie werden in York zusammengetragen, kritisch verglichen und analysiert. Die Daten über die Zustände der Riffe stellt das Institut dann verschiedensten Organisationen und Projekten zur Verfügung.

Tauchlehrer und -führer sind für die Überwachung von Riffen besonders geeignet, da sie einen großen Teil ihrer Zeit in ihnen verbringen. In Singapur mit seinen zahlreichen Tauchclubs wurde 1988 vom Yachtclub, dem *Singapore Institute of Biology* und der *Singapore Underwater Federation* das *Reef Conservation Project Committee* gegründet. Es soll Informationen über den Zustand der wenigen noch verbliebenen Korallenriffe um Singapur zusammentragen. Tauchlehrer werden speziell ausgebildet, die Riffe zu überwachen und ihre Erfahrung an andere weiterzugeben.

Auf St. Lucia überprüfen Tauchführer im Riff aufgestellte Sedimentfallen. Sie schicken den Inhalt zur Analyse in ein Labor, so daß allmählich ein Bild davon entsteht, wieviel Sediment sich im Riff niederschlägt. An bestimmten Stellen wird die Zahl der Tauchgänge gezählt, so daß ein Eindruck von der Belastung durch Taucher entsteht. Fotos – jeweils von derselben Stelle aus aufgenommen – dokumentieren in regelmäßigen Abständen die Veränderungen. Für die Bedienung der Kamera ist kein besonderes Spezialwissen erforderlich: Sie wird eingestellt und einfach an einem Gestell befestigt.

Auf Hawaii soll dieses Verfahren noch weiter perfektioniert werden, indem nicht nur statische Aufnahmen gemacht, sondern Videokameras eingesetzt werden. Auch hier sollen Taucher auf freiwilliger Basis die Kameras fest installieren, so daß immer in dem gleichen Riffbereich festgestellt werden kann, welche Veränderungen sich in ihm vollziehen. Das macht die Kosten für das Datenmaterial erschwinglich, das Meeresbiologen brauchen, um Pläne für den Schutz von maritimen Ökosystemen entwickeln zu können.

Auf den Malediven gab es eine recht pfiffige Idee: die «Korallenadoption». Das heißt konkret, daß Tauchlehrer, die in den Ferienzentren arbeiten, den von Schnorchlern besuchten Korallenkolonien einen Namen geben – einer der jüngsten Namen ist *Green-*

Taucher im Südwestpazifik haben gute Chancen, diese faszinierenden Tanzgarnelen (Rhynchocinetes uritai) zu Gesicht zu bekommen. Sie sind in der ganzen Region verbreitet. Aber niemand weiß, wie sich die wachsenden Gefahren für die Korallenriffe, die ihr Lebensraum sind, auf diese Art und Tausende anderer Tierarten auswirken.

Rechte Seite: Greenpeace-Taucher bohren auf Amerikanisch-Samoa ein Loch, in das das Betonfundament für eine Anlegeboje gelegt werden soll. Ankernde Taucherboote fügen den Korallenriffen häufig sehr große Schäden zu. Das kann mit der Installation von festen Anlegebojen verhindert werden.

peace – und die «Paten» motivieren, Schäden von ihrem «Patenkind» fernzuhalten. 14 Ferienzentren haben sich bislang der Aktion angeschlossen, die vom maledivischen Ministerium für Fischerei und Landwirtschaft unterstützt wird.

In Florida haben sich Interessensgruppen wie *Greenpeace*, *Project Reefkeeper* und *Reef Relief* mit örtlichen Tauchorganisationen und mit anderen wissenschaftlichen und Umweltgruppen zusammengeschlosssen, um den Schutz der Riffe zu verbessern. Mitglieder aus verschiedenen Gruppen beteiligen sich aktiv an Kampagnen gegen schädliche Entwicklungsprojekte, setzen die Regierungen unter Druck und veranstalten öffentliche Anhörungen. Die Einrichtung des Florida National Marine Sanctuary im Jahr 1991 geht vorwiegend auf ihre Bemühungen zurück.

Vertäuungsbojen schützen vor Ankern

In den frühen 80er Jahren entwarf der Riffbiologe John Halas eine einfache Vertäuungsboje für den Gebrauch in Riffen. Das Verfahren ist leicht zu handhaben: In Löcher, die in den Riffelsen gebohrt wurden, werden mit Ringen versehene Bolzen einzementiert. An den Ringen werden die Anlegebojen vertäut. Boote können an ihnen festgemacht werden, die dann nicht zu ankern brauchen. Die Boje hat sich seither als eines der besten Hilfsmittel erwiesen, um stark besuchte Riffe vor Bootsankern zu schützen. Heute sind diese Bojen – mit zahlreichen Abwandlungen – in der ganzen Welt in Gebrauch. Die meisten der besser verwalteten Meeresparks und Schutzgebiete in der Karibik, auf Hawaii und im Großen Barriere Riff haben inzwischen Bojen installiert.

Greenpeace war vielerorts aktiv daran beteiligt, daß Tauchgebiete mit Vertäuungsbojen versehen wurden. Die Mannschaft der *Rainbow Warrior* installierte zusammen mit einheimischen Aktivisten von *Reef Relief* und Angestellten des *National Marine Sanctuary Programme* 1990 in den Riffen von Key West in Florida in einer wochenlangen Aktion 30 Bojen. Im selben Jahr half die Besatzung der *Rainbow Warrior* der örtlichen Umweltgruppe *Le Vaomatua* in Amerikanisch-Samoa und den Angestellten des *US National Marine Sanctuary Programme*, Bojen im Fagatele Bay National Marine Sanctuary anzubringen. Bei dieser Initiative ging es allerdings weniger darum, den Schäden vorzubeugen, die durch Tauchboote angerichtet werden – sie sind hier noch relativ selten –, sondern vor allem darum, den Fischern der Region ein überzeugendes Beispiel zu geben, wie sie Ankerschäden in den Riffen vermeiden können. Auf Sombrero Key im Florida Key Marine Sanctuary half die Mannschaft des *Greenpeace*-Schiffes *Moby Dick*: Zusammen mit regionalen Umweltschützern reparierte sie im Jahr 1991 einige der 25 damals schon vorhandenen Bojen und baute acht neue hinzu.

Es gibt aber auch Fälle, wo Anlegebojen weder notwendig noch wünschenswert sind. Lassen sich Taucher von stärkeren Strömungen mittragen, ist es besser für sie, wenn ihnen das Boot folgt als wenn sie gegen die Strömung zum Boot zurückschwimmen müßten. Auf den Malediven werden die Bootsfahrer angehalten, nicht in den Riffen zu ankern – für einen guten Steuermann ist das nicht mit allzu großen Schwierigkeiten verbunden

Wo Bojen nicht auf die Dauer vertäut werden können, sollten geeignete Ankerplätze markiert bzw. andere verboten werden. Von Tauchbooten ausgehende Schäden lassen sich deutlich reduzieren, wenn die Taucher den Anker mit der Hand am Meeresgrund plazieren und ihn in der gleichen Weise nach dem Tauchgang wieder einholen. Auf den amerikanischen Jungferninseln wurden erlaubte Ankerplätze ausgewiesen und flache Stellen und empfindliche Regionen, in denen nicht geankert werden darf, durch Markierungsbojen gekennzeichnet.

Wo Kreuzfahrtschiffe im Tiefwasser nicht ankern können, sind fest installierte Vertäuungsstellen ebenfalls das Mittel der Wahl, wenn auch ein sehr kostspieliges. Auf den Cayman Inseln zum Beispiel hat sich die Regierung im Prinzip zum Bau von Vertäuungsstellen bereit erklärt; bislang verzögert sich die Durchführung jedoch wegen der hohen Kosten und der ungeklärten Haftungsfrage bei Schäden an einem vertäuten Schiff.

Kreuzfahrtschiffe, die sich auf das Anlaufen abgelegener Regionen spezialisiert haben, in denen es nicht möglich ist, dauerhafte Vertäuungs- oder Anlegestellen einzurichten, sind ein größeres Problem. Unter Umständen muß das Kreuzfahrt-Unternehmen selbst für die Vermeidung von Schäden verantwortlich gemacht werden, doch wird dies vermutlich nur geschehen, wenn die Riffbesucher selbst darauf dringen.

HOFFNUNG FÜR DIE ZUKUNFT

Ohne Zweifel: Es ist dringend nötig, weltweit daran zu arbeiten, die Korallenriffe vor weiterer Zerstörung zu bewahren. Viele Maßnahmen, mit denen Naturschützer oder Regierungen in der Vergangenheit den Schutz bedrohter, natürlicher Lebensräume gewährleisten wollten, schlossen in der Regel die Bedürfnisse, Nöte und Wünsche der dort lebenden Menschen nicht mit ein. Heute zeigt sich überdeutlich, daß die großartigsten Konzepte zum Schutz der Riffe keine Chance auf Erfolg haben, wenn sie nicht von den Einheimischen unterstützt werden. Wo immer möglich, sollte die Bevölkerung, die in der gefährdeten Region lebt, Schutzkonzepte selbst entwickeln und überwachen.

Entwicklungsprojekte an tropischen Küsten sind fast zwangsläufig oft in solchen Gebieten angesiedelt, die direkt oder zumindest weiträumig mit Korallenriffen ökologisch verbunden sind. Es muß zu einer Herausforderung werden, lebensfähige Projekte so zu planen, daß sie ohne Schaden für die Umwelt verwirklicht werden können. *Greenpeace* und andere Naturschützer versuchen zunehmend, das Wissen und die Erfahrung der Menschen nutzbar zu machen, die seit Generationen mit und von den Riffen leben und oft eindrucksvolle Nutzungssysteme entwickelten, um sich ihre Ressourcen dauerhaft zu erhalten.

Die Herkunft der traditionellen Nutzungsmethoden liegt oft im Dunkeln: Kaum jemand hat dokumentiert, wie sich das umfassende Wissen entwickelt hat. Bekannt ist jedoch, daß sich die meisten Nutzungssysteme – vor allem der alten Völker im Pazifischen Raum – auf Gemeindeebene in lange bestehenden Gesellschaften entwickelt haben. Vor allem dort, wo das Land für den Anbau ungeeignet ist, wie etwa auf den Atollen des Pazifischen Ozeans, war es überlebenswichtig, die Nutzung der Riffe so nachhaltig zu sichern, daß die Menschen fortwährend davon leben konnten. In Regionen, die erst in jüngerer Zeit besiedelt worden sind – auf den karibischen Inseln landeten Siedler vorwiegend während der letzten 150 Jahre –, ist die Fischerei hingegen eher eine Angelegenheit des einzelnen und weniger der Gemeinschaft.

Das überlieferte Wissen über die Riffe und die traditionellen Methoden, sie gemeinsam zu nutzen, gingen immer rascher verloren. Geänderte Lebensweisen und aus Europa und Nordamerika übernommene Gesetzgebungen, die das Meer und seine Ressourcen als Allgemeinbesitz ansehen und sie nicht in der Verantwortung der ansässigen Gemeinden belassen, trugen zu dem Verlust an Erfahrungswissen bei. Um so wichtiger ist es, das Wissen, das noch in der Erinnerung der einheimischen Bevölkerung lebendig ist, zu bewahren.

Auf den Cook Inseln wurde das *rahui* oder *raui'i* gezielt zum Schutz der Riffressourcen eingesetzt. Es war auf den Atollen verbreiteter als auf den höher gelegenen Inseln mit fruchtbarem Boden. Die Häuptlinge von Stämmen oder Clans machten mit einem *rahui* die Zeiten deutlich, in denen es verboten war, in übernutzten Teilen des Landes oder der Lagune auf Jagd zu gehen oder bestimmte Arten zu fangen. Sie brachten das *rahui*, das ein um einen Baumstamm gewickeltes Palmenblatt sein konnte, auf dem Weg zu den Gebieten an, die geschont werden sollten. Auf manchen Atollen wird das System bis heute sehr strikt gehandhabt, und in einigen Fällen diente es als Vorbild für moderne Schutzprogramme. Auf Pukapuka hat jedes der drei Dörfer Land-, Lagunen- und Riffrechte; hier und auf Manihiki dient das *rahui* dazu, die Perlmuschel- und Kreiselschneckenbestände zu erhalten. Die Angst vor Strafe oder magischen Kräften sorgte traditionell sehr effektiv für die Beachtung des *rahui*. Heute hat eher die Inselverwaltung die Aufgabe, dies zu überwachen.

Erfreulicherweise werden solche traditionellen Methoden in vielen Ländern des Pazifik zunehmend offiziell anerkannt und in nationale Verfassungen und Gesetzgebung aufgenommen. Die Fidschi-Inseln spielen dabei eine Vorreiterrolle: Dort gab es größere soziale Einheiten, die *yavusas*, die sich

Rechte Seite: Fischerboot vor der Küste von Fidschi. Die einheimischen Fidschianer haben sich auch noch im gesamten 20. Jahrhundert ihre traditionellen Rechte an den Riffen und Küstenregionen bewahrt. Solche Rechte wurden oft als Hindernis für eine moderne Entwicklung betrachtet, doch tatsächlich können sie dazu beitragen, die nachhaltige Nutzung der Meeresressourcen zu gewährleisten.

Der Palmendieb (Birgus latro) ist das größte wirbellose Landlebewesen der Welt. Von Beinspitze zu Beinspitze wird es bis zu einem Meter groß, und es wiegt bis zu drei Kilogramm. Die Größe und der hervorragende Geschmack der Palmendiebe haben dazu geführt, daß sie auf vielen Inseln im Indischen und Pazifischen Ozean beinahe ausgerottet wurden.

aus Familiengruppen, den *mataqilis*, zusammensetzten. Ihre überlieferten Fischereirechte umfaßten das gesamte Gebiet zwischen der mittleren Hochwasserlinie bis zum äußeren Riffrand. Während der britischen Kolonialzeit gab der Gouverneur Sir Arthur Gordon 1881 das ungewöhnliche Versprechen, alle Riffe und die Fanggründe für Schalentiere den Fidschi-Insulanern zu übertragen. Dort konnten sie unter der Aufsicht einer einheimischen Land- und Fischereikommission ihren Lebensunterhalt durch Fischen und Sammeln bestreiten. Seit damals sind ihre traditionellen Rechte an den Riffen weitgehend respektiert worden, und sie spielen heute noch eine wichtige Rolle bei der Verwaltung der Meeresressourcen. Werden Entwicklungsmaßnahmen oder neue Nutzungsformen geplant, müssen die traditionellen Inhaber dieser Rechte konsultiert werden. Ohne ihre Zustimmung darf der Plan nicht umgesetzt werden; zeigen sich nachträglich negative Auswirkungen auf den Fischfang, haben sie in der Regel Anspruch auf Ausgleichszahlungen.

Auch auf Papua-Neuguinea sind noch immer mehr als 90 Prozent des Landes und der Riffe in der Hand traditioneller Eigentümer, deren Rechte die Verfassung des Landes garantiert. Dies schafft eine vielversprechende Basis, um traditionelle Strukturen und moderne Naturschutzideen in Einklang zu bringen: Die Gemeinden legen zum Beispiel die Grenzen für Schutzgebiete selbst fest und erlassen Vorschriften, für deren Einhaltung sie auch verantwortlich sind – und sie wissen, daß sie bei Bedarf mit der Hilfe des Ministeriums für Umwelt- und Naturschutz rechnen können. Die meisten Schutzgebiete sind bislang an Land eingerichtet, einige wenige nur dienen dem Schutz von Meeresschildkröten und Seekühen. Weitere Schutzgebiete, die auch Riffe umfassen, sind geplant.

In Amerikanisch-Samoa hätte nach US-amerikanischem Recht der *National Park Service* das Land, das zum Schutzgebiet erklärt werden soll, kaufen müssen. In jüngster Zeit verfolgt er jedoch eine andere Strategie, bei der die überlieferten samoanischen Rechte mehr berücksichtigt werden. Sie verbieten nämlich den Verkauf von Land. Daher arbeiten der *National Park Service* und die samoanischen Behörden nun eng zusammen: Die Dörfer vermieten das innerhalb des Nationalparks liegende Land und die Riffe unter der Bedingung an den Park Service, daß keine Kultstätten zerstört, keine Straßen in die Wälder und keine Hotels gebaut werden. Die Dörfer behalten ihre Rechte an den Riffen, solange sie nur traditionelle Fischfangmethoden anwenden. Der Umgang mit den Riffen beruht bei den Samoanern auf einer 2000jährigen Erfahrung. Sie hätten nur äußerst widerwillig eine Praxis übernommen, die aus einem Land stammt, das viel zu jung ist – nämlich gerade 200 Jahre –, um schon über eine ausreichende Erfahrung zu verfügen.

Auf den Salomonen sind die überlieferten Rechte an den 700 Quadratkilometern Riffen, Mangroven und Seegraswiesen der Marovo Lagune auf mehrere Clans aufgeteilt. Insgesamt leben in dem Gebiet 8000 Menschen. Die von den Gemeinden ausgearbeiteten Rechte bilden die Grundlage, auf der die Fischerei und andere Aktivitäten im Riff geregelt und kontrolliert werden. Tauchtouren dürfen nur mit Erlaubnis durchgeführt werden und kosten eine Gebühr. Ausländische Yachten dürfen nicht in den Riffen ankern, ausländische Fischerboote können vertrieben werden. Die Gemeinde übernimmt in allen Bereichen der Verwaltung die führende Rolle, paßt dabei allerdings ihre traditionellen Methoden je nach Bedarf auch neuen Gegebenheiten an.

NUTZUNGSZONEN

Miteinander konkurrierende menschliche Ansprüche an die Riffe und ihre Ressourcen sind heute viel umfangreicher als jemals zuvor. Neue Formen der Ausbeutung, die rasche Entwicklung und die wachsende Zahl der Menschen, die von den Riffen leben muß, haben diese Konflikte verschärft. Die Probleme lassen sich jedoch merklich reduzieren, wenn jeweils verschiedene Teile eines Riffs unterschiedlich genutzt werden. Die traditionellen Riffeigner des Pazifischen Ozeans verwalteten ihre Riffe mit dieser Strategie, die heute als «Zonierung» bekannt ist.

Größe und Komplexität solcher Zonierungssysteme sind keineswegs einheitlich. Die Zonierung des riesigen, 350 000 Quadratkilometer großen Meeresparks im Großen Barriere Riff dauerte über zehn Jahre, von Mitte der 70er Jahre bis 1988 – ein langandauernder, aber sehr wichtiger Prozeß. Denn bei allen Entscheidungen waren die Gemeinden beteiligt, die das Gebiet nutzen. Das System, das sich beim Schutz von Laich- und Fischgründen, in denen sich Fischbestände regenerieren können, gut bewährt hatte, kann auch tourismusbedingte Schäden eindämmen. Einige Riffe dienen grundsätzlich allen Zwecken und können vielfältig genutzt werden, in anderen sind entweder nur Fischen oder Freizeitaktivitäten erlaubt. Wieder andere sind ausschließlich der Forschung vorbehalten und daher vollständig vor allen Störungen durch den Tourismus geschützt. Auf den Philippinen sind die Meeresparks dagegen nur in zwei Zonen aufgeteilt: In einer ist das Fischen völlig verboten und in der anderen dürfen Fische nur mit Methoden gefangen werden, die die Riffe nicht zerstören.

Manchmal werden nur bestimmte Teile eines Riffs besonders geschützt: Brutplätze gefährdeter Arten zum Beispiel oder die Orte, an denen sich Meerestiere zum Laichen versammeln. In Regionen, in denen der Tourismus eine wichtige Rolle spielt, werden besonders attraktive Riff-Formationen auch aus rein ökonomischen Erwägungen unter Schutz gestellt: sogenannte «Korallengärten», die von Touristen in Booten mit Glasböden ohne nachweisbare Schäden besichtigt werden können. Dies freilich sollte nicht die alleinige Triebfeder sein, Korallenriffe unter Schutz zu stellen; zu leicht würden bei einer solchen Einstellung andere, optisch weniger interessante Gebiete, die jedoch für den Erhalt der Riffwelt von großer Bedeutung sind, übersehen und unberücksichtigt bleiben.

Regionen mit großem Artenreichtum oder mit Populationen seltener oder nur dort lebender – endemischer – Pflanzen und Tiere müssen als besonders schutzwürdig ausgewiesen werden. Das gleiche gilt auch für Riffe, von denen aus Larven oder Nahrung von den Meeresströmungen zu anderen Riffen getrieben werden.

Da die vorliegenden Daten sehr lückenhaft sind, ist es häufig problematisch, die verschiedenen Flächen zu beurteilen und ihren relativen Wert zu bestimmen. So wurde beispielsweise in Japan erst Ende der 80er Jahre erkannt, daß die dort angesiedelten Riffe trotz ihrer nördlichen Lage eine große Artenvielfalt beherbergen. Jetzt werden im Rahmen verschiedener Projekte Informationen aus Museen, wissenschaftlichen Veröffentlichungen und anderen Quellen gesammelt und die Daten auf Landkarten erfaßt. Damit

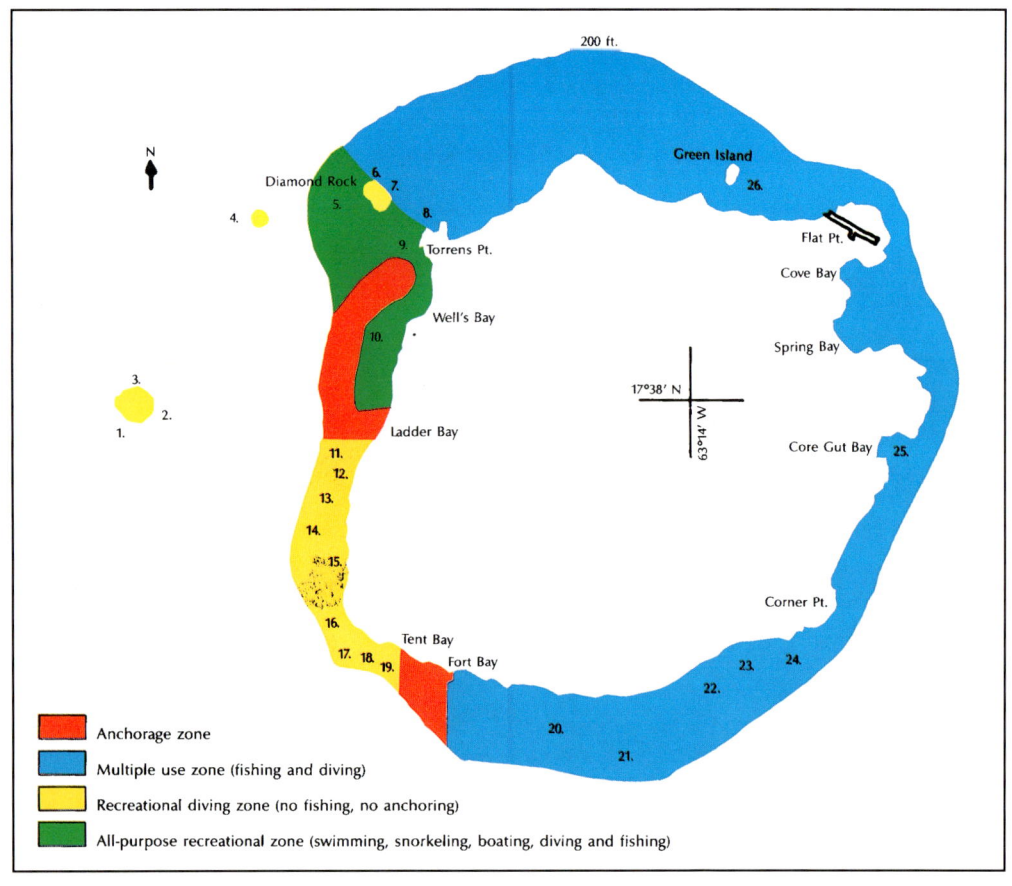

Der außergewöhnlich schöne und größtenteils unberührte Chagos Archipel ist zum Weltnaturerbe (World Heritage Site) erklärt worden. Die Atolle und ihre Riffe sind ihrer Unzugänglichkeit wegen noch relativ unbekannt.

Linke Seite: Der Plan des Saba Marine Park. Der Park wurde für verschiedene Nutzungszwecke in Zonen eingeteilt. Die Nummern kennzeichnen Tauchplätze. In den roten Zonen ist Ankern erlaubt, in den blauen Fischen und Tauchen, in den gelben nur Tauchen als Freizeitsport, aber kein Fischen und Ankern. In den grünen sind alle Freizeittätigkeiten möglich: Schwimmen, Schnorcheln, Bootsfahrt, Tauchen und Fischen.

Einige besonders schöne Riffe wachsen bis dicht unter die Wasseroberfläche – unten eine Korallenkolonie auf den Marshall Inseln. Sollen die üppigen, aber leicht verletzbaren Riffe den Tourismus unversehrt überstehen, muß der Zugang zu ihnen sehr sorgfältig überwacht werden.

entsteht eine solide Planungsgrundlage, um zu bestimmen, welche Küstenregionen unter Schutz gestellt werden müssen. Der Schutz solcher Zonen ist jedoch nur dann in genügendem Maße gewährleistet, wenn in der gesamten Umgebung sorgsam mit der Natur umgegangen wird.

Früher gab es weltweit noch so viele buchstäblich unberührte Riffe, daß ihre Existenz als selbstverständlich angenommen wurde – längerfristige Schäden wurden kaum verursacht. Heute sind unzerstörte, unberührte Riffe hingegen außerordentlich selten. Sie kommen im allgemeinen nur noch in Regionen vor, die sehr abgelegen und somit schwer erreichbar sind; häufig sind sie die Heimstatt einer besonders reichhaltigen Tierwelt und seltener oder endemischer Arten. Deshalb ist es besonders wichtig, sie ungestört zu lassen. Außerdem liefern sie wichtige Vergleichsdaten, um den Zustand anderer, bereits geschädigter Riffe daran zu messen und zu bewerten.

Der Chagos Archipel liegt weit ab vom Festland mitten im Indischen Ozean. Seit er von den Portugiesen im 17. Jahrhundert zum ersten Mal besiedelt wurde, kam nur noch selten jemand zu diesen fünf Atollen. Seit den frühen 70er Jahren waren die Angestellten der Militärbasis auf dem Atoll von Diego Garcia die einzigen Menschen, die dort auf längere Dauer lebten. Diego Garcia selbst hat allerdings schmerzlich unter dem Bau der militärischen Einrichtungen gelitten. Doch hatte das Militär in diesem Fall auch einen Vorteil für das Riff: Es erschwerte den Besuch des Archipels, so daß wenigstens die Riffe um die anderen Atolle geschützt blieben. Sie gehören heute zu den unberührtesten Riffen der Welt. Keine moderne Entwicklung beeinflußte sie bislang, und sie blieben von Umweltverschmutzung oder Verschlickung verschont.

Im Vergleich zu allen anderen Riffen des Indischen Ozeans leben hier die meisten Korallen und Weichtiere. Dazu gehören mindestens eine endemische Korallenart (*Ctenella chagius*) und große, ungestörte Populationen vieler, anderswo stark gefährdeter Arten: von Riesenmuscheln und Schwarzen Korallen über Langusten und Fische bis hin zu Schildkröten und Seevögeln.

Langfristig ist diese Situation jedoch nicht gesichert. Ohne internationalen Druck würden eines Tages auch der Chagos Archipel und vergleichbar unberührte Regionen bedroht sein. Möglich wäre ihr dauerhafter Schutz über die *World Heritage Convention*. Länder, die dieser Konvention beigetreten sind, verpflichten sich, Orte von herausragendem ökologischen Wert, die als Naturerbe der Welt, als *World Heritage Sites*, angesehen werden, unter Schutz zu stellen. Bislang wurden nur wenige Riffe in die Listen aufgenommen, vor allem deshalb, weil zu wenig über ihren ökologischen Wert bekannt war.

Den Status eines *World Heritage Site* genießen bislang nur die mexikanischen Riffe Sian Ka'an, das Große Barriere Riff, Henderson Island im östlichen Pazifischen Ozean, die Galapagos Inseln und die Sierra Nevada de Santa Marta an der Karibikküste von Kolumbien. Der Chagos Archipel, die Barriereriffe von Belize und von Belau wurden vorgeschlagen, doch das Verfahren, das viel Zeit in Anspruch nimmt, dauert noch an.

Durch die Anerkennung als Naturerbe ist der Schutz eines Gebietes nicht automatisch garantiert, doch werden die Regierungen dadurch unter Zugzwang gesetzt, auch tatsächlich Schutzmaßnahmen zu ergreifen. Sind menschliche Gemeinschaften von solch außergewöhnlich kostbaren, natürlichen Standorten abhängig, wird es für alle Beteiligten erforderlich sein, eine Vielzahl von Maßnahmen zu diskutieren. Sie müssen Regelungen finden, die den Bedürfnissen der einheimischen Bevölkerung Rechnung tragen und dennoch den natürlichen Charakter des Gebietes erhalten.

Grüne Meeresschildkröten (Chelonia mydas) wurden – wie andere Meeresschildkröten auch – im gesamten tropischen Raum zu stark bejagt. Nur an sehr entlegenen Plätzen, zu denen der Chagos Archipel gehört, sind sie noch vor menschlicher Verfolgung sicher.

Rechte Seite: Auch das Barriere Riff von Belize wird vermutlich als Naturerbe anerkannt werden. Dieses längste karibische und zweitlängste Barriereriff der Welt ist noch relativ unberührt. Das Bild zeigt eine besonders eindrucksvolle Gruppe von Röhrenschwämmen.

Bis vor kurzem konnte eine Regierung einen Meeres-Lebensraum am besten dadurch schützen, daß sie ihn zu einem Meerespark oder Schutzgebiet erklärte. Die ziemlich starren Vorstellungen einiger früher Naturschützer, die die einheimische Bevölkerung weitgehend aus dem Gebiet ausschließen wollten, hatten unvermeidlich zur Folge, daß die Bewohner ihre Unterstützung verweigerten. Bei steigender Beanspruchung von Land und Meer ist es heute wichtiger denn je, die Menschen in den Naturschutzplänen mitzuberücksichtigen. Dabei darf es allerdings nicht allein darum gehen, die Riffe nur für die langfristige Nutzung durch Menschen zu erhalten. Der Schutz von Landschaften, die Erhaltung der Artenvielfalt und der natürlichen Kreisläufe sollten auch um ihrer selbst willen zum obersten Gebot im Umgang mit der Natur werden. Schutzmaßnahmen mit Beteiligung der Bevölkerung sind oft viel leichter durchzusetzen als von außen oktroyierte Maßnahmen. Denn Menschen reagieren besser auf den Druck ihrer unmittelbaren Umgebung. Teure Patrouillenboote werden dann nicht mehr gebraucht, um den illegalen Fischfang und die zerstörerischen Fischfangmethoden zu unterbinden: Die einheimische Bevölkerung achtet selbst darauf, daß Schutzmaßnahmen nicht unterlaufen werden.

Der Montego Bay Meerespark galt lange als klassisches Beispiel für ein Schutzgebiet, das nur auf dem Papier existiert: Er wurde 1974 eingerichtet, aber sowohl von den Nutzern des Gebietes wie von den offiziellen Stellen ignoriert, die seine Überwachung hätten durchsetzen müssen. Das änderte sich, nachdem die ansässige Gemeinde an den Schutzmaßnahmen beteiligt wurde. 1990 wurden Mittel für die Erweiterung des Parks zur Verfügung gestellt. Das Schutzgebiet sollte künftig auch Mangroven, Seegraswiesen und Riffe einschließen. Neben Fischereizonen und Fangverbotszonen wurden zusätzlich Erholungsgebiete für Touristen vorgeschlagen.

Höchste Priorität genossen bei diesem neuen Projekt jedoch die Information und Beteiligung der Öffentlichkeit. Vertreter der Fischfang-Kooperativen, des Tourismusgewerbes, der Meerespolizei, der örtlichen Verwaltung und anderer interessierter Gruppen bildeten ein Beratungskomitee. Eine intensive, bewußtseinsbildende Kampagne bezog alle Medien vom Fernsehen und Zeitungen bis zu Schulen und Kirchen ein, selbst die örtlichen Taxifahrer ließen sich mit Meerespark-Aufklebern auf ihren Wagen sehen. Zu Parkwächtern ausgebildete Einheimische arbeiten mit den ansässigen Fischern und den Touristen zusammen und motivieren sie, den Park zu akzeptieren und ihn mit Sorgfalt zu nutzen.

Ist eine Region, deren Riffe Teil eines Meeresparks werden sollen, nur dünn oder gar nicht besiedelt, besteht die Gefahr, daß das Riff rücksichtslos ausgebeutet wird, einfach weil niemand da ist, der die Alarmglocken läuten ließe. In solchen Fällen muß die Regierung bereit sein zu intervenieren. Als Beispiel kann das Tubbataha Riff in der Sulu-

see dienen, etwa 150 Kilometer von Palawan entfernt, der östlichsten Insel der Philippinen. Das Meer um die beiden Inselchen ist Heimat von etwa 300 Korallen- und fast 400 Fischarten, darunter sechs Haiarten. Karett- und Grüne Meeresschildkröten besuchen die Riffe regelmäßig, riesige Seevögelkolonien, darunter 1500 der imposanten, seltenen Braunen Tölpel, brüten auf den Inseln. Das Gebiet wurde im Jahr 1988 zum Meerespark erklärt.

Dennoch kommen gelegentlich Fischer von den nahegelegenen Cayancillo Inseln zu den Riffen, und in der Urlaubssaison besuchen Tauchboote regelmäßig die Riffe. Eine ansässige Bevölkerung, die Verstöße gegen die Parkvorschriften ahnden könnte, gibt es nicht. Tauchtouristen stellten Anfang 1989 zu ihrem Entsetzen fest, daß auf den Riffen eine Algenfarm gebaut wurde: Auf den Philippinen ist die Zucht von Algen ein wichtiger Wirtschaftszweig und kann unter bestimmten Bedingungen eine vernünftige Alternative zu riffzerstörenden Ausbeutungsmethoden sein. Doch Ende der 80er Jahre, als die Nachfrage auf dem Weltmarkt noch immer wuchs, ging auf den Philippinen der Platz für neue Farmen aus. Benson Dakay, Chef einer großen Algen-Exportfirma mit Millionengewinn, sah im Tubbataha Riff ein geradezu ideales Farmgelände und erhielt dank seiner guten Verbindungen die Erlaubnis, die Farm innerhalb des Schutzgebietes zu bauen. Die Taucher erkannten erst, was dort geschah, als bereits Häuser auf Stelzen auf dem seichten Riffdach standen und die ersten Reihen Algen gepflanzt waren. Familien, die zur Arbeit auf der Farm verpflichtet worden waren, hätten sich in ihrer Isolation auf der Insel selbst unter Druck wohl kaum davon abhalten lassen, Schildkröten- und Vogeleier zu sammeln. Auch wäre die Verlockung groß, wie in ihren heimischen Dörfern Dynamitfischerei zu betreiben. Und für Abfall und Abwasser bliebe nur die «Müllkippe Riff».

Als bekannt wurde, daß etwa 6000 Familien auf dem Tubbataha Riff angesiedelt werden sollten, gab es massive Proteste. Die Wortgefechte zwischen den gegnerischen Parteien füllten wochenlang die Spalten in allen Zeitungen des Landes. Nicht zum ersten Mal wurden Naturschützer auf den Philippinen mit dem Tode bedroht und führende Politiker in Skandale verwickelt. Gegen Ende des Jahres 1989 genehmigte Präsidentin Aquino schließlich den Abriß der Farm. Von Palawan aus startete ein Marineschiff mit etwa 40 zivilen Beobachtern und Journalisten an Bord. Die Gebäude wurden verbrannt, die Reste entfernt und die letzten acht Angestellten der Algenfarm an Bord genommen.

BIOSPHÄREN-RESERVATE

Die internationale Initiative *Man and the Biosphere Programme* wird von der *United Nations Educational, Scientific and Cultural Organization* (UNESCO) unterstützt. Über das Konzept «Biosphären-Reservate» werden Umweltschutzbemühungen gefördert, die besonderen Wert darauf legen, die Interessen der einheimischen Bevölkerung innerhalb geschützter Gebiete zu berücksichtigen. Jedes Biosphären-Reservat ist in Zonen aufgeteilt: In der «Kernzone» werden menschliche Aktivitäten so gering wie möglich gehalten, in der «Pufferzone» sind Forschung, traditionelle Land- oder Meeresnutzung, Erholung, Tourismus und Ausbildung erlaubt, und die »Übergangszone», die bereits außerhalb des eigentlichen Reservates liegt, nutzt die ansässige Bevölkerung zur Sicherung ihrer Lebensgrundlagen.

Das erste Biosphären-Reservat auf mexikanischem Boden, Sian Ka'an auf der Halbinsel Yucatan, wurde 1986 eingerichtet. Auf einer gewaltigen Fläche von 528 000 Hektar umfaßt es Regenwälder, Mangroven, Buchten mit kristallklarem, blauem Wasser und grünen Inseln, ausgedehnte, weißsandige Strände und artenreiche Korallenriffe. Der Mayaname bedeutet «Himmelsgeborene» und macht deutlich, was der Begriff «Biosphäre» ausdrücken will: Die dünne, lebendige Haut aus Erde und Wasser, die unseren Planeten umgibt.

Das mexikanische Reservat besteht, grob geschätzt, zu einem Drittel aus Wald, zu einem Drittel aus Marschen und Mangroven und zu einem letzten Drittel aus Riffen, Lagunen und Buchten. Das Riff des Reservates gehört zu einem ganzen System aus Barriereriffen, die sich von der Spitze der Halbinsel Yucatan bis nach Belize erstrecken. Mangrovenbewachsene Korallen-Cays und Mangroven bieten Brutplätze für Rosalöffler *(Ajaja ajaja)*, Fregattvögel *(Fregata magnificens)* und eine Reihe anderer Seevögel.

In dem Reservat leben etwa 1000, vorwiegend von den Mayas abstammende Menschen: Fischer, Jäger und Landwirte, in erster Linie aber Langustenfischer. Die beiden Buchten Bahia de la Ascencion und Espiritu Santo sind die wichtigsten Langusten-Kinderstuben in Mexiko. Den ausgewachsenen Tieren bietet das Riff reichlich Schutz. Um die Richtlinien für ein Biosphären-Reservat durchzusetzen, gründete sich eine private Gruppe, die *Freunde von Sian Ka'an*, die mit der mexikanischen Regierung zusammenarbeitete. Noch ist die Region nicht unmittelbar bedroht, doch der Tourismus breitet sich entlang der Küste von Quintana Roo beunruhigend schnell nach Süden aus. Mit höchster Priorität wird daher ein Programm für einen erträglichen, sanften Tourismus erarbeitet, bevor der unkontrollierbare Massentourismus Sian Ka'an erreicht.

Ein anderes Biosphären-Reservat, das auch Riffe miteinbezieht, ist der Nationalpark auf den amerikanischen Jungferninseln. Er wurde 1956 gegründet und 1976 zum Biosphären-Reservat erklärt. Um das Reservat zu überwachen, bilden private Institutionen und Regierungsbehörden eine Kooperative. Sie half der einheimischen Bevölkerung, Forschungs- und Verwaltungsaufgaben wahrzunehmen. Der traditionelle Fischfang mit Schnur, Haken und Fallen ist nach wie vor erlaubt, vorausgesetzt, daß die Fischer bestimmte Quoten einhalten. Anfangs hatten sich die Fischer gegenüber den Touristen benachteiligt gefühlt und provozierten

heftige Auseinandersetzungen mit den Parkangestellten. Heute versucht der 1988 zu diesem Zweck gegründete Schutzverband *Freunde des Nationalparks Jungferninseln*, zwischen den Fronten zu vermitteln.

DIE GANZHEITLICHE KÜSTENVERWALTUNG IM BLICK

Die Erfolge einiger Meeresparks, die in Zusammenarbeit mit einheimischen Gemeinden eingerichtet wurden, sind durchaus sehenswert. Doch können solche Konzepte niemals die Lösung für alle Probleme sein, die Korallenriffe betreffen. Im Gegensatz zu einem Park an Land kann die Meereswelt nicht einfach durch Zäune oder Barrieren geschützt werden. Und – was noch viel wichtiger ist – die meisten Gefahren für die Riffe gehen vom Land aus, die Ursachen für

kranke Riffe liegen oft weit weg von ihrem Standort. Die Verwaltung des Meeresparks im Großen Barriere Riff zum Beispiel ist durch ausreichende Finanzmittel gut abgedeckt. Doch schützt das nicht davor, daß das Riff zunehmend von Abwässern und Dünger bedroht ist, die vom Land in die Küstengewässer einfließen. Floridas Meeresparks gehören zu den ältesten der Welt: Fort Jeffer-

son National Monument wurde 1935 und der John Pennekamp Coral Reefs State Park 1961 eingerichtet. Trotzdem sind die 320 Kilometer langen Riffe vor der Küste Floridas ernsthaft bedroht. Forscher errechneten 1986, daß der Korallenbewuchs jährlich um vier Prozent zurückging – 1991 waren es stellenweise schon zehn Prozent.

Zur Lösung solcher Probleme könnten ebenfalls alte Traditionen als Vorbild dienen. Die ganzheitliche Verwaltung des Meeres, der Küste und ihres Hinterlandes ist den Bewohnern einiger Inseln im Pazifischen Ozean seit Jahrhunderten vertraut. Auf Hawaii zum Beispiel existierte ein sehr altes, wirkungsvolles System für den Umgang mit der Natur: Das Land der ganzen Insel war keilförmig wie eine Torte auf verschiedene Dorfgruppen aufgeteilt; jedes Stück reichte von den Berggipfeln zur Küste bis hinaus zum Riff. Jede Gruppe verwaltete ihr Landstück, das *ahupu'a*, eigenständig und vermied zum eigenen Nutzen landbedingte Schäden am Riff. Diese Aufteilung garantierte den Bewohnern den Zugang zur Küste und konnte die meisten ihrer Bedürfnisse befriedigen: Die Berghänge lieferten Waldprodukte; Nutzpflanzen und Früchte wuchsen auf den flacheren Hängen, und im Riff wurde gefischt. Ein kompliziertes *kapu'o* oder Tabusystem verstärkte noch die naturschützende Bedeutung dieses Systems.

Es konnte dazu dienen, den Fischfang während der Laichzeit zu verbieten, oder die Überfischung gefährdeter Arten dadurch einzuschränken, daß niemand außer den Stammeshäuptlingen Fische essen durfte, die zu ihrer Regeneration der Schonung bedurften. Obwohl solche Schutzsysteme eher auf Atollinseln entstanden, deren Bewohner sich nicht vom Land, sondern nur von den Rifflebewesen ernähren, existieren sie auch auf den hoch aufragenden Vulkaninseln der Cook Islands: Die Eigentumsrechte der Stämme erstrecken sich von den Talenden am Fuß der Berge über die Küstenzone hinweg bis zum seewärts gelegenen Rand der Riffe.

Eine einheitliche Verwaltung des gesamten Küstensystems und seiner Quellgebiete wird heute als Küstenzonen-Verwaltung bezeichnet. Viele Länder entwickelten Pläne, die Verwaltung von Tourismus und Fischerei in den Schutz bedrohter Arten und Lebensräume zu integrieren, um so die Konflikte zwischen den verschiedenen Interessensgruppen zu vermindern und die von Land und Schiffahrt ausgehende Umweltverschmutzung einzudämmen. Solche Verwaltungspläne sollen das Landesinnere insoweit miteinbeziehen, als seine Nutzung Schäden für die Meereswelt mit sich bringt.

Wichtiger Bestandteil der Pläne ist es, dafür Sorge zu tragen, daß die angestammte Bevölkerung nicht ihre Lebensgrundlagen verliert, vielleicht sogar neue Verdienstmöglichkeiten hinzugewinnt. Hier spielen Überlegungen, wie Fischerei nachhaltig möglich ist, Marikulturen und klug angelegte künstliche Riffe zum Fischreichtum beitragen können, eine herausragende Rolle. Ufert der Tourismus nicht zu sehr aus, kann er helfen, das Schutzziel zu erreichen.

Im Idealfall erfaßt ein Verwaltungsplan die gesamte Küste des Landes und wird bereits umgesetzt, bevor die Riffe allzu stark geschädigt wurden. Wie kaum anders zu erwarten, war dies bislang nur in wenigen Ländern möglich. Eine positive Ausnahme ist Oman, dessen Riffe erstaunlicherweise bislang noch nicht durch den Menschen belastet sind und dessen Regierung dem Umweltschutz hohe Priorität einräumt. Sie verfügt zudem über genügend Mittel, um Pläne auch in die Tat umzusetzen. Auf der Grundlage einer landesweiten Untersuchung der Riffe wurde ein Verwaltungsplan für die gesamte Küste ausgearbeitet. Einige Regionen sollen für Fischerei und Freizeit genutzt, andere als

Linke Seite oben: Gut funktionierende Meerespark- und Küstenprogramme beziehen Landregionen ebenso mit ein wie das Meer selbst. Die seltenen Rosalöffler (Ajaja ajaja) nisten beispielsweise häufig in der Küstenvegetation der Mangroven.

Linke Seite unten: Trotz der Einrichtung von Meeresparks an den Küsten Floridas zeigen die Korallen Anzeichen schwerer Schädigungen. Eine mit Algen überzogene Fächerkoralle auf den Florida Keys mag als Beispiel dienen. Die direkte Ursache ist meist schwer zu ermitteln, doch spielen dabei ganz sicher viele menschengemachte Einflüsse auf die Umwelt eine Rolle.

Grunzer (hier Haemulon flavolineatum) und Meerbarben der Gattung Pseudopeneus im John Pennekamp Nationalpark. Tagsüber verbergen sie sich im Riff, nachts schwimmen sie zu Seegraswiesen, um dort Jagd auf andere Fische und Wirbellose zu machen. Viele Lebewesen sind davon abhängig, verschiedene Lebensräume nutzen zu können.

Meeresparks ausgewiesen werden. Nur wenige Länder werden die Verwaltung ihrer Küstenzonen in solch umfassender Weise organisieren können, doch lassen sich vergleichbare Methoden auch in kleinerem Maßstab anwenden.

Im Hoheitsgebiet von Belize liegt das zweitgrößte Barriereriff der Welt, von Darwin in typisch englischem Understatement als «das bemerkenswerteste Riff der Westindischen Inseln» beschrieben. Die Tatsache, daß Belize ein recht kleines Land ist, erleichtert eine nationale Verwaltung der Küste. Zur Zeit arbeiten Naturschutzorganisationen, Ministerien und örtliche Aktionsgruppen gemeinsam an einem Verwaltungsplan. Die geringe Einwohnerzahl des Landes von nur 180 000 Menschen und eine behutsame Entwicklung bewahren das Barriereriff und die umliegenden Regionen vor allzu schädlichen Folgen menschlicher Tätigkeit. Doch bis 1989 kamen jedes Jahr genausoviele Touristen in das Land, wie es Einwohner hat. Viele Besucher wohnen an der Küste, wo ein Drittel der 188 Hotels des Landes steht. Die Fischerei nahm zu, 1989 wurden dem Riff Seetiere im Wert von rund 13 Millionen DM entnommen. Der Schiffs- und Tankerverkehr wuchs an, und mehr und mehr Land wird für den Anbau von Zitrusfrüchten und Bananen kultiviert. Dadurch sind die Küstengewässer durch Bodenabspülungen, Dünger und Herbizide gefährdet. Der Verwaltungsplan für die Küste sieht ein Ausbildungsprogramm für Ministerien, Entwicklungsorganisationen und Reiseveranstalter vor, um sicherzustellen, daß der Plan die breite Zustimmung der Betroffenen findet.

In größeren Ländern mag es einfacher sein, zunächst regionale Verwaltungspläne für die Küstenzone zu entwickeln. Einzelne Gemeinden können mit der Arbeit beginnen, ohne durch verhandlungsbedingte lange Verzögerungen auf Regierungsebene gehemmt zu werden. Beispiel Papua-Neuguinea: Unterstützt von *Greenpeace*, arbeitete der an der Südküste lebende *Hiri*-Stamm zusammen mit dem Ministerium für Umwelt und Naturschutz einen Verwaltungsplan für die Region ostwärts von Port Moresby aus. Ein Komitee aus *Hiri*-Distrikt-Ratsmitgliedern berichtet regelmäßig in den Dörfern über die Pläne, so daß die Einwohner rechtzeitig reagieren können. Außerdem untersuchten einige Biologen 1991 das Gebiet, um eine Karte für das künftige Küstenzonengebiet zu erstellen, und bildeten Einheimische für Untersuchungen und Kontrollen aus.

Auch in einigen südostasiatischen Ländern sind Konzepte für die Küstenverwaltung in Planung oder sogar vollendet. Die Länder der *Association of Southeast Asian Nations* (ASEAN) – Thailand, Singapur, Brunei, Malaysia, Indonesien und die Philippinen – haben in einem gemeinsamen Pilotprojekt, das von der *US Agency for Industrial Development* (US-AID) finanziell unterstützt wurde, einen solchen Küstenzonen-Verwaltungsplan ausgearbeitet. Als Alternative zur Dynamitfischerei und zum Raubbau an Riffen sind unter anderem einige gemeindeeigene Marikulturen vorgesehen. Das ASEAN-Programm entwickelte zudem Richtlinien zur Küstenverwaltung, die als Grundlage für andere Länder mit gleichen Problemen gelten können.

Auf kleinen, von Riffen umgebenen Inseln ist ein ganzheitliches Konzept besonders wichtig. Denn die Inseln bestehen im Grunde nur aus Küste und Küsteneinzugsgebiet. Kosrae in den Vereinigten Staaten von Mikronesien ist solch ein Beispiel. In fünf Küstengemeinden leben dort knapp 7000 Menschen, die Fischerei zu ihrer eigenen Ernährung betreiben. Etwa 250 Fischarten werden von ihnen als Nahrung gefangen; die Saumriffe, Seegraswiesen und Mangroven um die Insel sind noch weitgehend unberührt. Ein Flughafen, eine Hafenanlage und ein Damm, der die kleine Insel Lele mit der Hauptinsel verbindet, sind bislang die einzigen Entwicklungsprojekte. Sie schädigten die Riffe nur kurzfristig, dienten allerdings den betroffenen Inselbewohnern als Warnung vor weiteren Entwicklungsmaßnahmen. Nun sollen mit Unterstützung verschiedener Umweltgruppen Meeresschutzzonen eingerichtet werden, die in geringem Umfang Tourismus zulassen. In einem Landesgesetz ist verankert, daß jegliche ökonomische oder soziale Entwicklungsmaßnahme umweltgerecht durchzuführen ist.

Entwickeln ohne zu zerstören: Positive Beispiele

Selbst in Regionen, in denen es keine traditionell bewährte Verwaltung auf Gemeindeebene gibt, können einheimische Gemeinden mobilisiert und zu umweltgerechtem Handeln veranlaßt werden, wenn sie merken, daß ihr kostbarster Besitz – die natürliche Umwelt – bedroht ist.

Shiraho auf der südjapanischen Insel Ishigaki ist ein friedliches, traditionelles Dorf, in dem immer noch viele Bewohner ihren Lebensunterhalt mit Fischfang und dem Sammeln von Schalentieren, Langusten, Algen und anderen Produkten des nahegelegenen Riffs verdienen. Bis die japanische Regierung plante, zur Förderung des Tourismus einen zweiten Flughafen auf der Insel zu bauen, ahnte niemand, welche leidenschaftliche Entschlossenheit sich unter der Oberfläche dieser ruhigen Gemeinde verbarg.

In den frühen 80er Jahren verabschiedete die Regierung einen rund 190 Millionen DM teuren Plan, einen Flughafen direkt auf großen Teilen des Riffs zu bauen, ohne die Bewohner von Shiraho auch nur zu fragen. Sobald diese Absicht bekannt wurde, regte sich starker Protest, sowohl unter den Dorfbewohnern, als auch den verschiedensten Umweltschutzgruppen. Sie schlossen sich zu mehreren Aktionsgruppen zusammen. Die Einheimischen fürchteten um ihre überlieferte Lebensweise, und Umweltschützer waren von der Aussicht tief betroffen, daß ein einzigartiger Lebensraum zerstört werden sollte. Denn die meisten japanischen Riffe sind bereits durch Umweltverschmutzung, Ablagerungen und Massenvermehrungen des Dornenkronenseesterns schwer geschädigt.

Das Riff von Shiraho gehört zu den wenigen noch intakten Riffen des Landes. Es beherbergt mehr als 130 Korallenarten, darunter riesige Kolonien der Blaukoralle, die hier in einer der größten Populationen der nördlichen Hemisphäre überlebt haben. Den Protestierenden war auch die Ironie nicht entgangen, daß eine Maßnahme der Regierung zur Förderung des Tourismus gerade eine der Hauptattraktionen für die Touristen zerstören würde.

Doch nicht alle sprachen sich gegen den Plan aus: Japanische Riffwissenschaftler hielten sich aus Angst um ihre Stellung zurück, und die örtliche Kooperative der Fischer wollte ihre Fischrechte für 500 Millionen Yen – den Wert eines jährlichen Fangertrages – verkaufen. Daraufhin strengten einige Fischer Prozesse gegen die Kooperative an. Die Ereignisse überschlugen sich: Im September 1984 wurde ein über 60jähriger Führer der protestierenden Fischer zur Abschreckung inhaftiert, ein anderer von der Polizei mißhandelt.

Nun nahmen sich die *Friends of the Earth* in Japan, der japanische *World Wildlife Fund* und eine Reihe internationaler Naturschutzorganisationen, darunter *Greenpeace*, der Sache an. Shiraho wurde berühmt: Eine Benefiz-Lesung in San Francisco mit Allan Ginsberg und anderen Literaturgrößen zog 1200 Zuhörer an. Lokale Kampagnen, der Protest der internationalen, wissenschaftlichen Gemeinschaft und der Druck der Weltöffentlichkeit, hervorgerufen durch eine breite Berichterstattung der Medien in aller Welt, brachten schließlich einige der japanischen Politiker zum Schwanken. Das erste Anzeichen eines Gesinnungswechsels war der Vorschlag, den Flughafen vier Kilometer weit vom ursprünglichen Standort zu verschieben.

Auf die Argumente der Gegner hatte das jedoch nur wenig Einfluß: Der Kampf ging weiter. Fast ein Jahrzehnt nach dem ersten Bekanntwerden des Plans, 1991, wurden Lokalpolitiker, die sich gegen den Flughafen ausgesprochen hatten, in die Behörden gewählt – der Bau wurde vorläufig aufgegeben. Doch auch in Zukunft wird noch viel Arbeit nötig sein, um Schäden von den Riffen abzuwenden.

Nicht alle Aktionen von Küstengemeinden finden unter solch dramatischen Begleitumständen statt. In Thailand gibt es «Wochen des Meeresbewußtseins», auf Guam starteten Jugendliche ihre eigene «Kinder für Korallen»-Kampagne, auf den wenig bekannten und besonders schönen Andamanen im Golf von Bengalen geben die Einheimischen eigene Broschüren zur Rettung der

Linke Seite oben: Das Half Moon Caye auf dem Lighthouse Riff, Belize, ist ein außergewöhnlich schönes Beispiel eines unberührten Korallen-Cays.

Linke Seite unten: In vielen Ländern sind wohlschmeckende Fischarten mittlerweile so überfischt, daß nur noch kleine Fische – hier Kaninchenfische auf den Philippinen – von geringem Wert ins Netz gehen.

Der Flughafen von Kosrae, Mikronesien. Atollinseln sind meist zu klein für Flughäfen, Vulkaninseln besitzen kein flaches Land: Als Bauplatz für die neuen Internationalen Flughäfen bleibt nur das Riff.

Riffe heraus, auf der mexikanischen Insel Cozumel soll der Cartoon «Pepe und der Polyp» die Botschaft des Naturschutzes übermitteln.

All diese Beispiele zeigen, daß es durchaus Mittel und Wege gibt, eine Region umweltgerecht zu entwickeln, ohne die Gesundheit der Riffe zu bedrohen. An die Stelle kurzsichtiger, intensiver Ausbeutung müssen wohlüberlegte, langfristige Verwaltungsmaßnahmen treten. Die außerordentlich komplexen Wechselbeziehungen innerhalb des Lebensraumes Riff und zwischen ihm und anderen Ökosystemen, wie Mangroven und Seegraswiesen, aber auch die Bedürfnisse der Menschen, die nahe bei und von den Riffen leben, lassen keine isolierte Sichtweise zu. Das bedeutet zwangsläufig, daß Verwaltungsstrategien, die nur einen oder wenige Aspekte berücksichtigen, niemals erfolgreich sein können.

Für integrierte Verwaltungskonzepte, die alle bekannten ökologischen Faktoren und die verschiedenen Nutzungsformen des Riffs in Betracht ziehen, gibt es keinen Ersatz. Wenn die Schäden gering, ihre Ursachen bekannt und die menschlichen Ansprüche bescheiden sind, ist es relativ einfach, Schutzkonzepte zu erarbeiten. In anderen Fällen, wie etwa im Großen Barriere Riff, wo konkurrierende Interessen aufeinanderprallen und sich die Schäden verschiedenster Ursachen addieren, sind komplexe Lösungsansätze erforderlich. Der Schlüssel aber scheint in der Verwaltung auf Gemeindeebene zu liegen. Selbst wenn es mancherorts keine entsprechenden Traditionen gibt, kann das Konzept dennoch tragfähig werden. Denn meist wird es, ist es erst einmal etabliert, von der Bevölkerung auch akzeptiert, weil sie den Nutzen für die eigene Lebenswirklichkeit erkennen kann.

Auf Entwicklungsmaßnahmen muß beim Einsatz der richtigen Mittel und Methoden nicht in jedem Fall verzichtet werden. Jede von außen kommende Organisation, aber auch die nationalen Regierungen, die ihre Umweltschutzpolitik durchsetzen wollen, müssen sich darauf einstellen, daß die Entscheidungsprozesse in den Gemeinden oft nur schrittweise vorankommen. Doch eine gemeinschaftlich von der betroffenen Bevölkerung gebilligte Vorgehensweise wird langfristig viel erfolgreicher sein als eine – von wem auch immer – von außen aufgezwungene Lösung.

Da Regierung und Industrie häufiger von kurzfristigen Erwägungen und Interessen geleitet sind, fehlt ihnen oft die Einsicht, den Schutz wertvoller Ökosysteme, wie es Korallenriffe sind, langfristig anzugehen und zu sichern. Politiker müssen ständig daran erinnert werden, wie wichtig diese Naturschätze sind, und in vielen Teilen der Welt beginnen die betroffenen Gemeinden, für die Rettung der Riffe ihre Stimmen zu erheben. *Greenpeace* sieht es als seine Aufgabe, jene zu unterstützen, die sich dem Schutz dieses außergewöhnlich schönen, doch besonders verletzlichen Naturerbes auf unserem Planeten verschrieben haben.

Oben: Die Kartierung aller Ökosysteme ist der erste Schritt, sie und die Riffressourcen langfristig zu erhalten. Bei einem Riff auf Ambergris Caye, Belize, helfen Freiwillige der Organisation «Coral Cay Conservation», diese Aufgabe wahrzunehmen.

Taucher im Roten Meer erfreuen sich am Anblick eines Napoleonfisches (Cheilinus undulatus). Er ist Teil einer mysteriösen und faszinierenden Unterwasserwelt, die den gleichen Schutz und Respekt verdient wie jedes Naturwunder an Land.

Naturschutz zum Wohle des Menschen

WAS KÖNNEN SIE TUN?

Bis vor kurzem war den meisten Menschen nicht bewußt, wie verletzlich Korallenriffe und die Lebewesen sind, die in und bei ihnen leben. Nur wenige Menschen haben Korallenriffe gesehen. Doch die Zahl der Besucher steigt – um so wichtiger ist deren Einsicht, wie nötig ein behutsames Verhalten bei den Riffen ist. Aber auch wenn Sie nicht das Glück haben, ein Riff zu besuchen, können Sie dazu beitragen, die Riffe gesund zu erhalten. Hier einige Hinweise, was Sie zu Hause tun und wie Sie einen Besuch der Riffe umweltfreundlicher gestalten können.

1. Beschäftigen Sie sich mehr mit Riffen und allgemein mit dem Meeresleben, mit ihrer Faszination und mit den Problemen, mit denen diese Lebensräume konfrontiert sind.

2. Schließen Sie sich Briefkampagnen zu den Themen globale Erwärmung, Ozonloch, Verschmutzung oder zu anderen Umweltproblemen an und drängen Sie Politiker, entsprechend zu handeln. Wiederholtes Einwirken auf Abgeordnete kann ein sehr effektives Mittel sein. Jeder einzelne kann und sollte seine Aufgabe wahrnehmen, Regierungen zur Einleitung der notwendigen Schritte zu bewegen, um zukünftigen Schaden an den Riffen durch absichtlichen oder fahrlässigen Mißbrauch der Umwelt abzuwenden.

3. Kaufen Sie keine Korallen oder andere seltene Meeresbewohner oder Produkte von ihnen.

4. Schlagen Sie die im Anhang 1 des Internationalen Artenschutzabkommens CITES (siehe Seite 126) verzeichneten Arten nach und kaufen Sie nie irgendwelche Souvenirs oder andere Produkte, die aus den hier genannten Tieren und Pflanzen hergestellt wurden. Der Handel mit Arten, die in Anhang 2 verzeichnet sind, etwa Korallen und Riesenmuscheln, wird in vielen Ländern streng kontrolliert. Für den einzelnen ist es jedoch schwierig zu erkennen, ob ein bestimmtes Exemplar legal exportiert und importiert wurde oder nicht; am besten ist es, es nicht zu kaufen. Verzichten Sie auf Souvenirs aus Arten, die als selten bezeichnet werden; auch bei ordnungsgemäßer Deklaration hätten die Tiere in ihrem Lebensraum belassen werden sollen.

5. Verfolgen Sie schließlich Nachrichten und Informationen über den Zustand dieses Lebensraums, der zu den reichsten und bedrohtesten dieses Planeten zählt. Bringen Sie so viel wie möglich über aktuelle Vorgänge in Erfahrung. Häufig wird klar, was getan werden muß, wenn die Informationen erst einmal verfügbar sind. Es liegt an uns allen, die Gesundheit der Korallenriffe zu erhalten, indem wir darauf achten, daß sie den Schutz bekommen, den sie benötigen.

TAUCHER UND SCHNORCHLER

1. Achten Sie darauf, daß Sie die Meereslebewesen weder mit dem eigenen Körper noch mit Taucherausrüstung oder Kamera berühren. Jeder achtlose Schwimmflossenschlag, jedes ungeschickte Verhalten zu nahe am Riff kann den Korallen sowie den anderen Tieren und Pflanzen schaden oder sie sogar zerstören.

2. Achten Sie besonders auf Reichweite und Stärke der Bewegungen, die Sie mit den Schwimmflossen ausführen: Gerade mit den Flossen werden besonders große Schäden angerichtet. Unter keinen Umständen sollten Sie mit Ihren Flossen das Riff auch nur berühren, und in keinem Falle sollten Sie in Riffnähe heftige Flossenbewegungen ausführen, weil die Wasserdruckwellen empfindliche Organismen töten können – im Vergleich zu den vielen kleinen Riffbewohnern sind Sie ein Riese. Wenn Sie spüren, daß Sie die Kontrolle verlieren und gegen ein Riff zu stoßen drohen, sollten Sie sich nicht mit Ihren Schwimmflossen am Riff abstützen; halten Sie sich statt dessen mit den Fingerspitzen an einem Riffteil fest, das schon abgestorben oder mit Algen bedeckt ist, bis sich Ihr Gleichgewicht wieder eingestellt hat oder Hilfe kommt. Verhalten Sie sich auch stets so, wenn eine Strömung Sie aus dem Gleichgewicht bringt.

3. Vermeiden Sie es, Sand aufzuwirbeln. Eine Sandwolke nimmt Ihnen nicht nur die Sicht, sondern könnte sich auch über das Riff legen und im schlimmsten Fall Korallen ersticken. Schnorchler sollten insbesondere beim Wassertreten in seichten Riffgebieten sehr behutsam sein.

4. Stellen Sie sich nie auf Korallen, auch wenn sie robust aussehen, wie zum Beispiel die großen Hirnkorallen oder die mächtigen Sternkorallen. Die lebenden Polypen an der Oberfläche werden schnell durch die leichteste Berührung verletzt. Setzen, stellen oder knien Sie sich nie in große Schwämme. Suchen Sie ein sandiges Gebiet ein Stück vom Riff entfernt auf, wenn Sie Ihre Taucherausrüstung oder -brille zurechtrücken wollen oder aus einem anderen Grund zeitweise sitzen oder stehen müssen.

5. Fassen Sie nichts an. Die freundliche Neugier vieler Rifflebewesen, die Taucher und Schnorchler erleben, könnte Sie verleiten, die Tiere zu berühren, zu streicheln oder sich sogar an ihren Rücken zu klammern, wenn sie vorübergleiten. Solches Verhalten kann jedoch ein Schock für die Tiere sein und ihr Paarungs- und Freßverhalten stören. Bewegen Sie beim Fotografieren Meeresorganismen nicht von der Stelle, vor allem keine sessilen, fest mit ihrem Wuchsort verhafteten Arten.

6. Fische zu füttern, mag als harmlose und unterhaltsame Beschäftigung erscheinen, aber es kann ihr normales Freßverhalten beeinträchtigen und sie sogar aggressiv machen. Futter, das nicht zur gewohnten Nahrung gehört, schadet nur den Tieren.

7. Bringen Sie alle Ihre Abfälle von Strand und Boot, aber auch fremden Müll, zur Beseitigung oder zum Recycling an Land zurück.

8. Wenn Sie Meeresparks oder -reservate regelmäßig besuchen oder in einem von ihnen Ferien machen: Kümmern Sie sich darum, die bestehenden Vorschriften kennenzulernen und einzuhalten.

9. Schließen Sie sich örtlichen oder nationalen Kampagnen zur Reinhaltung von Stränden und Ufern an.

GERÄTETAUCHER

Wegen ihrer Ausrüstung müssen Sporttaucher besonders umsichtig sein. Im folgenden einige Punkte, an die man stets denken sollte.

1. Durch sichere Kontrolle der Auftriebskraft läßt sich Schaden vermeiden. Viele Zerstörungen werden von Tauchern verursacht, die zu schnell

sinken und gegen die Korallen prallen, während sie versuchen, sich auf die Auftriebskraft einzustellen. Vergewissern Sie sich, daß Ihre Gewichte stimmen, und lernen Sie, die Auftriebskraft auszugleichen, indem Sie sich entspannen und Ihren Atemrhythmus verlangsamen. Tauchen Sie in jedem Fall nur dann in Korallenriffen, wenn Sie entsprechend geübt und erfahren sind.

2. Wenn Sie längere Zeit nicht getaucht sind, könnten Sie – besonders bei der Kontrolle der Auftriebskraft – aus der Übung gekommen sein. Nehmen Sie sich die Zeit, mit einem Ausbilder oder Tauchlehrer Ihre Fähigkeiten an einem Ort aufzufrischen, an dem Sie keinen Schaden anrichten können. Noch besser: Nehmen Sie an einem Auffrischungskurs teil.

3. Vergewissern Sie sich, daß Ihre Tiefen- und Druckmeßgeräte nicht am Boden entlangschleifen. Tragen Sie sie eng am Körper.

4. Seien Sie in Unterwasserhöhlen und unter Überhängen sehr behutsam. Vermeiden Sie Gedränge in Höhlen und bleiben Sie nicht zu lange dort. Luftblasen sammeln sich in den Nischen des Höhlendachs, und die dort lebenden, empfindlichen Lebewesen können «in der Luft ertrinken».

5. Fischen Sie nicht mit der Harpune. In vielen Ländern ist dies inzwischen verboten, so daß Ihre Ausrüstung schon vom Zoll beschlagnahmt werden kann. Überlassen Sie das Fischen mit der Harpune den örtlichen Fischern. Wenn Sie auf einem Boot leben und auf den Fischfang angewiesen sind: Vergewissern Sie sich, daß Sie alle örtlichen Vorschriften kennen und eventuell notwendige Genehmigungen eingeholt haben. Fangen Sie aber auch dann nur Tiere, die Sie tatsächlich benötigen, von denen Sie sicher wissen, daß die Art nicht bedroht ist, und respektieren Sie die Vorrechte der örtlichen Fischer.

6. Taucher können gut dazu beitragen, die Gesundheit der Riffe und anderer Küstenökosysteme zu überwachen. Benachrichtigen Sie die zuständigen Behörden am Ort und die entsprechenden Schutzorganisationen, wenn Sie Verunreinigungen an den Riffen, erkrankte Stellen größeren Ausmaßes oder Anzeichen anderer Störungen entdecken. Wenn Sie einen Tauchurlaub machen wollen, sollten Sie erwägen, ob Sie an einem der Überwachungsprojekte teilnehmen können, die von Riffschutzorganisationen laufend organisiert werden; noch empfehlenswerter sind Tauchausflüge, bei denen aktiv Riffschutz betrieben wird.

Bootfahrer

1. Nutzen Sie vertäute Bojen, wo immer es möglich ist, statt nur den Anker über Bord zu werfen. Sind keine Bojen verfügbar, ankern Sie vorsichtig im Sand oder an Stellen mit totem Korallenschutt. Halten Sie Ihre Ankerkette so kurz wie möglich, um zu verhindern, daß sie über Rifflächen schleift. Holen Sie aus dem gleichen Grund den Anker so ein, daß der Motor in seine Richtung zeigt.

2. Wenn Sie einen Ausflug auf einem kommerziellen Tauchboot buchen, erkundigen Sie sich über das Umweltverhalten der Gesellschaft, insbesondere im Hinblick auf Ankern und Abwasserentsorgung. Machen Sie deutlich, daß es Ihnen wichtig ist, Schäden vorzubeugen. Scheuen Sie sich nicht, auf Mängel hinzuweisen.

3. Achten Sie auf das Riff! Auf Grund zu laufen, ist sowohl für Ihr Boot als auch für das Riff von Schaden. In Riffgewässern zu navigieren, verlangt besondere Sorgfalt.

Greenpeace

Greenpeace International, Keizersgracht 176, 1016 DW Amsterdam, Niederlande Tel: (0031) 205236555

Greenpeace Deutschland, Vorsetzen 53, 2000 Hamburg 11, Deutschland Tel: (0049) 40311860

Greenpeace Australia, Studio 14, 37 Nicholson Street, Balmain, NSW 2041, Australien Tel: (0061) 25557044

Greenpeace New Zealand, Private Bag, Wellesley Street, Auckland, Neuseeland Tel: (0064) 93776128

Greenpeace UK, Canonbury Villas, London NI 2P, UK Tel: (0044) 713545100

Greenpeace USA, 1436 U Street NW, Washington, DC 20009, USA Tel: (001) 2024621177

Weitere Organisationen

Australian Coral Reef Sociéty, c/o Hon. Sec., Dr. T. Done, Australian Institute of Marine Sciences, PMB No. 3, Townsville MSO, Townsville, Queensland 4810, Australien

CEDAM International, Fox Road, Croton-on-Hudson, NY 10520, USA

Centre for Marine Conservation, 1725 DeSales Street, N. W., Washington 20036, USA Tel: 2024295609

Coral Cay Conservation Ltd., The Sutton Business Centre, Restmor Way, Wallington, Surrey SM6 7AH, UK Tel: 816690011

Cousteau Society, 870 Greenbrier Circle, Suite 402, Chesapeake, Virginia 23320, USA Tel: 8045239335

Crusoe Society, P.O.Box 890, Port of Spain, Trinidad und Tobago Tel: 18096222081

Earthwatch Europe, 57 Woodstock Road, Oxford OX2 6HU, UK Tel: 865311600

Environmental Defense Fund, 257 Park Avenue South, New York, NY 10010, USA Tel: 2125052100

Environmental Solutions International, 6 Farmer Street, London W8 7S, UK Tel: 717276526

Friends of the Earth International, P.O.Box 19199, 100 GD Amsterdam, Niederlande Tel: 206221369 (für Korallen Arbeitspartner des Bund Umwelt und Naturschutz in Deutschland, BUND)

Friends of Saba Marine Park/Saba Conservation Foundation, The Bottom, Saba, Niederländische Antillen

Global Coral Reef Alliance, 324 North Bedford Road, Chappaqua, New York, NY 10514, USA Tel: 9142368788

Great Barrier Reef Marine Park Authority, Townsville, Queensland 4811, Australien Tel: 77818811

Intercoast Network, Coastal Resources Center, University of Rhode Island, Narragansett Bay Campus, Narragansett, RI 02882, USA Tel: 4017926224

International Marinelife Alliance US, 415 Ivory Court, Greenmeadows Avenue, Quezon City, Philippinen 1100 Tel: 6327214392

International Society for Reef Studies, c/o Membership Secretary, Kansas Geological Survey, Campus West, 1930 Constant Avenue, University of Kansas, Lawrence KS 66045, USA Tel: 9138643062

Marine Conservation Group, Malayan Nature Society, c/o Newman Biomarine Pte Ltd, 60B Martin Road, 07-01/02 CMDC, Singapur 092

Marine Conservation Society, 9 Gloucester Road, Ross-on-Wye, Herefordshire HR9 5RU, UK Tel: 98966017

The Nature Conservancy, Pacific Regional Office, 1116 Smith Street, No. 201 Honolulu, Hawaii 96817, USA Tel: 8085374508

Ocean Voice International, Inc., 2883 Otterson Drive, Ottawa, Ontario K1V 7B2, Kanada Tel: 6139908819

Project Reefkeeper, 16345 West Dixie Highway, Suite 1121, Miami, Florida 33160, USA Tel: 3052943100

Reef Relief, P.O. Box 430, Key West, Florida 33041-0430, USA Tel: 3052943100

Reefwatch, Tropical Marine Research Unit, Dept of Biology, University of York, York YO1 5DD, UK Tel: 904416611

Singapore Underwater Federation, c/o Dept of Zoology, National University of Singapore, 10 Kent Ridge Crescent, Singapur 0511

Society for Andaman and Nicobar Ecology (SANE), c/o Tarangs, Middle Point, Port Blair, Andamans, Indien

Tubbataha Foundation, 2172 Pasong Tamo Street, Makati, Metro Manila, Philippinen

Wildlife Conservation International, Zoological Park, Bronx, NY 10460, USA Tel: 2122205100

Worldwide Fund for Nature, Avenue du Mont Blanc, CH-1196 Gland, Schweiz Tel: 2236495 03

WWF Deutschland, Hedderichstr. 110, 6000 Frankfurt a. M. 90, Deutschland Tel: 6960500 30

WWF-US, 1250 24th Street N.W., Washington, D.C. 20007, USA Tel: 2022934800

WWF-Australia, Level 17, St Martins Tower, 31 Market Street, GPO Box 528, Sydney, New South Wales 2001, Australien

WWF-Hong Kong, The French Mission, 1 Battery Path, Central, Hongkong

WWF-Indonesia Programme, Jl. Pela 3, Candaria Utara, Kebayoran Baru, P.O. Box 29 JKSKM, Jakarta Selatan 12001, Indonesien Tel: 217203095

WWF-Japan, Nihonseimei Akabanebashi, Bldg 7F, 3-1-14 Shiba, Minato-ku, Tokyo 105, Japan

WWF-Malaysia, P.O. Box 10769, 50721 Kuala Lumpur, Malaysia

Sollte Ihnen eine Organisation bekannt sein, die sich mit dem Schutz der Riffe beschäftigt und hier nicht aufgeführt ist, erbittet Ihre Information: Greenpeace, 139 Townsend Street, San Francisco, CA 94107-1922, USA

Weiterführende Literatur

Greenpeace International: Coral Reef Survey. In: The Environmental Legacy of the Gulf War – A Greenpeace Report. Amsterdam

International Society for Reef Studies (Hrsg.): Journale «Coral Reefs» und «Reef Encounter»

Schuhmacher, Helmut: Korallenriffe – Verbreitung, Tierwelt, Ökologie. BLV, München, Deutschland, ⁴1991

Sheppard, Dr. Charles R.C.: A Natural History of the Coral Reef. Blandford Books, London, UK, 1983

Wells, Susan M. (Hrsg.): Coral Reefs of the World (3 Bände). United Nations Environment Programme/International Union for Conservation of Nature and Natural Resources, Cambridge, UK, 1988

Wood, Dr. Elizabeth M.: Corals of the World: Biology and Field Guide. T.F.H. Publications Inc., Ltd, Neptune City, New Jersey, USA; Redhill, Surrey, UK, 1983

WWF International: Wie überlebt die Natur die globale Erwärmung? Ein Diskussionspapier des WWF International, 1992. Zu beziehen über WWF Deutschland

Bildnachweis

Die Abbildungen in diesem Buch wurden von den nachstehend genannten Fotografen und Organisationen zur Verfügung gestellt. Bei zwei und mehr Bildern auf einer Seite sind die Abbildungen neben der Seitenzahl mit kleinen Buchstaben gekennzeichnet. Die Kennzeichnung mit «a» beginnt links oben und läuft im Uhrzeigersinn fort.

Ardea 96a (Jean-Paul Ferrero); 8b, 9, 12a, 22a, 23a, 47b, 48, 68 (Ron and Valerie Taylor); 63a, 78 (Valerie Taylor)

Barbara Brown 57a, 57b, 75a

Cameron Books 43 – Coral Cay Conservation 26b, 149, 154

Nigel Downing 66, 84b, 84c – FLPA 51 (M. Newman)

Florida Institute of Oceanography 64a

Florida Marine Research Institute 90

Footprints back jacket 17b, 34, 35b, 37, 45, 46, 71a, 94b, 100b, 106b, 107a, 107b, 108a, 117, 131a, 133a, 134a, 147b (Andy Dalton); 21, 83, 91a, 109b, 110, 118a, 118b, 119c, 127a, 130, 133b, 135a, 136, 139 (Nick Hanna); 93a (Cecil Ingham); 33a (Carlos Lima); 17a, 123 (Connie Rus); 97a, 103b, 103c, 104, 118c (Barry C. Russell)

Greenpeace 80, 137; 18a, 28, 70a, 103a, 115 (Robert Aston); 36 (Julie Brooks); 49 (Kathleen Bryan); 27a, 69 (Michael Dean); 16a, 41a, 41b, 67b, 73, 74, 91b, 95b, 106a, 143 (Lorette Dorreboom); 96b, 111a, 111b (Bob Edwards); 72 (Douglas Faulkner); 24 (John Goldblatt); 29, 108a (Roger Grace); 150b (Brian Lapointe); 25a, 88a (Fernando Pereira); 84a (Elizabeth Salter)

Julie Hawkins 23c, 112

Martin Le Tissier 44, 81b – E. Lovell 22b

Angus Macfarlane 16c, 19b, 53a, 53b, 121

James Maragos 153

NHPA 97b (Bruce Barnetson); 129 (James H. Carmichael); 86b, 116a (Trevor McDonald); 10a, 38 (Ashod Papazian); 58a (Karl Switak); 10b, 14a, 47a, 77b (Bill Wood); 62 (Leon Zann)

Pitcairn Islands Scientific Expedition 27b (G. and M. Moss)

Linda Pitkin 1, 2, 3, 4/5, 12b, 13b, 14b, 30b, 32, 33b, 33c, 33d, 40a, 42/43, 59, 60/61, 64b, 67a, 77a, 79, 82, 87, 89, 99, 100a, 102, 105b, 109a, 113a, 114, 116b, 125, 135b, 148, 154/155

Planet Earth 128 (Pete Atkinson); 15 (Leo Collier); 85 (Georgette Douwma); 145 (Nicholas Penn); 50, 152a (Doug Perrine); 141 (Flip Schulke); front jacket, 120a (Peter Scoones); 140 (Herwarth Voigtmann); 134c (Bill Wood)

Oxford Scientific Films 11a, 81a; 35a (Jeff Foote/Okapia); 120b (Howard Hall); 113b (Laurence Gould); 95a (Pam and Willy Kemp); 10c, 142 (Rudie H. Kuiter); 31b (Aldo Brando Leon); 31a (Zig Leszczynski); 54, 63b (Peter Parks); 150a (James H. Robinson); 11b, 151 (Norbert Wu)

RIDA 25b (David Bayliss)

Saba Marine Park 146

Anne and Charles Sheppard endpapers 13a, 16b, 18b, 19a, 30a, 55, 70b, 70c, 126, 131b, 144, 147a

Smithsonian Tropical Research Institute 86a (Charles Hanson)

US Department of Energy 88b

Tom van't Hof 65, 75b, 86c, 127b, 138a, 138b

Sue Wells 23b, 26a, 39a, 39b, 40b, 58b, 71b, 76, 93b, 94a, 95c, 98, 101a, 101b, 119a, 119b, 122a, 122b, 134a, 152b

Alan White 8a, 52, 105a, 132

Karte S. 20: Andras Bereznay

Register

Die *kursiven* Zahlen verweisen auf Bildlegenden oder Kästen.

Abaiang 128
Abfälle 67 ff., 73, 80, *80*, 83, *89*, 97, 108 f., 135, 141, 149
Aborigines 36, *96*
Abwasser 6, 69, 79 f., *80*, 81, *81*, 83, 106, 130 ff., 135, 149
Ackerbau, intensiver 62, 65, 71, 74, 81
Acropora 6, 8, 17 f., *18*, 19, *131*; s. a. Elchgeweih-, Hirschgeweihkoralle
Ährenfisch *14*, 45
Agassiz, Alexander 44
Aggregation 62
Airai 72
Algen 9 f., 12, 14, *18*, 19–23, 25, 32, 34, 40, 47, 51 f., 55, 56, 62, 64 ff., 66, 67, 77, 79, 81, 89 f., 94 f., 100, 105, *105*, 106, *107*, 134, *151*; s. a. Blau-, Braun-, Kalk-, Kiesel-, Pfennig-, Rotalgen
– Blüten *81*
– Gärten *9*
Alginat 106
Alifu Atoll 76
Ambergris Caye *113*, *138*, *154*
Ambon 68, 70
Amerikanisch-Samoa 24, 27, 40 f., *41*, 62, 64, 94, *142*, 145 f.
Ammenhai 31
Andamanen 55, *153*
Anemonenfisch 10, *11*
Ankerschäden 6, *109*, 127, *127*, 128, *131*, *131*, *142*, 143
Antikrebsmittel 47, 49, *49*
Antipatharia 16
Apo 112
Aquarienfische 75, 98, 116, 120, *120*, 121, 123 f., *125*, 126
Aquino, Präsidentin 149
Artenreichtum 21 f., 28 ff., 52, 62, 97, 108, 136, 146
Aruba 85
ASEAN *152*
Ashmore Riff *103*
Atlantik 21, 34, 62
Atoll 19 ff., 24, 26, *26*, 27, 38, 43, 44, 57, *57*, 58, 62, 67, 68, 75, 80, 93, *96*, 96, 125, 129, 137, *144*, 147, *147*, 151; s. a. Alifu-, «Beinahe»-, Bikini-, Cocos-, Ducie-, Enewetak-, Funafuti-, Hao-, Johnston-, Male-, Midway-, Mikro-, Mururoa-, Palmyra-, Rose-, Wake-Atoll
Atomtestprogramm 67, 73, 88 f., *89*, 108
Ausbleichung 54 f., *55*, 56, 61, 64, 65, 82
Austern 20, 79
Australien 24 ff., 28, 36, 54, 61 f., 64, 66, 71, 71, 74, 86 f., *103*, 104, 117 f., *124*, 128, *133*, *134*, 139, 141

Bacuit Bay 72 f.
Bahamas *14*, 26, *102*, *122*, *132*
Bahia Cativa 85, *86*
Bali *133*
Balicasag *135*
Bambusfloß 94, *101*
Bandriff 26, 137
Barakuda 8, 66, *109*
Barbados 109
Barcena 21
Barr al Hikman 110
Barriereriff 20, 26, 26, 43, 55, 112, 125, *148*, *148*, *150*
Bastardschildkröte 34
Batangas *105*
Bêche-de-mer *103*, *104*; s. a. Trepang
Beebe, William 43, 44

«Beinahe»-Atoll 27
Belau s. Palau
Belize 23, 26, *26*, *102*, 112, *113*, 114, 138, 141, *148*, 148, 152, *153*, *154*
Benguelastrom 21
Bermudas 20, 54
Bevölkerungswachstum 39, 69, 81, 91, 96, 100
Bikini Atoll 67, 88 f., *89*
Biosphärenreservat 149 f.
Bird Island 24
Blaualgen 23 f.
Blumentier 49, *49*
Bohol 112
Bolinao 94, *94*, 98
Bonaire 75, 129 f., *132*, *137*, 141
Bootskanäle 51, 68, 74 f., 92
Bora Bora 27, *135*
Borneo 27
Brasilien 29
Braunalgen 53
Brennstoffe, fossile 53, *58*, 61
Brunei *152*
Buckelwal 34
Buck Island 52, *139*
Butatiri *111*

Caesium-134 89
Carnegie Institute 44
Casitas *109*
Catesby, Mark 43
Cay s. Key
Cayancillo Inseln 149
Cayman Brac *141*
Cayman Inseln 119, 127, *127*, 128 f., *132*, 141, 143
Cebu 112
Center for Marine Conservation 88
Chagos Archipel 27, 29, 73, 147, *147*, 148, *148*
Chemische Waffen 73
China 47
Chlorophyll 54
Chromis s. Riffbarsch
Chuuk Lagune 27, 29, 75, *125*
Ciguatera 66, *66*, 67
CITES 126, *126*
Cocos Atoll 44
Coelenteraten 13; s. a. Hohltiere
Colpomenia 66
Columbus, Christoph 51
Computerkartierung *45*, 45, 146
Cook Inseln 118, 124 f., 144, *144*
Cook, James 44
Costa Rica 29, 54, 71, 81, 119, 124
Cousteau, Jacques 44, 89
Cozumel 92, *154*
Ctenella chagius 29, *147*

Daintree 71
Dana, James 44
Darwin, Charles 43, 58, 152
Daymaniyat 88
DDT 82
Delphin 34, *35*
Dendronephthya *14*; s. a. Weichkorallen
Diadema 64, *64*; s. a. Seeigel
Diego Garcia 73, *147*
Dinoflagelaten 66 f., 81
Dioxin 73
Discovery Bay 51 ff., 98
Djibouti *135*
Doktorfisch 9, 11, 20, 23, 36, 60, 83, 99, 101, *105*, 120
Dornenkrone/Dornenkronenseestern 30, 61 f., *63*, 64 f., *105*, 118, *153*
Dredschen 16

Drückerfisch 9, 62, 65 f., 101, 105, 126; s. a. Königsdrücker-, Rotzahndrückerfisch
Drupella 64
Dry Tortugas 44, 131
Ducie Atoll 88
Dugong 34, 36, 95; s. a. Seekuh

Ebeya *91*
Echinodermata (Stachelhäuter) 29 f.
Eichhörnchenfisch 12, *12*, 28, *95*, 120
Eierkaurischnecke 115, 118
Eilat 139
Einsiedlerkrebs 10, 64, 116
Einspülungen 21, 24, 26, 62, 69, 71, *71*, 79 f.
Eiszeit 26, 36, 57
Elchgeweihkoralle 51 f., 57, 65, 70
El Garafon *134*
El Niño 21, 54 ff., 64
Enewetak Atoll 44, 67, 88 ff.
Engelfisch 11, *120*, 124
Entenmuschel 79
Enipein Pah Marine Park 136, *137*
Entwicklungsmaßnahmen 23, 68–92, 152, 154
Erdbeben 50, *58* 58
Erosion (Abtragung) 6, 24, 57, 70 f., 72, 74, 75, 78, 82, 91, 130, *131*, 152
Erwärmung, globale 6, 45, 53, *53*, 55 f., 57, 58, *61*, 78, 83
Esquinas 72
Euphyllia 70, *70*
Eutrophierung 79

Fächerkoralle 32, *46*, 47, 51, 119, *151*
–, Gelbe *115*
Fagatele Bay *41*, 62, 143
Fallen 96, *96*, 97 f., 101, *109*, 150
Faltenschnecke 118
Fangataufa 67, 88 f.
FCKW 56
Fechterschnecke 12, 38, 102, *106*, *107*, 116, 118, 122, *122*
Feilenmuschel 32
Feuerkoralle 56
Fidschi-Inseln 26, 52, 54, 103, 119 f., *123*, 136, 141, 144, *144*, 145
Fingerschnecke 12
Fischbestand 10, 39, 102, 104 ff., 112–115, 146
Fischfang 6, 39 ff., *41*, 45, *45*, 53, 76, 92, 128, 151
– als Existenzgrundlage 39, 92–126, 151, 152; s. a. Subsistenzfischerei
– Exporte 39 f., 94, 96, 100, 104, 107, 117, 122, 123
– Gebiet 74, 93, 104
–, kommerzieller 62, *95*, 96, 100, 104, 110, 137
– Methoden 39, 95 ff., *99*, 105, 111 ff., *115*; s. a. Kayakas, Muro-ami, Pa'aling
– mit Dynamit *41*, 98, *98*, 99, 112, 132, 149, 152
– mit Gift *41*, 96 ff., 120, *121*
– Rechte 74, 110 f., 145, 153
– Reservat 112 f.
–, traditioneller 94, *95*, 95, 96, *96*, 97 f., *99*, 102, 110, 111, 145, 146, 150
Fischfütterung 132 f.
Fischgründe 68, 100, 102, 110, 136, 146
Fischindustrie 95, *124*
Fischkrankheit 10
Flachwasserriff 50 f., 68, 85, *138*, 141
Flachwasserkorallen 18, 75
Flamingo 43
Fleckenriff 54, 58, 69
Fliegende Fische 109
Florida Keys 44, 65, *83*, 90, *102*, *104*, 119, *151*

Florida 18, 20 f., 34, 44, 54, 65, 87, 91 f., 97, *102*, *104*, 109, 117, *122*, *124*, 125, 129, 131, 134, 143, 150 f., *151*
Florida National Marine Sanctuary 8–*113*
Flugplätze *41*, 67, 69, 73, 88, 130, 152 f., *153*
Flundern 9
Fort Jefferson National Monument 150 f.
Fossilien 44
Französisch-Polynesien 20, 26, *27*, 52, 54 f., 62, 67, 89, 92, *102*, 124 f., 135, 140
Fregattvogel 24, *150*
Füsiliere 9, 89
Funafuti Atoll 44

Gagnan, Emile 44
Galapagos Inseln 54, 58, *58*, 65, *148*
Galeta Riff *86*
Gambier Inseln 67
Gardiner, J. Stanley 45
Garnele 8, 94, 96, 111; s. a. Geißel-, Korallen-, Putzer-, Stein-, Tanzgarnele
Gastropoda (Schnecken) 12
Geißelgarnele 106
Gelbschwanzmakrele *100*
Geldkaurischnecke 38, *115* f.
Gesellschaftsinseln 55
Gespensterkrabbe *31*
Giffordia 66
Glasbodenboot *129*, *131*, 146
Golf von Aden 86
– von Akaba *84*, 90
– von Batabano 109
– von Bengalen *153*
– von Kalifornien 54
– von Lingayen 100, *101*
– von Mexiko 21, 83 f., 86
– von Oman 86
Golfkrieg 84, *84*
Golfo Dulce 85
Golfstrom 20
Goniopora *70*, 70
Gordon, Sir Arthur 145
Goreau, Thomas 51
Grand Cayman *127*, *127*, 128, 139, *141*
Great Barrier Reef Marine Park 74, 86, 112, 146; s. a. Großes Barriere Riff
Green Island 65, *139*
Greenpeace 16, 56, 73, 85, 89, 99 f., *108*, 120, 140 ff., *142*, 143 f., 152 ff.
Griffelseeigel *46*, 47
Großes Barriere Riff 8, 16, *16*, 18, *18*, 20, 26, 31 f., 36, 44, 47, 54, 57, 61 f., 65, 78, 86 f., 100, 104, 112, 118, 128, 132, *134*, 135, 137, 139, 141, 146, 148, 150, 154; s. a. Great Barrier Reef Marine Park
Grundeln 29
Grunzer 12, 66, 97, *113* (Weißer), *115*, *151*
Guam 64, 71, 82, 101, 124

Haarstern 12, *12*, *13*, 29
Habichtfisch *113*
Hai 8, 28 f., 95, *95*, 99, 104, 119, 149; s. a. Ammen-, Marder-, Riffhai
Haiti 100 ff., 117, 122, *132*
Halas, John 143
Halbmond Cay *153*
Halfterfisch *120*
Halimeda 18, *19*, 34; s. a. Pfennigalge
Hanauma Bay 138, *139*
Hao Atoll 67
Haribon Foundation 123
Harpune 97
Hawaii 21, 29, 34, 50, 54, 58, 65, 79, 97 f., *102*, 104, 106, 119 f., *124*, 129 f., *138*, *139*, 142, 151
Henderson Island 36, 148
Herbizide 74, 152

Heron Island 65, *105*, *134*
Hikkaduwa 111
Hiri *134*
Hirnkoralle 16, *17*, *46*, 65, 119, 122, 127, *134*
Hiroshima 89
Hirschgeweihkoralle 19 f., 51 f., *52*, 57
Hohltiere 16, 47; s. a. Coelenteraten
Hol Chan Marine Reserve 23, *113*, 138
Honduras 112
Hongkong 73
Hornkoralle 16, 32, 43, 47, 49, 54 f., *86*, *128*; s. a. Goniopora
Hulule 130
Humboldtstrom 21
Hurrikan 6, 16, 50 ff., *52*, *53*, 62, 65, 67, 92
– «Allen» 51, 64
– «Gilbert» 50 f., *55*, 92
– «Hugo» 51 f.
Husarenfisch *86*

ICLARM 107
Igelfisch 10, 36, *116*
–, Gelbgefleckter *10*
Indien 47, 49, 76, 117
Indischer Ozean 20 f., 26 f., 29, 34, 38, 44 f., *58*, 61 f., 95, 110, 114, 116 f., *144*, 147
Indonesien 28 f., 40, 54, 68, *68*, 76, 98 f., 103 f., 117, 119, 122, 152
Industrie 39, 69, 74, 81, 96, 98, 128
IMA 123 f.
Irian Jaya 98
Ishigaki 73, *153*
Italienischer Stab (St. Andreaskreuz) *16*

Jakarta 38
Jamaica 46, 51 f., 54, 64, 84, 91, 96, 109 f.
Japan 20, 28, 36, *36*, 54, 64, 73, 103, 106, 117, 119, 124 f., *146*, 153
Johannes, Bob 95
John Pennekamp Coral Reef State Park 129, 131, *151*, *151*
Johnston Atoll 73, *73*, 88
Jungferninseln 45, 51, 66, 101, 109, *115*, 131, 134, 138 f., 143, 150
Juwelenbarsch *102*

Kabeljau 94
Kahoolawe 138
Kaiserfisch 66, *100*, 105, *125* (Grauer)
Kalkalge/Kalkrotalge 34, 64, 93
Kaneohe Bay 79 f.
Kaninchenfisch (Seekaninchen) 101, *153*
Kardinalfisch 12, *113*
Karettschildkröte 34, 84, 149
–, Unechte 34
Karibik 19 f., 24, 26, 32, 34, 38, 44, 46 f., 51 f., 55, 57, 62, 64 ff., 70, 71, 83, *83*, 86, *86*, 93, 96, 98 ff., 102, 104 ff., 110, 114, 116, 119, 128, *128*, 129 f., 134 f., *148*, *148*
Kaurischnecke 12, 38, 115, *116*, 131; s. a. Eier-, Geld-, Ringkaurischnecke
Kayakas 99
Kegelschnecke 115 f.,
Kenia 38, 64 f., 95, 98 f., 105, 113, 117
Key (Cay, Motus) 24, *25*, 26, 65, 150
Key Largo National Marine Sanctuary 90, *91*, 92, *129*, 131
Key West 143
Kieferfisch 9
Kieselalge 81, *81*
Kilifi 95
Kiribati 22, 26, 57, 68, 88, 96, 111, *128*
Klimaänderung/Klimakatastrophe 36, 57, 61
Klimakonvention 61
Klimaschwankung 56 f.
Knochenfisch 77, *89*
Kofferfisch 77

Königsdrückerfisch 105
Kohlehydrat 10, 14
Kohlendioxid 10, 14, 53, 58, 61
Koh Phi Phi *136*, *136*
Koh Samui 136
Kokon 11, *11*
Kokosinseln 21
Kokospalmen 24, 76, 97, *128*
Kolumbien 29, 148
Komoren 76
Kontinentalschelf 26, 68
Korallen 6, 8, *8*, 9 f., 12 ff., *14*, 16, *16*, 17–21, 22, 23, 24 f., 25, 26, 28 f., 32, 34, 35, 36, 38, *38*, 40, 43 f., 45, 49–52, 54 f., *55*, 56, *56*, 57 f., *58*, 61–64, *64*, 65, 66, 67 f., 68, 73, 74 f., 78, 79, 81, *81*, 82, 84 f., 88 f., *89*, 90, 92, 96, 98 f., 105, 108, *108*, 109, *109*, 113, *113*, 116, 118 f., 119, 120, *120*, 121–124, 126 f., 131 f., *132*, 134 f., 138, 139, 141, 147, 149, 151, *151*; s. a. Acropora, Elchgeweih-, Fächer-, Feuer-, Flachwasser-, Hirn-, Hirschgeweih-, Horn-, Orgel-, Peitsche-, Pilz-, Säulen-, Stein-, Weichkoralle; Goniopora, Euphyllia
– Abbau 6, 74 f., *75*, 76, 77, 78 f.
–, Ahermatypische 14
–, Blaue 14, *153*
– Edel- 16, *16*, 119
Felsen (Strandfelsen) 18, 24, 32, 38, 74 ff., 79, *122*, 130
– Fortpflanzung 16, *16*, *17*
–, Fossile 76
– Garnelen 30, *31*
– Garten 43, *146*
–, Hermatypische 14
– Implantat 49
– Jahresringe 18, 44, *45*, 81
– Kalk 38, *38*
– Kolonien 6, 16, *16*, 17 f., 20 f., 22, 51 f., 64, 70, 134, 140, 147, *153*
– Krankheiten 64 f.
– Laichen 16, *16*, 17
– Larven 9, 17, 50; s. a. Planulalarven
–, Massive 17 ff., *52*, *52*, 56
– Polypen 14, *14*, 16, *16*, 17, 50, 54, 55, 62, 70, 75, 89, 92, 122, 126, *140*
–, Rote 16
– Sand 18, 34, 36, 38, 76
– Schwarze 16, *16*, 47, 116, 119 f., 123 f., 126, 147
– Tische 18, *18*, 61
Korbstern 13
Korea 117
Korosee 136
Kosrae 152, *153*
Krakatauausbruch (1883) 21
Krake s. Tintenfisch
Krebse 23, 30, 36, 83, 104, 106, 114
Kreiselschnecke 47, 95, 117 f., *118*, 119, 124 f., *144*
–, Marmorierte 12, 39, 117, 119, 124
Krustentiere (Crustacea) 93, 95, 105 f.
Kuba 96, 109
Kugelfisch 9 f., 36, *36*, 62, 64, *64*, 65, 116, 119, 131
Kuwait 84, *84*
Kwajalein 27, *66*, 67

Laccadiven 27
Lagunen 9, 17, 20 f., 21, 26 f., 32, 38, 41, 55, 67, 69, 73, 74 f., 78, 79, 89, 91, 93, 103 ff., 107, 115, 125, 128, 134, 150; s. a. Chuuk-, Marovo-Lagune
Langusten 23, 30, 36, 39, *83*, 94, *94*, 95, 98, 102, 104, 110 f., 114 f., 131, 147, 150, 152
Larven 29, 62, 69, 83, 88, 104, 108, 118, 124 f.; s. a. Korallen-, Planulalarven

Laternenfisch 12, *12*
Lederschildkröte 34
Leptoseris 22
Limikolen 24
limu make-o-Hana 49
Lippfisch 11, 36, 66, 120
Little Cayman 141
Longley, William H. 44
Looe Key National Marine Sanctuary 97
Luvuka 136

Maamigili 76
Madagaskar 97
Magellan, Ferdinand 88
Majuro 56, *107*
Makrele 28, 66; s. a. Gelbschwanz-, Stachelmakrele
Malaria 57
Malaysia 28, 76, 104, 108, *131*, 152
Male 57, 58, 62, 76, 130
– Atoll 57, 76
Malediven 21, 27, 38, *38*, 54, 56 f., 57, 58, 62, 64, 75, 76, 77, 97, 104, 109, 120, 129 f., *132*, 142 f.
Malindi 21
Malindi-Watamu Marine Park 71
Manati 34, 36; s. a. Seekuh
Mangareva 67
Mangroven 22 f., 23, 24, 46, 62, 69, 73, 85, 105 f., 109, 113, 130, 131, 136, 146, 148 ff., *151*, 152, 154
Manta 9, 138
Maohi 140
Marderhai 95
Marianen 64
Marikultur 105 f., 124, 146, 151 f.; s. a. Meeresfarm
Marina Islands Reserve 99
Marine Conservation Society 126, 135
Marlin 104
Marovo-Lagune 74, 146
MARPOL 86 f.
Marshall Inseln 27, 57, 66, 67, 89, *89*, 91, 107, 147
Maui 49, *49*, 138
Mauritius 64, 76
Mayor, Alfred 44
Meerbarbe 38 (Gelbe), 66, *151*
Meerbarsch 120
Meerbrasse 12, 29
Meeres-
– Farm 105 ff., *107*, 108, 125, 149
– Park 41, 112 f., 137, *137*, 138 f., *139*, 143, 146, 148–151, *151*
– Schildkröten 24, 85, 126, 145, *148*, 149
– Spiegel, Anstieg 6, 26, 45, 56 f., 57, 58, *58*, 61, 78
–, Temperaturanstieg des 6, 54, 73; s. a. Wassertemperaturen
Meerschnecken 12, 32, 63
Mejato 89
Melanesian Enviroment Foundation 99
Mexiko 21, 117, 134, 148 ff., 154
Midway Atoll 73
Miesmuschel 79
Mikroatoll 22, 24
Mikronesien 27, 64, 75, 94, 103, 110, 124 f., 136, *137*, 153
Mikroschicht 83, *84*
Milchfisch 106
Militäreinrichtungen 40, 67, 73, *73*, 79, 88, 147
Milne Bay 75, 116
Mitraschnecke 115
Mitspracherecht 135 ff.
Mittelmeer 16, 25, 61
Moby Dick 109, 143

Moçambique 97
Mönchsrobbe 34
Möwe 24
Molasses Riff 90, *91*, 92
Mollusken 62, 64, 117 f., *122*; s. a. Weichtiere
Molokini-Krater 138
Monsun 21, 78
Montastrea 16, *17*
Montego Bay Meerespark 148
Montreal-Protokoll 56
Moorea 26, 62, 92
Moostierchen *134*
Mururoa Atoll 67, 88 f., 108
Motus s. Key
Muräne 133; s. a. Riffmuräne
Muro-ami-Fischerei 98, *98*, 99 f., 110, 112
Musandam 88
Muschel 10, *10*, 24, 36, 63, 93 f., *116*; s. a. Enten-, Fechter-, Feilen-, Mies-, Perlen-, Perlmutt-, Pilger-, Riesenmuschel
– Gärten 103, 105, 107 f., 115, 117 ff.
Mwamba Midjira 98 f.

Nacktkiemerschnecke 31
Nacktschnecke 12
Nadi Bay 136
Nährstoffe 10, 14, 22 ff., 44, 61 f., 69 f., 78, 79, 81, 84
Napoleonfisch 62, 132, *154*
Nanumea 75
Natriumzyanid 120 f., *120*
Nesselkapseln (Nematozysten) 14, *14*
Netze 88, 94, 95, *95*, 96 f., 97, 98, 110, 111, 123
Netzmann-Projekt 123 f.
Neukaledonien 26, 66, 104, 117 ff., 124 f.
Neuseeland 108
Ngiraklang
Niederländische Antillen 75, 85, *86*, 115, 127, 137, 139
Nitrat 14, 79

Oahu 79, 131, 138, *139*
Ölbohrung 83, *86*, 87
Ölverschmutzung/Ölpest 70, 82 ff., 84, 85 f., 86, 87, 92, 132
Oktopus s. Tintenfisch
Oman 34, 54, 88, 97, 110, 151
One Tree Riff 28, 78
Orgelkoralle, Rote 47
Oro Bay 95
Ozonloch/Ozonschicht 56, *56*

Pa-aling 100
Padaido Inseln 98
PADI 140
Pago Pago 40 f., *41*
Palau (Belau) 29, *29*, 64, 70, 72, 103, 107, 115, 118, 124 f., *148*
Palawan 72, 93, 149
Palmendieb 24, *144*
Palmyra Atoll 73
Palolowurm 36
Palytoxin 49
Pamilacan 112
Panama 29, 54, 81, 85, *86*
Pantherbarsch 11, 100, 104, *105*
Papageifisch 8 f., 11, *11*, 20, 23, 28, 66, 101, 105, *105*
Papua-Neuguinea 18, 26, 36, 58, 75, 94, 95, 99, 101, 116 f., 145, 152
Pazifik, Pazifischer Ozean 16, 19–21, 24, 26 f., 29, 34, 38, 44, 52 ff., 56, 58, 61 f., 66 f., 72 f., 75, 88, 91 f., 97 f., 102 f., 106, 108, 110, 114 f., 116 f., 119, 130, 144, *144*, 151

Register

PCB 82
Peitschenkoralle 16, *16*, 47, 49, *49*
Pelikan 24
Perlen 44, 116, 124
– Muschel 20, 115 ff., 122, 124 f., 144
– Taucher 44
Perlmutt 116 ff.
– Muschel 39
Perlmuttschnecke 118
Persisch-Arabischer Golf 20, 39, 55, 66, 83, *84*, 86
Pestizide 74, 83, 130
Peysonnel, Jean André 43
Philippinen 8, 23, 28, 47, 72, 76, 93, 94, *94*, 97 f., *98*, 99 f., *101*, 103 ff., *105*, 107 ff., 112 f., 117 ff., *119*, 120 f., 122, 123, 126, 131 f., *132*, 135, 146, 149, 152, 153
Philippine Tourism Association 135
Phosphat 14, 23, 79, 81
Photosynthese 10, 53, 70
Phuket 55, 74, *81*, 136
Phytoplankton 62, 81, 89
Pilgermuschel 20, 94
Pilzkoralle 126
Pinzon 58
Pictairn Inseln 88
Plankton 9, 12, *12*, 13 f., 17, 32, 56, 82, 89, 104, 118, 124
Planulalarve 16, 21, 23
Plattfisch 9
Plattformriff 65
Plutonium 73
Pocillopora 55
Pohnpei 125, 136
Porifera 31
Porites 17, 22, *45*, 74, *81*
Prostaglandine 47
Puerto Morelos 50
Puerto Rico 54, 101
Putzerfisch 10, *11*, 30, 138
Putzergarnele *11*, 30

Quallen 34, 46, 88, 94 f.
Queensland 65, 71, *71*, 74
Quoten (Fangquoten) 114 f.

Radioaktivität 67, 89 f.
rahui (raui'i) 114
Regenwald 6, 28, 47, 50, 62, 71, *71*, 72, 149
Reuse 96
Rhodactis 64
Riesenmuschel 31 f., 36, 39, 40, 47, 103, 105, 107, *107*, 108, 116, 118, 122, 136, 141, 146 f.
Riesenschnecke 12
Riff, Aufgebendes 57
– Barsch 8, *28*, 101, 108, *108*, 120; s. a. Anemonenfisch
– Dach 21–24, 29, 57, 73 f., *94*, 95, *95*, 96, 118, 130, 134, 149
– Forschung 43, *43*, 44 f., *45*, 46, *46*
–, Fossiles 24 f., 32, 62
– Hai 103 f., *133* (Graue Riffhaie)
– Hang 12, 21 f., *32*, 98, 100, 102, *132*, 154
– Krone 22, 29, 70, 132, 139
–, Künstliches 108 f.
– Muräne *11*, 132
– Nacheilendes 57
– Nutzung 36, 38, *38*, 39, 44, 46, 46 f., 49, 144, 146–149
–, Raubbau am 39–41, *41*, 49, 152
– Regeneration 6, 65, 74 ff., *90*, 92, 108, 110
– Schädigung 6, 41, 45 f., 50, *50*, 51, 53, 56, 61 f., 63, 64, *64*, 66, 67 ff., *71*, 74 f., *81*, 88, *91*, 92, 113, *113*, 120 f., *127*, 134, 141, 147
–, Schritthaltendes 57

– Überwachung 46
– Vorkommen 20, 24
– Wachstum 36, 38, *38*, 39, 44, 46, *46*, 47, 49, 57
– Wandern 134, *134*
Rincon 72
Ringelwurm 36
Ringkaurischnecke 38
Rochen 132
Röhrenschwamm *148*
Röhrenwurm 32, *32*
Rötling 43
Rosalöffler 150, *151*
Rose Atoll 24, *27*
Rotalge *18*, 19, 106
Rotes Meer 10, 20, 26, 29, 38, 44, 54, 61 f., 64 f., 83, *84*, 86, 90, 92, 105, 132, 134, 139, *154*
Rotkehlschnapper 101
Rotzahndrückerfisch 120
Rückriff 21
Rußseeschwalbe 24

Saba 115, 137
– Marine Park *86*, *127*, 137, *139*, 147
Sabaki 71
Säulenkoralle *14*
Salomonen 62, 74, 104, 107 f., 117, 146
San Benedicto 21
Sandziegelfisch 9
San Salvador 108
Santiago Island *101*
Sardelle 104
Sardine 104
Saudi Arabien 84 f.
Sauerstoff 14, 22, 31, 32, 69 f., 79
Saumriff 26, *26*, 43, 51, 53, *53*, 69, 84, 98, 137, 152
Sceleractinia 14; s. a. Steinkoralle
Schaukelfisch 68, *77*
Schelfriff 57
Schildkröte 23, 32, 34, 36, 39, 88, 94, 136, 147; s. a. Bastard-, Karett-, Leder-, Meeres-, Seeschildkröte
Schlangenstern 29, *31*, *84*
Schleimfisch 29, *122*
Schlick 6, 24, 68 ff., *70*, 71, 72, 73 ff., *75*, 81, 82, 113, 130
Schmetterlingsfisch 8, *8*, 11, 28, 101, 105, 120, *120*, 124, 126, 133
Schnapper 12, 21, 29, 66, 96 f., *100* ff., 131; s. a. Rotkehlschnapper
Schnecke 9 f., 31, 34, 36, 64, 93 f., 102 f., 107, 111, 115–118, *118*, 119, *119*, 123, 131, 139; s. a. Falten-, Fechter-, Finger-, Kauri-, Kegel-, Kreisel-, Meeres-, Mitra-, Nacktkiemer-, Nackt-, Perlmutt-, Schrauben-, Wurmschnecke, Drupella
Schraubenschnecke 115
Schwämme 9 f., *12*, 20, 25, 29, 31, *31*, 32, 34, 44, 47, 51, 54 f., *58*, 64, 68, 78, 79, 97, *134*, *134*, 139; s. a. Röhrenschwamm, Terpios
Schwammtaucher 44
Schwarzbandkrankheit 64, 65
SCUBA 44
Seaward *127*, 127, 128
Sedimente 18 f., 24 f., 25, 51, 64, 69 f., *70*, 71, 73, *73*, 74, 75, 78, 80, 85, 88, 91, 131 f., 142
Seeanemone 10, *11*, 12, 14, 32, 54 f., 68; s. a. Rhodactis
Seegras 12, 21, 34, *35*, 45 f.
– Wiesen 22 f., *23*, 24, 69, 85, 94, 101, 102, 113, *113*, 130, 146, 148, 151 f., *154*
Seegurke 9, 21, 23, 29, 93–96, *103*, 104; s. a. Bêche-de-mer

Seeigel 9, 12 f., 20, 23, 29, 53, 64, *64*, 65, 79, 94, *94*, 95, *101*, 105; s. a. Diadema, Griffelseeigel
Seekuh 23, 34, *35*, 145; s. a. Dugong, Manati
Seepferdchen 116
Seescheide 32, *32*
Seeschildkröte 13 (Grüne), 34, *35*
Seeschlange 34, 36
Seeschwalbe *84*, *85*; s. a. Ruß-, Zügelseeschwalbe
Seestern 13, 29, *31*, 61 f., *63*, 64, 116; s. a. Dornenkrone
Sergeantenfisch *133*
Seychellen 24, *95*, 135
Shark Bay 25
Shiraho Riff 153
Sian Ka'an 111, 148 ff.
Sierra Nevada de Santa Marta 148
Silliman-Universität 112
Singapur 142, 152
Sipadan 6
Soldatenfisch 12, 101
Sombrero 52, 143
South Water Cay 141
Spicula 32
Sportfischerei 104, 115, 131
Spott Riff 128
Sri Lanka 38, 76, 78, 104, 111, 120
Stachelhäuter: s. Echinodermata
Stachelmakrele 12, 36, *36*
St. Croix 51 f.
Steingarnele 30
Steinkoralle 14, 16 f., 38, 49, 119
Stickstoff 22 f.
St. Lucia 99, 142
Sternkoralle *16*, 51
Streß 50, 65, 67, 121
Stromatolithen 25
Sturmhaube 12
Subsistenzfischerei 95, 96, 100, 106, 108, 110, 114; s. a. Fischfang als Existenzgrundlage
Südchinesische See *14*, 32, 100
Süßlippen 61
Süßwasserzufluß 21, 44, 50, 54, 67
Sulusee 148 f.
Sumilon 112
Symbiose 10, *11*, 14, 30, 40, 54

Tai 136
Taifun 51
Taiwan 82, 103, 119
Tana 71
Tansania 98
Tanzgarnele *142*
Tarawa 26, *68*, 96
Terpios 64
Tethys-Meer 25
Thailand 74, 81, *81*, 108, 136, *136*, 152 f.
Thunfisch 40, 76, 94, 96, 104, 114
Tigak Inseln 94
Tintenfisch 31, 39, 93, *93*, 94 f.
Tiran, Straße von 90
Tobago 141
Tölpel 24, 149
Toilette, biologische 80
Tokelau 57
Tonga 141
Torre del Greco 16
Torres Straße 62, 116
Tourismus 6, 52, 57, 62, 65, 67, 88, 90, 92, 94, 96, 100, 102, 112, 116, 119, 127–143, *147*, 151 ff.
– Einfluß auf die Bevölkerung 76, 80, 129 f.
– Entwicklung 76, 80, 130

–, Sanfter 135, 139 ff.
–, Schaden durch 39 f., 65, 130–143
Treibhauseffekt 6, 53, 55 f., 58, 61
Trepang 103, 104; s. a. Bêche-de-mer
Trinidad 141
Tritonshorn 12, 63, 105, 115 f., 118
Trompetenfisch 86
Tuamotu Archipel 125
Tubastrea
Tubbataha Riff 132, *132*, 148 f.
Tuberkulose 47
Tubinaria 22, *23*
Tümmler 35
Tulear 97
Turks und Caicos Inseln 45, *45*, 93, 103, 106 f., 107, 128, 134
Tutuila 40
Tuvalu 43, 56, 75

Überfischung 39, 62, 63, 64, 65, 100 f., 104 f., *105*, 110, 113, 137, 151, 153
Ultraviolett-Strahlung 49, 54, 56, *56*
Umweltverträglichkeitsprüfung (UVP) 91
UNESCO 46, 149
Urvina Bay 58, *58*

Vanuatu 54, 102, 117, 124
Vero Beach 109
Verlust traditioneller Lebensweisen 66
Vertäuungsbojen 143
Verursacherprinzip 92
Vorriff 22
Vulkanausbrüche 21, 50, *50*, 58

Waikiki *131*, 139
Wake Atoll 73
Wal 34; s. a. Buckelwal
Wallace, Sir Alfred Russell 68
Wassertemperaturen 20, 50, 54 f., 55, 56, 82 f.
Weichkorallen 11, *14*, 16, 43, 62, *84*
Weichtiere 20, 24, 31 f., 36, 39, 64, 93 f., 105, 114, 147; s. a. Mollusken
Weißbandkrankheit 65
Wellwood, MS 90, *91*, 92
Weltbank 76
Westsamoa 62, 95
Woleai 110
Wood-Jones, Frederic 14
World Heritage Sites 148
Worldwide Fund for Nature (WWF) 99
Wrack 67, *84*, 90, 108
Würmer 20, 32, *32*, 34, 36
Wurmschnecke 20

Yap 38, 90, 92, 108, 115, 118
Yucatan 50, 92, 111, 149 f.

Zackenbarsch 8, 11, 21, 36, 39, 95 ff., *97*, 100 ff., *102*, 108 ff., 131 f.
–, Gelbgestreifter 66, 100 f., 112
–, Roter 100
Ziegenfisch, Gelber 139
Zonierung 146, *147*, 148 f., 151
Zoophyten 43
Zooxanthellen 10, 14, 17 f., 32, 40, 54 f., 55, 56, 61, 70
Zügelseeschwalbe 84
Zwergfeuerfisch 68
Zyklone 51 f.